SITE JIAOYUXILIECONGSHU

突发事件应对

《"四特"教育系列丛书》编委会 编著

吉林出版集团股份有限公司
全国百佳图书出版单位

图书在版编目（CIP）数据

班主任治班之道：突发事件应对／《"四特"教育系列丛书》编委会编著 . —长春：吉林出版集团股份有限公司，2012.4

（"四特"教育系列丛书／庄文中等主编 . 学校文化建设与文娱活动策划组织）

ISBN 978-7-5463-8791-8

I . ①班… II . ①四… III . ①中小学 – 突发事件 – 处理 – 班主任工作 IV . ① G635.16 ② G637.4

中国版本图书馆 CIP 数据核字（2012）第 043941 号

突发事件应对

TUFA SHIJIAN YINGDUI

出 版 人	吴 强	
责任编辑	朱子玉 杨 帆	
开 本	690mm×960mm 1/16	
字 数	250 千字	
印 张	13	
版 次	2012 年 4 月第 1 版	
印 次	2023 年 2 月第 3 次印刷	

出 版	吉林出版集团股份有限公司
发 行	吉林音像出版社有限责任公司
地 址	长春市南关区福祉大路 5788 号
电 话	0431-81629667
印 刷	三河市燕春印务有限公司

ISBN 978-7-5463-8791-8   定价：39.80 元

前　言

　　学校教育是个人一生中所受教育最重要的组成部分,个人在学校里接受计划性的指导,系统地学习文化知识、社会规范、道德准则和价值观念。学校教育从某种意义上讲,决定着个人社会化的水平和性质,是个体社会化的重要基地。知识经济时代要求社会尊师重教,学校教育越来越受重视,在社会中起到举足轻重的作用。

　　"四特教育系列丛书"以"特定对象、特别对待、特殊方法、特例分析"为宗旨,立足学校教育与管理,理论结合实践,集多位教育界专家、学者以及一线校长、老师们的教育成果与经验于一体,围绕困扰学校、领导、教师、学生的教育难题,集思广益,多方借鉴,力求全面彻底解决。

　　本辑为"四特教育系列丛书"之《班主任治班之道》。班主任是教师队伍的重要组成部分,是班级工作的组织者、班集体建设的指导者、学生健康成长的引领者,是思想道德教育的骨干,是沟通家长和社区的桥梁,是实施素质教育的重要力量。班主任工作是学校教育中极其重要的育人工作,既是一门科学,也是一门艺术。班主任工作既包括日常的教学管理,也包括班级文化建设。

　　本辑共20分册,具体内容如下:

　　1.《管好班干部》

　　班干部是班集体的核心,也是班级的"火车头",这个"头"带的好不好,马力足不足,直接影响到整个班级的运转。有了优秀的班干部队伍,班级各项工作就会顺利开展,班级面貌就会生机勃勃;反之,班级就是一盘散沙,集体就会涣散无力。因此,如何培养一支素质高、能力强的班干部队伍,显得尤为重要。本书对班主任如何管理好班干部进行了系统而深入的分析和探讨,并提出了解决这一问题的新思路、可供实际操作的新方案,内容翔实,教案丰富,对中小学班主任颇有启发意义。

　　2.《带班的技巧》

　　本书讲述的常见问题与解决策略,绝大多数来自新时期一线班主任的教育实践,因此,其实用性和可操作性是不言而喻的。同时.本书又不拘泥于就"问题"论"问题",而是透过现象看本质,善于引导新班主任们看到问题背后更深层次的东西,从而看得更远、想得更深、悟得更多。

　　3.《全能班主任》

　　优秀的班主任是如何炼成的? 他们的成长要经过多少道磨练? ……本书对优秀班主任成长必经的多项全能进行了深刻剖析与精彩演绎。

　　来自一线最真实的问题,来自一线最优秀班主任的"头脑风暴",来自全国著名班主任的点拨,使得本书在浩如烟海的班主任培训用书中脱颖而出。

4.《拿什么约束班主任》

班级是学校进行教育、教学工作的基本单位。班主任是班集体的组织者、教育者和指导者,是学校领导实施教育、教学计划的直接执行者,是指导团队开展工作的重要力量,是沟通学校、家庭、社会三结合教育渠道的桥梁。为了能更好地体现新课程改革对班主任工作的要求,进一步规范班主任工作的管理,明确班主任工作职责,促进班级工作的开展,建立良好的班风、校风,班主任教师除了在工作中讲究技巧性和艺术性外,还应该有严格的工作要求与便于实践操作的基本规范。

5.《班主任的基本功》

班主任工作十分繁杂,头绪很多,要想成为一名优秀的班主任,应当从事务堆中解脱出来,始终保持清醒的头脑,以明确自己的使命。本书全方位地阐述了新时期做好班主任应具备的各方面要素;它从班主任实际工作出发,从工作中出现的问题入手,再到详细地分析问题的成因,最后提出解决问题的方法、策略或建议。本书反映了我国新时期有关班主任工作的方针、政策的新动向,反映了班主任教育理念发展的新趋势,同时也反映了班主任工作实践活动的新发展。

6.《从细节入手》

班主任是班级的组织者、协调者、领导者和教育者,他是距离学生最近、与学生接触最多、对学生影响最大的老师。他的管理、他的教育影响的发挥在很大程度上取决于对教育细节的把握。细节虽小,却能透射出教育的大理念、大智慧。一个成功的班主任,一定是一个关注细节、善于利用细节去感染、教育和管理学生的人。

7.《班主任谈心术》

当前,青少年心理健康问题已成为全社会越来越关注的焦点。因青少年心理问题引发的违法犯罪等社会问题,也呈日趋上升的态势。现代教育的发展要求教师"不仅仅是人类文化的传递者,也应当是学生心灵的塑造者,是学生心理健康的维护者"。作为一班之"主"的班主任,能否以科学而有效的方法把握学生的心理,因势利导地促进各种类型学生的健康成长,将对教育工作的成败有决定性的作用。但是,面对性格迥异,出身、家庭等各有不同的学生,如何走进他们的心灵、倾听他们的心声、解决他们的思想问题?本书将一一为您解答。

8.《班主任治班之道》

班级是学校的基础"细胞"。班级管理搞好了,学校的教育、教学工作才会得以顺利。正如赫尔巴特所说:"如果不坚强而温和地抓住管理的缰绳,任何功课的教育都是不可能的。"可见班级管理工作是多么的重要。而班主任作为班级的组织者、管理者,做好班级的管理就成为班主任工作的重中之重。

9.《怎样开好班会》

主题班会可以锻炼学生的活动能力,开拓他们的眼界。如何设计好一场别开生面的主题班会,寓教于乐,从思想上和情感上润物无声,对学生起到特殊的教育作用,这本手册是您的最好选择。分类细,立意精,内容新,一册在手,开班会不愁!

10.《突发事件应对》

书中列举的大量真实生动的案例,无不充满智慧,充满心与心的交流。书中的一幕幕校园闹剧,让人有种似曾相识的感觉;书中老师的"斗智斗勇",让人感到耳目一新,由衷叹服,不禁感慨教育真是一门充满智慧的学问!

11.《学生人格教育》

本书从人格类型入手,对教师和学生的人格类型进行了划分;再结合大量实证研究和教学实践个案,提出了教师应如何巧妙地根据学生的心理类型,在全班教学的同时又针对类型差异,进行适应个别差异的教学和管理,以满足学生的需要来激发学生的学习兴趣,进而提高教学效率,使每个学生得到适合自己的发展。阅读本书,教师不仅能够掌握更有效的教学方式、让学生喜欢上学习、提高教学质量,而且能够对自己有更进一步的了解,有利于教师的自我成长。

12.《学生心理教育》

当前我国教育改革和发展面临的重大任务和时代主旋律,是全面实施和推进素质教育。素质教育的重要内容和目标之一,就是培养学生良好的心理素质,提高学生的心理健康水平。而要想培养和发展学生的心理素质,最重要的方法就是面对全体学生系统地开展心理健康教育。本书就是一本供中小学生心理健康教育用的书,有助于引导中小学生领悟到相关的理念、知识和方法。

13.《学生遵纪守法教育》

对广大青少年的遵纪守法教育应根据其认识水平,从纪律教育入手,让他们从小建立起规则意识。而且要明确所在学校的校规,所在班级的班规;要了解学校的各种制度。由学校的一些纪律制度,推而广之,让青少年对必要的社会公共秩序的规定也要有所了解。同时,要青少年明白人小也要守法。本书以青少年为主要读者对象,目的是让青少年读者感受到遵纪守法的必要性。

14.《学生热爱学习教育》

本书通过大量实例,深入浅出地剖析了动机的重要性和来源,教您如何激发学生投入学习的动机,怎样鼓励学生完成学习任务,还告诉您怎样及时遏制学生在课堂上的不当动机。掌握了激发学生学习动机的策略之后,您会发现,让学生都爱学习,已不再只是梦想,它正在慢慢变为现实。

15.《学生热爱劳动教育》

教育与生产劳动相结合是我党教育方针的重要组成部分,是我们坚持社会主义教育方向的一项基本措施。要搞好教育与生产劳动的有机结合,必须首先教育学生热爱劳动,使每个学生对劳动产生渴望,感到劳动是一种欢乐,是一种享受。当学生能从劳动中取得乐趣时，劳动教育才算获得成功。

16.《学生热爱祖国教育》

热爱祖国是中华民族的传统美德，是每个公民的神圣义务。"以热爱祖国为荣，以危害祖国为耻"不仅是一个普通的道德准则，也是公民的生活规范。爱国主义是维护中华民族大团结，促进社会大发展的主要精神动力，是中华民族最基本、最重要的传统美德。爱国主义，也是对自己祖国和人民的深厚感情。

17.《学生热爱社会教育》

构建社会主义和谐社会，必将为青少年健康成长创造一个优良的社会环境。同时，加强青少年社会教育，促进青少年健康成长，对于促进社会主义和谐社会建设，也具有十分重要的意义。社会的持续发展，持续和谐，在很大程度上取决于今天的青少年能否成为未来社会的合格成员，而培养合格的社会成员，仅靠学校教育、家庭教育是不够的，必须坚持学校教育、家庭教育和社会教育相结合。

18.《学生热爱科学教育》

当你们看着可爱的动画片，玩着迷人的电脑游戏，坐上快速的列车，接听着越洋电话的时候，……你可曾意识到科学的力量，科学不仅改变了这个世界，也改变了我们的生活，科学就在我们身边。科学技术的日新月异，使得科学不只为尖端技术服务，也越来越多地渗透到我们的日常生活之中，这就需要正处于青少年时代的我们热爱科学，学习科学。

19.《学生热爱环境教育》

我们不是从祖先那里继承了地球，而是从子孙那里借用了地球。宇宙无垠，地球是一叶扁舟，人类应该同舟共济。地球能满足人类的需要，但满足不了人类的贪婪。森林是地球的肺，我们要保护森林。水是生命的源泉，珍惜水源也就是珍惜人类的未来。拯救地球，从生活中的细节做起。对待环境的态度，表现着一个人的素质和教养。人类若不能与其它物种共存，便不能与这个星球共存。幸福生活不只在于衣食享乐，也在于碧水蓝天。

20.《学生热爱父母教育》

专家认为教育首先是让孩子"成人"，然后再是"成才"。要弄清成绩、成人与成才三者的关系，谨防"热爱教育"缺失造成的心灵成长"缺钙"现象。对一个孩子健全人格的培养，最关键的要让他做到几点：热爱父母，能承受挫折、吃得起苦，有劳动的观念。热爱父母，才能延及热爱社会、热爱人生。

由于时间、经验的关系，本书在编写等方面，必定存在不足和错误之处，衷心希望各界读者、一线教师及教育界人士批评指正。

编者

目　录

第一章

班级偶发事件的处理原则

偶发事件的发生往往存在着复杂的原因。因此,班主任在应对偶发事件的过程中,应坚持科学的处理原则,弄清事件的真相。分清事件性质,因人因事而异……

首先弄清事件的真相

俗话说："知己知彼,百战不殆",处理偶发事件也应如此。不了解事件真相就采取行动是盲目的,只有在充分了解的基础上采取措施,才能做到有的放矢。所以,尽可能地做到深入的调查研究,了解事件的来龙去脉,是正确处理偶发事件的一个关键性的因素。下面案例中对偶发事件的处理就让我们看到了先弄清事情真相,不过早下结论的重要性。

有一天很晚了,我接到陈同学家长的电话,说他遇到了一件棘手的事:他怀疑儿子在家里拿了10元钱,因为他发现儿子的书包里有10元钱,他是从来不会给孩子这么多钱的,而这个孩子始终都不说明钱的来路,也不承认钱是他自己拿的。父亲自己也没办法,思考了很久,才打电话,需要老师帮忙找学生了解一下。

接完这个电话,我完全没有了睡意,这位学生的情况在我脑海中渐渐清晰起来:他,一个单亲家庭的孩子,性格比较内向,不善于在别人面前表现自己,以前也曾有过类似的事情发生,那次他拿了同桌5元钱。据此,我的第一个感觉是这位同学很有可能拿了钱,老毛病又犯了。我决定第二天狠狠地去批评他。

第二天到了教室,我看到他一个人静静地坐在座位上,由于昨天被他爸爸批评了,一副很难过的样子,看到我,更加惶恐……看到他的样子,再想到他的家庭情况,我又不忍心去批评他,我多么希望这件事与他无关。于是,我很关心地把他叫到了没有人的地方,在交谈中向他讲清这件事的严重性,鼓励他对老师讲真话,并表示帮他保密。他在认识到我的一片真诚后说出了缘由,原来他真的没拿,那10元钱是他妈妈给的,爸爸冤枉他了。由于爸妈的离婚,爸爸不允许妈妈来看他,妈妈偷偷地给他零花钱,他不敢说给爸爸听。"哦,原来如此!"事后,我打电话给他妈妈并得到了他妈妈的证实。

"好险哪!"我为我的冷静暗自庆幸。

这个案例可以带给我们这样的启示:偶发事件的发生往往存在着复杂的原因。因此,如果班主任对偶发事件的发生发展状况不经过充分的、周密的调查研究和分析,不弄清事情真相,明确问题的性质,确定正确的策略,而是感情用事,急于表态,或凭一孔之见,主观武断,那么就容易导致情况不明而对事件处理不当,甚至出现失误,所谓"差之毫厘,失之千里"。即使偶发事件事实清楚,问题明了,也应该审慎表态。如果班主任一味按照自己的推测去做,那么很有可能的结局就是,这位本来不爱表现、本来不打算讲真话的学生,在大家的冤枉下,很可能变得更内向,更不愿意与人讲话,而并不坏的他很可能被引向一条消极的道路,他可能会自暴自弃,不相信任何人。

所以,遇见偶发事件,且慢动手,请先弄清事情的真相再说。

分清事件性质,防止乱贴"标签"

偶发事件的出现有不同的原因,有的是因为学生个人的心理问题,有的是因为一时的过失,有的是学校内部的因素造成的,有的是来自外部环境的影响。对于不同的原因,应予区别对待。例如,不能笼统地把学生的错误行为一概归于品德问题,有许多具有恶作剧性质的偶发事件就需要从心理层面上去加以分析和引导。

一个星期五的下午,班会课铃声一响,我就向教室走去。在走廊上班长向我报告:"王静在哭。"原因是当她推门进入教室的瞬间,门上脸盆砸到了她的头。疼痛和尴尬以及周围同学的大笑使她十分难堪。于是,我快步走进了教室,让学生先自习五分钟。我把王静叫到了教室外面,了解刚才发生的情况并进行了安抚。当我和王静回到教室的时候,全体学生的目光都凝聚在我的身上,仿佛等待着老师的宣判。此时我想,这么大的学生竟还做这种恶作剧,但我压住了怒火,轻轻地叹了一口气。面对着学生我说:"同学们,你们中间许多人都目睹了刚才发生的事,唯有我——老师不在场。这样一个无理的行为竟值得你们中间那么多人好笑吗?请问是非何在?如果你是王静,你的心情又是怎样呢?说真的,老师心里不好受。其一,这个玩笑甚至是恶作剧根本不该发生。其二,事发后无人来安慰王静同学,毫无同情心。其三,把自己的快乐建立在他人的痛苦之上,是毫无道德修养的。在此,我要先向王静同学说声对不起。我也要代表肇事同学以及他的父母向王静说声对不起。请相信老师会正确处理这件事,也相信肇事同学会勇于改正。同时,我也希望与此事相关的同学课后来我的办公室。"下课铃响后,当我正要离开教室的时候,几个同学围住了我,一一承认了自己的错误。有的说:"是我出的鬼点子。"有的说:"是我放的脸盆。"还有的说:"作为团员,见到此事不该不劝阻,不该起哄,更不该……"我听着,笑着,点着头,并把眼光投向王静。同学们又把王静团团围住,声声道歉,使王静破涕为笑了。

上面这个案例中的班主任在处理偶发事件时比较充分地体现了一种站在学生的立场上来考虑和分析问题的思路。因为处在这个年龄段的中学生所犯下的许多错误都不能归于品德问题。当出现类似的偶发事件时,班主任如果能更多地从心理的角度去理解,并加以引导,将会是成功处理事件的关键。

在对待偶发事件的当事人时,班主任要学会"移情",时刻保持以学生为中心的意识,以自己的诚意去调动学生的自主意识,保护学生的自尊,充分发挥学生的主体作用。

既一视同仁,又因人因事而异

偶发事件既可能发生在后进生和普通学生身上,也可能发生在优等生及学生干部身上。不管是谁出了问题,都应在实事求是的基础上一视同仁,按班规校纪解决和处理,而不能有所偏颇。事实证明,处理偶发事件时不公平,则不仅不利于问题的真正解决,而且有可能使受到不公平待遇的学生产生强烈的反抗心理。也会使其他学生产生不满情绪,造成师生关系的对立,并有可能导致同类事件的再次发生。因此,处理偶发事件,必须一视同仁。

然而,由于每个学生的学习、思想、个性等具有差异,因而,在处理偶发事件时,又要因人而异。偶发事件经常发生在后进生身上,而后进生自尊心特别强,自卑心理也很重,他们十分看重老师、同学对他们的评价。因此,班主任在处理发生在后进生身上的偶发事件时,要特别注意尊重他们,信任他们,且要注意批评教育的时机、场所、氛围及语言的使用等;否则,就可能伤害他们的自尊心,甚至使师生双方顶撞起来,从而把事情闹僵,搞复杂。同样,对于不同气质、性格特点的学生,也要区别对待。

有位班主任先后遇到同样的偶发事件,由于处理方式不同,其结果大相径庭。该老师三年前刚走上讲台,有一次上课时发现一个成绩较差的女生竟旁若无人地在玩蚕。顿时,一股怒气冲上心头,她一把抓起蚕盒子,连同蚕一起扔出了窗外。教室里寂然无声,那女孩惊恐地望着老师,继而流出了委屈的泪水。从此,教室里多了个空位。

三年后一次英语课上,正当她讲得起劲时,忽然发现一个学生把头伸进了抽屉,走近一看,发现该生正在专心地端详着几条白白嫩嫩的春蚕。她的心为之一颤,特别是当她看到该生惊恐的大眼睛时,她抑制住不平静的心情,温和地问:"知道'养蚕'用英语怎么说吗?"该生摇摇头。"那么桑叶呢?桑树呢?蚕丝呢?……"她把这些单词写在黑板上,继而从蚕讲到蚕丝、蚕茧、蚕蛹,又讲到李商隐的"春蚕到死丝方尽,蜡炬成灰泪始干"。学生们聚精会神,听得津津有味。最后她意味深长地说:"养蚕是一种有益的活动,但是如果因为养蚕而耽误学习,那好不好呢?"学生们恍然大悟,那位玩蚕的学生不好意思地低下了头。

令人惊奇的是,第二天在她的办公桌上出现了一只小盒子,下面压着一张纸条:"老师,我错了,我把正在吐丝的几条蚕送给您,表示我的敬意,因为您使我真正明白了人们为什么把老师喻为春蚕。"

同样,在处理偶发事件的时候也要做到因事而异,就是指要根据偶发事件的性质进行不同方式、不同范围的处理。如:对于诸如早恋等隐私性问题的处理,一般不宜公开化,而应更多地进行个别处理,以维护学生的自尊心;对于打架之类的偶发事件,一经发现,必须立即采取措施,加以制止,并迅速作深入调查,最后公开处理结果,以明是非。这样,既可使事件参与者受到教育,又可使其他学生引以为戒,避免和减少类似事件的再次发生。

大局意识不可缺

我们先来看一个案例：

下午自习课，我去教室，老远就听到教室里传来争吵声。循声看去，两个捣蛋鬼正在"斗鸡"，其他人则分成两派，"加油助威"。此时早有人通报我快到场了，教室里一下子静了下来。我见交战双方虽面红耳赤，但都知趣地回到了座位，便缓步走进教室，眼光故意看着窗外的操场，一会才转过身来对大家说："刚才是哪些人在为操场上的排球运动员加油啊？"同学们都你看看我，我看看你，两个交战者以为我未发现他们，头抬了起来，课堂很快平静了下来。此时，我的谎言无疑起了两个作用，一是稳定了交战双方的情绪，让他们知道：还好，老师并不知道，我们安心地听课吧；二是转移了同学们的视线，让他们知道：庆幸，老师还以为我们在为操场上的运动员加油呢，他没有责怪我们，安心地上课吧。因此，一场热度很高的内战很快冷却。待下课后，我找了个合适的时间与交战的二人细谈，他们不仅随即互相承认了错误，而且感谢老师对他们的宽容。

案例中的教师把这件事处理得很漂亮，很轻松。这是一种教育智慧。

当我们发现某个老师处理问题很聪明、很专业的时候，如果我们也打算变得聪明一点、专业一点，那我们光是钦佩和赞扬他就不够了。我们需要研究一下，他聪明在何处。聪明还是有规律的。

有一个很好的研究方法，就是比较。

一般老师遇到此种情况会怎么做呢？这我们司空见惯：冲上去，脾气大的当场猛训一顿，脾气小的拉到办公室"动之以情，晓之以理"，掰开揉碎，分清是非……

他们的办法有两个突出的缺点：一个是情绪化。处理问题时，教师和学生都在情绪激动的当口。这种情况特别容易"走火"，旁生枝节，或者发生碰撞，造成对立。第二个是，当他们处理两个人打架的时候，忘记了整体，忘记了其他同学。他们是被具体事件牵着鼻子走，失去了主动性，失去了对全局的掌控。所以你有时会看到老师处理具体问题，竟然沦落成一位"战斗员",和某个学生吵起来了,而其他同学则成了"看客",师生的角色全乱了。或者教师把当事者拉到办公室大肆教育,而其他同学则无人管理——放羊了。

案例中的老师同时避免了这两个毛病。

他头脑非常清醒。他知道,出现这种情况,首要的问题并不是解决二人的纠纷,而是稳住全班,稳住大局。所以他的计策("给排球队员加油"的谎言)并不是针对两个交战者的,而是作用于全班(包括交战者)。他有大局意识。大局一稳,就什么都不怕了。至于二位"斗鸡"同学的具体问题,事后冷处理当然要容易得多了。

所以,处理偶发事件,有一条原则一定要记住,那就是要有大局意识。

采取学生易于接受的批评方式

出现偶发事件时,给过错者施以批评是常见的惩戒方式。但是,批评不能随意而为。前苏联著名教育家苏霍姆林斯基说过:"凡是出现大声斥责的地方,就有粗鲁行为和情感冷漠的现象,大声斥责表现出最原始本能的反应,每个教师心灵中所具有的情感素养的种子都会在这种反应中丧失殆尽。"可见,教师粗鲁的批评,不但不能使学生改正错误,反而会伤害学生的自尊心,进而会破坏师生之间的感情。既然这样,教师何不换种方式,使学生在愉悦中接纳教师的批评呢?我认为可以尝试以下几种方法。

1. 用表扬来反衬

教师可以通过表扬大多数学生的优点,来反衬少数学生的不足。从而使少数学生感到压力,并改正缺点。如碰到部分学生上课走神,教师不妨这样说:"大多数同学上课注意力非常集中,值得表扬。"走神的学生听了这句话以后也会马上集中注意力。

2. 用故事来感化

好的故事可以挽救一个人。教师如果善于用故事来感化学生,效果可能会胜过千百次的严肃批评。如对那些犯了错误而破罐子破摔的学生,可以耐心地给他们讲"浪子回头"等故事,促其改过自新。

3. 用微笑来提醒

用微笑来代替批评,有时能收到"润物细无声"的教育效果。这种方

7

法比较适合偶尔犯错的学生。例如,某学生平时较认真,偶尔一次上课开了小差,这时,教师如果对他微微一笑,相信他会意识到自己的不对,并会提醒自己下次千万不能再犯。

4. 用商量来暗示

当学生违反纪律时,教师如果能控制愤怒的情绪,心平气和地同他商量,启发他自己认识错误,往往教育效果更好。譬如,在讲课过程中,有人窃窃私语,影响其他同学听课,这时,教师可以问:"老师是不是哪里讲错了?"多数学生会在老师的启发下为自己没有认真听课而感到羞愧,并会马上集中注意力,认真听课。

5. 用目光来暗示

学生会从教师的各种面部表情,特别是眼神中获得有关信息,并会作出相应的反应。因此,在课堂组织教学时,教师可以有意识地让自己的"目光暗示"为教学服务。比如,上课铃响了,如果学生由于玩得太开心一时还难以安静,这时,教师可以站在教室门口,或到教室里,用严肃的目光来回扫视全班学生数次,用来暗示学生坐好,暗示他们要静下心来准备上课了。

总之,教师在实施批评教育时,要注意做到发自内心,替学生着想,热爱学生,关心学生,这样批评才能收到真正的效果。

下面介绍一种批评学生的策略——六步进阶法,供班主任在处理偶发事件时适时使用。

六步进阶法在培训新教师时效果最为明显,很多老教师学后也感到受益匪浅。当然,在处理偶发事件时必须视情况变通运用,不能拘泥于此。

第一,反省内心对话是否正确。

教师在批评学生之前一般应有一定的思想准备,哪怕两三分钟也好。重点是思考自己的内心对话是否正确,是否遵循了"是批评绝不是责备"的原则。试对比下列内心对话。

(1)正确:

"刘明这次错误给老师造成了不少麻烦,但还不至于无法收拾,我能指出他的错误并让他改进,同时我自己必须保持冷静。"

错误:

"刘明这次的错误实在太令人气愤了!简直是不可饶恕!这次一定

给他点颜色看看,叫他下不了台!"

(2)正确:

"批评他时他可能接受不了,不过我想即使他一时失去理智,我也应付得了。"

错误:

"我如果指出他的错误,他肯定会跟我吵闹,那就麻烦了!索性不理他算了!"

(3)正确:

"趁现在事态还不严重,得赶紧向他指出,也许他认为不值一提,可我必须防微杜渐啊。"

错误:

"这一次就马马虎虎地跟他提一提,免得小题大做,如果下次再犯,我就对他不客气!"

第二,切入话题,伺机说明批评的理由。

可能的话,批评前先要有一个打开话题的"热身"阶段,以免给对方一种突如其来的不愉快。但一旦切入话题,就不应拐弯抹角,应直指问题核心。

教师此时可以从几个角度来说明批评的理由:

①指出对方错误对你的影响:

"今天你课堂上的表现给老师带来了很大的麻烦。"

②指出对方错误给对方造成的影响:

"你今天的行为会影响你今后的成长。"

③指出问题是如何发生的:

"今天有些同学向我反映,说你影响大家正常地听课。"

说明理由时切记要简单明了,忌啰嗦或过分辨细节。

第三,提出明确中肯的批评。

①句子应以"我"字开头,以表示批评发自于你个人,而非某些不能公开的来源。如:

"我看到了你在课桌下做……这不仅违反了课堂纪律而且也是违反校规的。"

"我对你今天的做法很不满意,我觉得你太……"

"我感到很痛心,因为你……"

②批评对方时越简短越好,而且要先说出,说完后可谈谈此项错误的后果。如果后果在前一进阶中已有所涉及,则这里可以再说得更详细些。

③注意体态语的配合。如果师生眼神接触太少,学生会对你的批评不以为然,甚至加以排斥;眼神接触太厉害,像"瞪"对方,又会使对方感到受到侵犯,产生对立情绪。

第四,请对方提出解释。

这一步是用来说明对方接受你的批评,方法是积极地询问。

询问的结果之一是对方接受了你的批评,但此时还可能说出一些出乎你意料的事实来,使你的批评能修正到更准确的程度,也使对方更容易接受。

询问的另外一种结果是发现对方确实对你的期望或要求不甚明了,这时你必须向对方作补充说明,并确定一个对方能接受的标准。

当然,还有一种结果就是对方解释后,你发现这次批评并不正确,那么,你就应修正或撤销批评,不可为了面子而继续批评下去,造成侵犯学生的行为。

第五,请对方建议如何加以改进。

到这一步时,你主要应鼓励对方说出自己的改进意见。根据学生的个性差异,此时的口语策略大致有:

①鼓励型。

"你有什么改进的构想?"

②建议型。

"这样做你觉得如何?"

③帮扶型。

"老师如果这样帮助你改进,对你是否真有帮助?"

必须指出的是,此时学生说不定真的会对教师提出一些要求,希望教师也作适当改变。对此,教师必须有思想准备,但不应纠缠于此,重点还要转向学生的行为。

第六,总结对方承诺的行动。

这是最后的一步,也是非常重要的一步!因为一般的批评者针对"不该有"的行为往往说得很多,对"该怎样做"却表达得很模糊。所以,此时的做法应是:

①重复检讨上一步进阶中对方自己提出的改进建议,同时确定它们

的可行性。

②再次明确彼此应尽的义务。

③结束话题前,附带向对方说明,以后老师将会继续认真观察对方的改进努力。以使对方觉得更加郑重其事。

六步进阶法的优点在于把批评的基点建立在对未来的改进,而不是追究过去的错误。因此,要尽量减轻批评带给学生的反感,最大限度地发挥批评的正面效用,还要不忽略批评者与被批评者双方的权利和责任。一句话:是批评,绝不是责备。

建立危机管理机制

班主任工作不仅任务重,头绪多,而且责任重大,再加上班主任本身一般不是专职的,所以,单纯依靠班主任一个人的力量来应付是力不从心的。而且,既然是偶发事件,就是突如其来的,需要在第一时间就要作出反应,否则就会失去处理的最佳时机,甚至有可能小事演变成大事,直至酿成严重后果。因此,班主任们在平时一定要建立突发事件的预防机制、快速反应机制和相应的危机管理机制,以免事件发生时手忙脚乱,不知所措。

临近放寒假了,高一(3)班的同学和其他班级的同学一样,都在紧张地进行复习,迎接期末考试。班主任李老师心想,凭借平时各方面的表现,如果不出什么意外的话,年底评奖时得个先进班集体称号应当是没有什么问题的。可就在第二天,班上出事了,好在处理得比较及时,否则不但他的期望成了泡影,而且后果也不堪设想。原来,班上一位同学和(4)班的一位同学因为玩笑开过了头产生冲突,"受气"的同学不甘示弱,声称要为自己挽回面子,并准备教训对方一下。

由于班主任平时就依托班级管理机制,建立以班委为核心、以值日班长——寝室长为主线、人人都是监督员的班情报告制度,所以同学们都有比较强的警惕性。当这位同学的言谈和情绪被反映到值日班长那里以后,很快就上报到班主任李老师那里。李老师立即遥控班委稳住这位同学,并与对方班主任联系,且很快赶到学校。经过一番疏导,双方才平静下来,握手言和。

事后,该同学还坦白,如果对方不表示道歉,他还在兜里准备了一把水果刀,说要让他吸取血的教训。如果处理不及时,后果就可想而知了。

可见,处理好偶发事件,反应速度就是一个关键性的因素。而恰恰在这一点上,班主任是难以做到的,因为班主任一般都不可能在"案发现场",所以也就不可能在第一时间内做出决策。因此,要建立一套快速反应机制,畅通的信息传递渠道就显得尤为重要。所谓君子"善假于物"也,班主任作为决策中心,需要建立一套这样的机制,使得自己不在现场、不在班级、不在学校时也能够在第一时间获得偶发事件的相关信息,为后续的处理赢得时间。

大力挖掘积极因素

任何事情都有两面性,偶发事件自然也不例外。偶发事件扰乱教学秩序,会带来负面影响乃至严重的后果,但是在他们后面往往往潜藏着许多积极的教育因素,为班主任教育学生个人或班集体提供了良好时机。借助对偶发事件的处理,可以把个别教育和集体教育囊括其中,直接关系到个别学生的健康成长和班集体的建设和发展。

班主任应该抓住有利契机,及时对学生辅以教育、疏导。偶发事件发生后,班主任更重要的工作是要以此为契机,让学生改正某些错误行为,并使之对全班同学起到教育、引导的作用。所以,班主任在平息事端中要善于发现学生的闪光点,鼓励学生自己用优点克服缺点,不要背思想包袱;同时,还应启发学生进行自我教育,只有这样,班主任的工作才能实现从"教师对学生的教育"走向"学生自觉地对自己进行教育"。

让我们来看一个案例:

新年即将来临,我带的高三(1)班却发生了一件震动全校的大事:邵兵、李志国、张立明对高一(2)班的一个同学大打出手,从一楼追到四楼,用汽水瓶子把人家砸得头破血流,后来在医院缝了七针。他们看人家不顺眼,找茬大骂,举手便打,三个打一个,以众欺寡。高三大哥哥殴打高一小弟弟，以强凌弱，在校内造成了极坏的影响。本来在全体同学的努力下，我班各项工作均名列前茅，全校师生对我班赞不绝口，获得优秀班集体称号更是稳操胜券了，可如今突如其来的恶性事件一下子毁了大好江山。作为班主任我心里很难受，全班同学情绪低落，不少学生眼含热泪说，咱班还有什么脸开新年联欢会……

我看到这"黑云压城城欲摧"的态势觉得不对劲，这可是中学阶段最后一个新年联欢会啊！冷冷清清，灭火熄灶，必定会士气不振，势必影响班集体建设，影响同学们身心的发展。如果将坏事变成好事，促使当事者自责自省，由遇事不顾集体名誉转变为竭尽全力为集体争荣誉，促进全班进一步增强集体荣誉感，焕发更大劲头，岂不是万全之策？我想：这件事绝不能轻描淡写，要演成重头戏。

大计已定，这天我有意心情沉重地向全班宣布：高三(1)班不再举办新年联欢会。教室里顿时鸦雀无声，而当事的三个人低着头，一副负罪受审的模样。果然，不出所料，放学后三个人找来，心情沉重地说："我们高三(1)班是个生龙活虎的班级，现在因为我们变得如此冷清。同学老师都觉得脸面无光，竟然无心举办新年联欢会，我们心里更难受了。老师，您千万别灰心，我们一定痛改前非。请您组织全班开好新年联欢会。否则，我们一辈子也抬不起头。"听到这发自肺腑的表白，我明白预期效果已经产生，并答应他们再重新考虑。他们心事重重地离开了办公室。

第二天一早，一向开朗乐观的王葳同学送来一封信，信中写道："敬爱的张老师，试想今年最后那一天，其他班都张灯结彩、喜气洋洋，唯有高三(1)班没有灯火，没有笑声，那将是多么难堪的情景。开好新年联欢会有利于重新振作我班士气，打一场反败为胜的漂亮仗。"王葳还深情地写道，"请您相信，今天几个学生让您脸面无光，以后我们会让您笑逐颜开，您会为拥有我们这样的学生而自豪！"我明白王葳的信代表了全班同学的心声。我看到劣势转化的火候已到，于是开始进行下一步工作。先是宣读了王葳的信，然后由那三个同学表明了态度，最后我郑重宣布：不仅要开新年联欢会，而且必须开好。为此我要求全班做一次彻底的大扫除，以扫掉晦气，迎来喜气。我还布置了一项作业，要求每人根据这场风波拟一副对联，作为新年联欢会的第一项内容。结果，哪一次大扫除都不如这次彻底，都不如这次全员上阵尽心尽力。新年联欢会上献对联活动也十分成功。在联欢期间，班长团支书带领那三个同学到高一(2)班赔礼道歉。

新年联欢会结束了,高三(1)班又重新起航前进。

这个案例有力地说明了这样一个教育道理:尽管偶发事件不可避免,并且会带来许多不良影响和麻烦,但对于班主任而言,不能仅仅停留在"就事论事"的层面上,而应当更上一层楼,看得更远,做足文章,想尽办法扭转劣势,把坏事变成好事,将偶发事件的处理作为开展教育、建设班级的有利契机。

第二章

班级日常管理中偶发事件的应对

正确处理班级日常管理中的偶发事件,不论对维护纪律,提高全班学生辨别是非的能力,促使班集体舆论的进一步形成,还是对教育犯错误的学生都是十分重要的。

怎样应对学生上课没带书

有一位班主任在上语文课时,突然发现有几个学生没有课本,于是把他们赶到教室后面去罚站,并且愤愤地说:"上课连书都不带,像什么话?还是学生吗?"

是啊,这个道理看起来是不错,当兵的不能够没有枪嘛,不然敌人来了就只有死路一条了。但是孩子毕竟还是孩子啊,上课不带书,我认为责任不能完全怪学生。

我们读书时这种情况极少,书都在书包里。现在学生的书多,还有许多乱七八糟的基础训练、同步训练等。且不说一个书包有十多斤重,最主要的是:这个书包根本塞不进课桌的抽屉。不知道我们的老师注意到这个现象没有。

有些老师教育学生,把课表贴在床头,每天按课表带书。这个方法确实好,但是我们成年人替别人带一件东西往往都会丢三落四,何况是学生?是的,好学生不会遗忘带课本,但那些中差生往往忘记了。而且人越是紧张,就越会遗忘。哪怕你把课程表贴在脑门上,他们也还是会忘记带书或者别的什么东西!

一些差生怕罚站,只好把书全部放在书包里,每天背着沉重的书包来上学,书包塞不进抽屉,只好放在地上。书包放在地上被搞脏,回家要挨打、挨骂。这是学生向我诉说的,我感到做个学生也的确为难。有的学生书包塞不进抽屉,只好放在靠背椅上,上课,只能坐四分之一个屁股。诸位可以在办公室试一下,用四分之一个屁股坐 45 分钟,体验一下其中的滋味。我试过,很难受。

我想,要想解决学生不带书的问题,最好的办法是:第一,除了课本和练习本,其他的统统不要发给学生。第二,课本还要精简、精简、再精简。这个问题不解决,上课不带书的现象不能完全杜绝。第三,班主任自己还要准备几本备用教材,各科都要有一两本,万一学生同桌一起没有带书了,可以急用。只要同桌有书,就可以要求他们共用,不一定非得要责备他们。理解、原谅、同情和帮助,是我们班主任需要做的事情。这其实很简单。

怎样应对学生之间出现攀比现象

体育课上,要进行慢跑训练时,突然有名学生走过来请老师帮他保管1元钱硬币。没过多久,又有一名学生过来请老师帮他保管2元钱硬币。接着,3元、4元、5元……络绎不绝。第二次体育课一上课,那名拿1元硬币的同学又上来请老师保管钱,这一次他拿出了一张崭新的50元纸币,边走边嘀咕着:这次看还有谁比我多。同学们都默默地看着他,有羡慕的,有不服气的……以后这样的事情也常有发生。

这仅仅是学生攀比现象中的一种情况,他们在校时还比谁的玩具多、谁的玩具高级、谁的学习用品更先进、谁的衣服是名牌等等。对于小学生——一个还没有经济能力的社会群体,总是把眼光聚焦在物质攀比、金钱攀比上,这对他们形成正确的价值观、人生观、世界观非常不利。那么,如何帮助学生消除这种物质、金钱上的攀比想法和行为呢?

1. 晓之以理

造成学生爱攀比的原因,主要是爱慕虚荣的不健康心理。这样的学生,在虚荣心的驱使下,会忘记父母赚钱的艰辛,忘记勤劳简朴是中华民族的优良传统。所以,教师首先要让他们懂得自己的这种攀比行为,是建立在父母辛辛苦苦赚钱的基础上的,教师可以运用讲故事、演课本剧的方法,对之晓之以理。比如讲述这样一个身边的例子来教育他们。

乐乐同学的家长,平时生活非常节俭。为了省1元车钱,每天摸黑起床步行去上班;为了省几元钱的餐费,平时总是自带腌制的酱萝卜、咸菜;为了多赚点钱,每天起早贪黑地工作,还经常承担加班任务等等。他们唯一的希望就是让乐乐能更好地生活,为乐乐的学习创造更好的环境。可是乐乐呢?每天在学校与同学攀比谁的衣服好、谁的学习用品好,还经常要求父母帮他去买名牌物品,学习成绩却不怎么好。

教师可以让学生相互探讨:乐乐是个怎么样的孩子?你想对他说些什么话?你以后会怎么做?让学生在讨论的基础上明辨是非,并充分感受到父母用心良苦以及工作的艰辛,萌发"自己应该把精力放在学习上以此回报父母"的思想,从而产生行为矫正的内驱力。

2. 杜绝消极的暗示

有些家长很爱"讲面子",不管有钱没钱都喜欢跟别人进行比较。特别是对待自己的孩子,总希望自己的孩子比别人强,给他们吃得好、穿得好、用得好,这自然会给孩子如下心理暗示:我什么东西都要比别人好。这样,当他们发觉比别人差时,就会产生攀比心理。因此,教师必须联合家长一起对学生进行教育,建议家长给孩子买东西时要以实用节俭为原则。平时,在语言上、行动上不与别人进行攀比,用自己的实际行动来教育孩子,杜绝消极暗示。

3. 巧妙地转移视线

学生的主要任务是学习,教师要引导学生把对物质、金钱的攀比,转移到学习方面的"攀比"。这里,可以采取"比学赶帮"的方法,即让学生之间形成良性竞争,每个人都应该争先恐后地进行学习,每个人都应该积极学习别人的长处,比一比谁的学习水平更高、谁的进步更大,让那些学习上比较优秀的同学,帮助那些"学困生",比比谁帮助的"学困生"进步更快。当然"学困生"之间也可以积极地进行比较,争取赶上比自己学习好的同学。同时,每个学生还可以同自己以前的学习水平进行比较。每当学生进步时,教师要积极鼓励每名学生,对他们进行奖励。

第四,拒绝不合理需求。

教师要建议家长不能一味地迁就、满足孩子的欲望和需求,要毫不犹豫地拒绝不合理要求;要培养孩子一种恬淡寡欲、知足常乐的心境,使他们拥有一种清静、安闲、自在的健康心理。另外,对孩子的需求不能简单地满足,要让学生明白,任何东西只有通过努力,才能得到报酬。如当他们学习成绩有进步时,学会一项新本领时,做了一件好事时……在这种情况下才允许他们提出要求,而且是合理的要求,最终矫正他们"我想怎样就怎样"的不良心态。

怎样应对学生自习课时说话

上自习课时,学生突然说话,这是学校中常见的事,可称之为"常见的偶发事件",许多班主任对此事件的处理都不得法,效果很差。那有没有更好一点的办法呢?

让我们先来看一位资深班主任的做法:

我很反感自习课的时候有人讲话,静静的环境,人家好好的一个灵感,被人吵几句,结果心情就烦躁起来,什么也写不出。明明安静的课堂,大家在做作业,突然有人在说话,你责问他,他还很有理地反问你:"我有问题,需要讨论,难道不行吗?"行,你不能够说不行,可是你这样表态的时候,那些想捣乱的人可就高兴了,他们又可以浑水摸鱼了。于是我在班上组织同学讨论,能不能够在教室自习的时候,既保障室内安静,又能够让大家讨论问题?于是,有人提出了许多方法。

"可以到教室外面讨论。"

"可以放在下课的时候讨论。"

"可以小声地说话,耳朵凑在一起就行了。"……

马上就有同学反驳说,是啊,大家都出去一趟,教室里还像话吗?下课时讨论,时间早过了,完不成任务啊!可以小声说话,具体小到什么地步,谁能够控制?……最终,这些方法都不是很理想。

"可以用笔谈的方式进行啊!"那段时间我们正在教沈括的《采草药》,是《梦溪笔谈》里的文章,有同学就想到了笔谈的方式。对啊!这个方式很好啊!我就开玩笑说:"那不就是纸上谈兵了咯!"学生哄堂大笑,最后决定在自习课的时候,全班采用这种方式说话。于是就有了前面所说的纸条子。

可是这种方法还不是很好,每天要浪费很多纸,有时候倒垃圾,全是班上同学的纸条子。有人提建议了,是不是每人安排一本专用讨论本,不撕掉,不裁剪,讨论的同学互相往来。"是啊,这样还可以保留很多聊天记录,比 QQ 还好!"马上就有人赞成。还有人说。如果这样,毕业的时候,每人还可以留几本同学聊天记录做纪念!多好!我要搜集写作素材,就去向学生讨,能不能够借几本给我看看。呵呵,他们还挺在乎的:"可以啊,但是要还给我!"

我班的自习纪律一直是全校最好的,别的班级来参观的时候,都很惊奇、羡慕。只要你不去严厉禁止他们,解决问题的方法很多,你班上也可以做到讨论静无声的,方法很多,你可以探索啊!

这个班主任的方法启示我们:

(1)你可以不去严厉禁止他们,解决问题的方法很多,你班上也可以做到讨论寂静无声的。

(2)艺术地告诉学生,只有在寂静中,你才能够听到自己心跳的声音。

如何应对恶作剧

青少年学生由于心理不成熟,活泼好动,有些还很顽皮,时不时地制造一些"恶作剧",对此,班主任应该怎么处理呢?

我们先来看下面这位班主任的应对之法:

大家在纪念"五四青年节"时,一位男同学恶作剧地联想到"三八节",并脱口说出"臭三八",借以侮辱女同学,引来部分同学讪笑。我本不想看到这种情况发生,更不希望此种现象再次发生。于是我决定不采取回避的态度,因为以往的回避显然没有达到理想的效果。我当即幽默地说:"干嘛要侮辱女同志呢?我们的母亲是女同志,我们的姐妹是女同志,将来娶的妻子还得是女同志,做了父亲,孩子更保不定还是女同志!"讪笑声止住了,所有的目光都集中到那位男同学身上,明显流露出一种谴责的意味。不用再说什么,那位男同学已羞愧得满面通红,随即向大家表示了歉意。

教师是驾驭课堂的主导,人民教师的职责时刻在提醒我们,对学生进行思想教育是我们应尽的义务。因此,面对课堂上的偶发事件,回避本身就是一种不明智,虽然冷处理可以暂时平息事态,但对于学生认清问题的实质,明辨是非毫无益处。礼貌待人尊重同学,特别是尊重异性同学,是每位学生应具备的道德修养。课堂上的恶作剧本就不该发生,何况带有侮辱色彩的呢。营造一种民主的宽松的课堂氛围是必要的,对错误的思想意识,尤其是在偶发事件中表现出的违背道德准则的思想意识,进行适时的约束,导之以批判性的思维,就更是必要的。

课堂是各种思想,特别是行为意识碰撞的易发地,教师不仅要站在高处静观这种碰撞,更应以权威的身份引导这种碰撞的发展趋向。因此,适时采取对策,选择恰当的方法解决问题,是教师教书育人过程中应具备的最起码的基本功之一。

偶发事件,特别是含有明显错误倾向的偶发事件的发生,说明我们在育人方面存在明显的不足。此时,采取简单粗暴的方法,不但不能真正解决思想意识问题,还可能引发新的预想不到的冲突。教师的情感、态度对学生有直接的有效的感染作用。思想教育应该发挥这种作用的威力。幽默本身不仅是教师用于传授知识的方法,更应是教师用爱的情感影响学生激起善良情感的教育手段。待人真诚,才能赢得别人的真诚相待。批评的目的,是唤起被批评者能够开展自我批评。因此,冷静是恰当处理问题的前提,亦是解决问题的保障。

如何应对学生上课"顶嘴"

学生上课"顶嘴"并不是一件罕见的事,新教师和老教师相比,因工作经验不足,遭遇学生顶嘴的几率更高一些。因此应多了解一些有关正反两方面的经验教训。

1. 反面的教训

面对学生顶嘴,教师以下几种反应处理都是不可取的。

第一,勃然大怒,立即变脸,抬高声调进行训斥,令学生"闭住臭嘴!"

第二,怒不可遏,顺手朝学生脸上甩一巴掌,打得他低头捂脸。

第三,阴阳怪气地对学生进行挖苦讽刺。

第四,立马让学生回家,厉声命令:"叫你家长来! 不来你别想上课!"

这四种反应处理的共同点是教师表现出十足的威严,一副凛然不可冒犯的样子。处理特点是"压服",是不准学生有二话。

有位班主任曾说过:

反思我自己,过去我就属于"勃然大怒,立即变脸,抬高声调进行训斥"一类的老师。虽然从来没有说过"闭住臭嘴"之类的话,但蛮不讲理令学生不再开口却是"实践过"的。这样暂时可以保住自己的脸面,却不能博得学生的佩服和敬重。

打骂讽刺学生,表面上可能也会让学生"闭嘴",但也会收获学生的"敌视"。我曾不经意间听到几个学生背后议论某教师,其中一个嘴里骂骂咧咧。听那意思是,他顶嘴时某老师打了他一个嘴巴,真想找人揍某老师一顿。至于是否真找人揍了,我无从知晓,估计他只是说说而已,但"打骂教育"收获打骂,却是顺理成章的事情。

现在打骂学生不比以前,现在学生的"权利观念"普遍较过去强烈。现在打骂学生,有可能让学生抓住"把柄"跟教师较真:"你当老师,凭什么打人!"教师继续打吧,越打越不占理;不打吧,很难下台。即使从消极的方面说,为了压服学生而选择打骂也是不可取的。

让学生回家"叫家长",也可能出现令教师意想不到的事情。有些学校就出现过这种情况:有些学生不敢回家"叫家长",选择了"离校出走"。学生家长晚上等不到孩子回来,一问是让老师"撵出来"了,勃然大怒。气冲冲到学校来要人,闹得学校不得安宁,教师也里外说不清,只能向学生家长道歉,陪着家长说好话,请家长原谅,还要到处去寻找出走的学生,生怕有个三长两短,担不起责任。

2. 正面的处理经验

正面的处理经验就是:教师面对学生顶嘴要冷静,要避开争端,对学生说:"这个问题咱们下了课再讨论,现在先继续讲课。"

学生上课顶嘴,往往和教师当众批评该学生有很大关系。学生的自尊程度不同,有些自尊心不强的学生,就是教师骂两句他也不在乎。但自尊心强的学生却受不了哪怕一句难听的话,胆子大一点的会公然顶嘴,以挽回在同学面前丢掉的面子。

教师对学生的"犯上顶嘴"进行"冷处理",可避免矛盾的进一步激化,为下一步双方进行沟通提供良好的"缓冲"条件。教师上课"冷处理"学生顶嘴,下课后找一个合适的时间主动和这个学生交流,确实需要放下教育者的架子,能做到这一点是很不容易的事情。

教师下课后诚心了解学生的想法,必须强调是想明白自己哪里做得欠妥,以便于以后引以为戒。学生谈了自己的看法后,哪怕教师觉得有失偏颇也不要急于否定,而是站在学生的角度想一想是否有道理,如果确实是自己有问题要坦然承认,要勇于承认自己不该伤害学生的自尊。这样,教师在学生心目中才是通情达理知错就改的真正意义上的"老师"。

完成了这项工作,如果学生上课时确有错误而仍未认识到,教师再推心置腹地对学生指出其错误在哪里,危害是什么,同时还要指出跟老师顶嘴不好,不礼貌。然后再告诉学生:学生真正让教师佩服的做法,是平静地对"犯了错误的老师"说:"老师,我不能接受您的说法。我有话要跟您说,不过我想下课谈更好,咱们下课再谈好吗?"话说到这份上,相信学生会愉快接受教师的委婉批评和合理建议。

还有一种顶嘴不是发生在课堂上,而是发生在课下教师单独批评某一学生的时候,学生不高兴了。

这种顶嘴一般与"面子"无关,多数是因教师批评学生时扯到了某件事情上,错怪或冤枉了学生,学生矢口否认。教师坚持自己的看法,导致学生情绪激动。这时,教师见学生否认某件事态度坚决,就要考虑自己是否真正了解事情真相。正确的做法是不以势压人强迫学生承认与这事有关,而是避开这个话题,说:"也可能我记忆有误,以后调查了解清楚了再说吧。"然后继续刚才的话题。

不过,既然说了"以后调查了解清楚了再说",就不能没有下文。将来一定要对此事有个交代。如果教师确实有误,该道歉还是要道歉。

如何应对小男生掀起女生的裙子看

课间操后,学生们都在操场上游戏。不知道什么原因,本来好好地在玩滑梯的李峥嵘突然跑到同班女生柳柳旁边,掀起了她的裙子,并认真地仔细地看了一会儿。旁边的男孩子看见了,像着了魔的球迷一样,突然"呵——呵——"地叫喊起来,李峥嵘以为得到了大家的鼓励和赞赏,更加得意非凡,把柳柳的裙子全掀起来。柳柳本来在看高年级的女生跳绳子,这时候被李峥嵘的行动吓呆了,惊慌失措,哇地哭了起来。

等我知道的时候,柳柳已经被数学老师哄回了教室。李峥嵘呢?正在政教处王老师那里挨骂。今年46岁的王老师说:"怎么也没有想到,还只有8岁,就要流氓了。"我也大吃一惊,真的有这样严重吗?于是我对王老师说,学校不要处理这件事情了,交我班自己处理吧。

其实,诸如掀起裙子之类的事情,在八九岁的孩子中间经常发生,有些孩子还会偷看异性洗澡和大小便、更换衣服等。一旦发生了这样的事情,有的老师就会把"肇事者"叫到办公室进行严厉的训斥,有的家长也会认为孩子做了比偷东西更见不得人的事,对孩子进行严厉的惩罚。

暂且不论家长和老师的这种做法对不对,我们必须先弄清楚,男孩子为什么要掀女孩子的裙子。毫无疑问,小男生掀起女孩子的裙子,完全是出于一种对异性的好奇。对男生来说,女孩子有一种神秘感——到底男的与女的有什么区别呢?男孩子很想知道,胆量大的就直接掀起女孩子的裙子看了。其实,对女孩子来说,男生同样也是神秘的,她们也很好奇,只是胆量相对来说要小些,不敢轻举妄动。因此,不管是男孩子掀起女孩子的裙子,还是女孩子看男生小便,都是出于无知和好奇,根本没有什么下流的意识。因为他们还没有性的认识和欲望,也没有性的冲动,他们也不想伤害别人。老师和家长不必大惊小怪,更不要斥责和恐吓。

那么,我们到底应该怎么办呢?

(1)我们不要把它看作是丑陋与罪恶的表现。孩子本来就只是好奇,是闹着玩的,给老师和家长一处罚,他们就会觉得自己犯了十恶不赦的天条,做了见不得人的事情了。从此,性是丑陋的,是坏的,罪恶的思想反而在他们头脑中深深扎根,心灵深处就有性的羞耻和罪恶感,让他们背上沉重的精神负担。这样做,有可能会影响学生一辈子的学习、工作和婚姻,有些差生就是因为在他们无知和好奇的时候,被老师给的"流氓"帽子压垮了,从此破罐子破摔。

我把小峥嵘带回来之后,拍了拍他的小脑袋,把脸贴在他脸上,对他说:"老师知道小峥嵘不是故意欺负柳柳的,对吗?"李峥嵘顿时像受了委屈,终于找到哭诉的对象似的,哇地哭了起来。我抱着"犯错"的孩子进了办公室。

(2)应该及时用恰当的方式制止掀裙子之类的事情再次发生。我没有处理小峥嵘,因为我不能够在有效地制止他的行为之前强行处理他。我轻轻地告诉他:"别人身上的东西,包括她的衣服和饰物,都是她个人的东西,我们不能够随便看的。"把性的东西变成了普通的东西,和女生的衣服一样,不是什么特殊的东西,就是不能够再让他觉得好奇和罪恶了。然后我告诉他:"男孩子和女孩子肯定有一点点的不同,你想知道,等几天有时间了,我会告诉你的,好不好? 现在你不能够随便看别人,你想啊,当着那么多的人看人家,她会难为情的,如果老师要在全班同学面前查看你的口袋里有什么零食,你不别扭吗?"他使劲地点头。多可爱的一个孩子,怎么会是流氓呢? 我笑着送他去了教室,对他说:"老师相信,小峥嵘再也不会让别人难为情的。是吗?"

我知道,这件事情就这样平息了。但是,这不是最好的处理办法。现在他们不闹事了,好奇的念头不除掉,仍然解决不了根本问题。

最重要的是,要选择一些机会和时机,给孩子一些浅显的性知识,让他们丢掉好奇的思想念头。试想,如果孩子知道了异性和自己在生理上的不同,而且知道在什么地方不同,他们还会掀起别人的裙子看吗? 他们之所以这么做,就是对异性不了解,充满神秘感,才会这么做的。想到这里,我与初中的生理卫生老师联系了一下,借了他们男女学生的人体模型,在星期三的时候让孩子看个够,并且让教生理卫生的徐老师给孩子们上了一课,讲怎样注意自己的个人卫生,效果很好。神秘的色彩褪去之后,就只剩下平淡,好奇也就不吸引人了。从那以后,我们班再也没有发生过类似的事情。与其硬性地阻止,不如积极地疏导,这就是处理这类事情的诀窍。

如何应对学生在课堂上吵闹

在自习课上,因教室里没有教师,学生往往会发生吵闹现象,大多数班主任采用的办法是让班干部来监督纪律,但由于中小学班干部自身能力不强,效果不甚理想。为避免课堂吵闹现象的发生,可以从以下几方面着手来抓。

1. 强化意识

宣传的作用是显而易见的,如有些广告初始让人听了很不舒服,但听得多了,看得多了,也会觉得这广告挺有意思,因此教师要经常向学生宣传教育,学生听多了,自然就接受了。他们在犯错时,自然会想起老师平时的教育,会产生负疚感,从而控制自己的行为,耻于犯错。如有位学生在日记里这样写道:"老师,您不在的时候,教室里很吵……您教育我们'既然你吵闹了,犯错了,就要对你的行为负责',您说得对,我们是应该受到惩罚的……"由于教师平时经常正面教育学生,学生的心里已有了过错意识,有了为自己的过错承担责任的想法,那学生以后自然会少犯错误。

2. 相互制约

学生懂得了道理,并不能保证其不会犯错,还要通过外力督促把认识转化为行动,这时同学之间的舆论监督就特别有用。比如,当教师不在教室时,让每位学生写出最吵闹的和最安静的学生,然后把学生写出的名单加以统计,在教室里进行宣读:"最吵的人是谁,最安静的人是谁,他得到了几票……""最吵"的学生听到后就会想,原来我"得票率那么高",我可得改正了,下次别名列榜首。排名稍后的学生听到后就会想,下次少一票也好。榜上无名的同学听了后想,我得努力了,我要加入最安静的名单中。这样学生处于相互监督之中,学生会促使自己注意在同学心目中的形象,从而进行自我控制、自我提高,有助于形成良好的学习氛围。

3. 适当表扬

每位学生在经过努力后,心里总希望有人能肯定他的成绩,那样他会觉得我的努力没有白费,会更加努力,因而适当的表扬是必要的。如在上述最吵的同学公告中,教师有意识地说某某最吵的同学上次得票多少,现在得票少了,进步了,看来下次就不会出现在最吵的同学名单中了。该学生听了后会更加坚定改正过错的决心。

4. 相应惩罚

对所犯的过错施以相应的和适当的惩罚是必需的,有助于学生改正不良行为。不过教师要讲究惩罚的方法,杜绝体罚,可以让学生写检讨书等,但要尊重学生,要保护学生的自尊心,惩罚要能得到学生的认同,要能促使学生自我反省、自我控制。

第三章

师生冲突的应对

  及时妥善地处理任课教师与学生之间的各种矛盾,根除师生之间的对立情绪,有利于建立和谐师生关系。对此,班主任要细致了解情况,并根据事实作出客观公正的处理。

如何应对师生"对峙"

师生之间由于某种原因发生冲突,导致"对峙"局面的发生,这在教育教学实践中也是常常会发生的事情。对此,班主任应该怎么处理呢?

请看下面的案例:

这是好几年前发生的事情了。

有一天,我正在上课,而且讲得很起劲,同学们也听得很入神。就在这时,我发现一个女同学正在看小说,于是我气不打一处来,心想,你学习成绩不好,还要看小说,真不像话!于是就边讲课,边悄悄地走向她的座位。当走到她旁边时,我以"迅雷不及掩耳"的速度伸出手,把她的小说收了过来。

正当我准备批评她时,一件意想不到的事情发生了。那位女同学站起身来,急速地走上讲台,将我放在讲台上的课本和备课笔记全部拿去了。她是班上有名的"女犟头",站在讲台旁手拿我的备课笔记与课本,瞪着眼看着我。我站在她的座位旁,顿时觉得呼吸急促,手发麻,头上冒汗,此时我与她怒目相视,双方剑拔弩张。教室里寂静无声,气氛十分紧张,大家等待着事态的进一步发展。

我心里想,这次明明是她不对,应该趁机好好镇她一下,先把她的书包从窗口丢出去,然后走上讲台把她推出教室,杀杀这股邪气。但刹那间,我猛然想到,假如她不肯出教室,甚至大吵大闹怎么办?不是越闹越糟吗?不但课上不下去,还很可能将事情闹得无法收场。在师生双方头脑发热的时候,绝不能蛮干,先要保证把课上下去。我这样想的时候,便强压住上冒的肝火,勉强小声对她说:"好吧!你不要再看小说了,好好听课。"说时将小说放回到她的课桌上,那位女同学见此情景,也把我的课本与备课笔记放回讲台上,回到了座位上。于是我润了润喉咙,继续上课了。这堂课的教学计划总算按时完成了。

下课以后,我反复考虑,这件事一定要谨慎处理,否则,以后班务工作难以开展。

我决定暂缓一段时间再说。

连续两个星期我没有找这位同学谈话,而是先在班干部会议上把我当时的想法告诉大家,说明老师这样做是为了顾全大局,不影响大家听课。在班会上又有意识地讲到,凡事要顾全大局,加强集体主义观念,同时也谈到对待思想上的问题,不能采取简单、粗暴的方法来解决……这样的谈话,先后进行了四次,班里同学的认识渐趋一致了。这时我仍然没有找这位同学谈话。但我注意到她在班干部、同学们的议论中,慢慢地态度有了变化。班内的活动也能比较认真和投入。我仍然耐心等待着有利的教育时机到来。

　　一天外语课上,当我讲到某个语法的用法时,请同学们举例说明。已经有两位女同学讲了自己的例句。此时我环顾一下全班同学,发现这位女同学也在认真地听着,从她的神态中可以看出,她也能正确回答这个问题。时机到来了,我随即对她微笑地点了下头,说:"你能不能举一个例句来说明?"她站了起来很认真地讲了自己所举的例句。我面带微笑,肯定了她举的例句很确切,并表扬了她能简单地说明这个语法的特点。

　　下午课外活动时,我叫另一位女同学请她到我办公室来。她来了,我先请她坐下,接着我先讲了她最近学习认真,成绩已有上升,各项活动能认真地投入,作为班主任,我心里很高兴。讲着讲着,她露出了笑容,随即我把话题一转,讲了两周前的事,并把我当时的想法告诉了她,她听着听着,忽然眼睛湿润了,她含着眼泪说:"老师,那次是我不好,同学们都讲我不应该收你的备课笔记和课本……"我接着安慰她说:"老师不会计较这些的,现在你认识了,就好了。我是担心你这样任性,将来走上工作岗位,恐怕很难和同事们友好相处。今后对任何事情都不能太任性了,要注意个性修养。"通过这种师生交流,我们之间的隔阂消除了,第二天早读时,她看见我就亲切地喊了一声:"老师早!"

　　我心中感到了一种从未有过的快慰。

　　这位班主任处理偶发事件,做得非常好。

　　首先,他做到了沉着冷静。这是处理偶发事件的先决条件。如果他是"怒火中烧",大发雷霆,失去理智,就不能作出冷静的思考和选择,也不可能采取最佳的处理措施,后果往往是"不堪设想"的。

　　其次,机智果断。这是防止事态向不可逆转方向发展的必然要求。这位班主任面对突如其来的"挑战",没有蛮干,而是强压怒火,用简短的话语结束了冲突,平息了争端,表现出了应有的机智果断。

最后,教育引导。处理偶发事件不只是为了息事宁人,班主任必须本着教育学生、促进班级工作和学生身心健康发展的目的对待问题。

学生犯错后拒不上交应该没收的东西怎么办

我们先来看两个案例:

案例一:

班主任田老师上英语课看见黄某拿着一本课外书津津有味地看。他走到黄某身边,黄某没有发现。

"把书给我好吗?"黄某吃了一惊,条件反射地把书扔进自己的抽屉里,埋着头不动了。

田老师又轻声地重复着说:"请把书拿出来。"连说几遍,黄某无动于衷。

"那老师就自己拿了?"老师伸手去拿,黄某忙用手轻轻挡在抽屉边,不让靠近。

"那我就请班主任刘老师来拿吧。"黄某依旧不动声色。

老师有些紧张了,没想到借助班主任的威力也产生不了效果。于是,田老师说:"好吧,我现在就打电话给你爸爸,请他来拿这本书。"黄某默不作声。

老师心想:"倘若真的给家长打电话,他依旧不把书给我,我该如何收场? 我的威信靠什么来支撑? 更何况,我根本就不知道他爸爸的电话。"不过,他还是本能的边想边慢慢从包里摸出手机,而就在快要按键的一瞬间,黄某迅速从抽屉里扔出一本书来。

"对不起,刚才你看的不是这本书。"老师说,随后就开始假装拨打电话,一个键一个键地按着号码,但脑子里却是一片忙乱:"他会把书拿给我吗?"

也许是他看老师动真格的了,就流着泪很不情愿地拿出了刚才看的那本美国畅销书《奥兹国的巫师》。这时,老师才如释重负地松了口气。

案例二:

　　班主任孙老师发现自习课上有四个学生耳朵塞着耳机。学校规定不许将随身听带进教室,班级也重申,只要发现在班级里听随身听的,一律没收直到假期归还。他没有吱声,终于其中的三位学生看到他站在窗外,但只做了个小动作掩饰,仍然陶醉其中。孙老师暗想真是太大胆了,不处理怎么行?

　　于是走进教室,说:"请四位同学将随身听交给我。"

　　没人动,大家都在张望,陆和赵相互看了一眼,但没交出来。

　　"不用我点名是哪四位吧? 两位男生两位女生。"

　　终于,陆和赵慢吞吞地交上一个随身听和一个收音机。

　　另外两位女生还是没有动静,孙老师压住心中的气,仍然平静地说:"请小蒋和小玲将随身听交上来。"

　　教室静得连空气似乎都凝固了,大家都在注视着她们。她们没有动,但显得有些不安,红着脸埋下了头。

　　"行,不交可以。明天如果我在班里,你们就不用在了。"

　　孙老师的语气出乎意料的平和,但这种严厉的语气自他当班主任以来还没有过。于是孙老师不顾教室里的骚动,拿着男生上交的"战利品"回到办公室。

　　第二天清晨走进教室,小蒋和小玲看到孙老师就低下了头。

　　孙老师问:"平时你们表现不错,昨天晚上怎么会出现这样的事情呢?你们说怎么处理这件事?"

　　两人都一声不吭。

　　"两位男生都很自觉地交上来了,你们怎么就是不肯交呢?"

　　"收音机是别人的。"

　　原来如此。

　　其实孙老师觉得能够理解她们,学习累了听听音乐放松点,调节一下情绪,但是晚自习不应该听,会影响自己也影响他人,况且这作为纪律强调过很多次。……于是问她们"是不是觉得我们就是不交,看你孙老师能拿我们怎么着"时,她们摇摇头说没有这想法。

　　后来孙老师提了两条处理建议:

　　一是现在交出收音机。

　　二是与家长联系,家长同意自习课听收音机,那么就让家长领回去在家听;家长不同意,那还是得交出收音机。

中午两个收音机放在他的办公桌上。

孙老师后来说:这件事看起来处理得似乎还比较成功,但我没能在处理问题之前仔细思考,留下了很大的缺憾——我竟然威胁学生。

这两个案例值得我们深思。

同样是在课上没收学生东西,我们把"一本书的较量"和"四台收音机的较量"比较一下,可能有所启发。

可以看得很明显,就整体素质和专业能力来说,孙老师比田老师高一筹。

田老师处理学生看课外书事件时,差不多是完全的以教师为中心,几乎毫不考虑学生的感觉;而孙老师则说"其实我能够理解她们,学习累了听听音乐放松点,调节一下情绪"。孙老师能换位思考,作为教师,这是很重要的思维品质。不换位思考,"理解"就是空谈。

田老师在和学生发生冲突的时候,只是一股劲往前冲,看不出有灵活机动的"敌进我退"意识,这是很冒险的。万一碰到硬钉子,如何下台?难怪田老师自己也捏一把汗。孙老师就不然,四台收音机交了两台,另外两台死活不交,这是很尴尬的局面。孙老师看情况不对,说一句"行,不交可以。明天如果我在班级,你们就不用在了"。这是明智的撤退。

田老师遇到学生不听指挥的时候,几乎毫不犹豫地就搬援兵(家长和班主任),这是缺乏自信的表现。而孙老师虽然也动用了家长这张"王牌",却相对比较谨慎。

更可贵的是,孙老师有研究意识。他有两个问题提得非常好:"两位男生都很自觉地交上来了,你们怎么就是不肯交呢?""是不是觉得我们就是不交,看你孙老师能拿我们怎么着?"这两个问题一提出,立刻就把问题深化了。说明孙老师不是主观主义者,在他脑子里,事情有多种可能,而不是只有一种可能(成心跟我过不去)。这属于发散思维,不是线性思维。在思维方式上,田老师稍逊。

最可贵的是,孙老师能反思自我。孙老师这件事的处理,应该说也算成功,但是孙老师自己却对自己很不满,甚至说自己"威胁"了学生,反观田老师,事情处理的不算成功,只是用外力把学生压住了,却自认为是胜利,反思精神也略逊一筹。

那么孙老师的处理是不是就无懈可击呢? 我以为也不是。

我要是遇到此种情况,就不会当众让学生交出收音机,这太冒险了。我当场只会要求他们先收起来,课下再找他们谈。既然宣布过要没收,那还是要收的,可以答应他们第二天就还,要他们以今后不在教室听为交换条件,估计不会有多大障碍。然后我就拿着这四台收音机到教室向同学展示一下。此事就可以告一段落了。

但是事情并没有完。平时表现不错的学生,竟然违反校纪班规,上课听音乐,而且竟敢瞪眼不交,说明他们的心态已经很压抑,"豁出去"了,这是一个危险的信号。所以班主任应该及时找同学询问,了解下情,想办法在百忙之中组织点学生喜欢的活动,让他们发泄一下。否则不但影响学习成绩,弄不好还要发生其他事情。

如何应对科任老师与学生发生矛盾

我们先来看一个案例:

吴某是九年级的一名学生,学习成绩居班级中游,但性情较为偏执。

星期五下午的最后一节课是物理课。上课不一会儿,坐在后面几排的几个学生开始说话,先是小声,后来渐大起来。吴某是其中说话的一个。物理老师停下讲课,提醒说话的学生要安静听讲,不要影响课堂教学。说完,继续讲课。

可是,刚过一会儿,这几个学生的说话声音又由小变大。物理老师极力忍耐着讲课。有的学生见说话声音越来越大,物理老师又没有再说,就有些放肆起来,说话的声音愈发大起来。吴某的声音尤为突出。

此时,物理老师面对纷乱的课堂,再也忍受不住了,严厉地说:"说话的,站起来!"

可是,没有一个学生站起来。

物理老师慢慢扫视后面几排座位的学生,当目光触到吴某后,愤怒地说:"吴某,你站起来!"

吴某满脸激愤地盯着物理老师,一言未发,一动没动。

物理老师见吴某这种情态,只好继续讲课。

刚讲了几句,吴某又旁若无人地自言自语。物理老师再也无法讲下去了,对着吴某大喝一声:"吴某,你出去!"

"为什么出去?"

"你说话,影响讲课!"

"那么多人说话,为什么单让我出去?"

"你说话了,就让你出去,愿意怎地怎地!"

"那我就和你对着干!"吴某怒不可遏地说。

于是,吴某与物理老师发生了激烈的对峙。班主任赶来后,把吴某带到了办公室。

吴某气得抽噎起来。班主任递给吴某一杯水,吴某没有理会。班主任再次对吴某说:"你先喝点水,平静平静,和我说说你有什么委屈,好不好?"吴某抽抽搭搭地说出了事情的大概过程,说:"这回,我还不学了,就和他对着干!"

"这回我还不学了",这句话马上引起了班主任的注意。升入九年级后,吴某学习十分努力,班主任看出了吴某的决心。吴某也曾向家长明确表示过,七年级和八年级时学习用功不足,升入九年级后一定要加倍努力,考入高中。升入九年级至今,已经进行了两次月考,吴某两次月考的成绩名次均居班级中游,未见提高。近一段时间来,吴某仍然刻苦努力,但时常表现出力不从心的烦躁、压抑和无奈。对此,班主任对吴某进行了耐心的疏导。吴某也因此对班主任增加了一层信赖感。

班主任意识到,吴某面对学习的压力,潜意识里很可能产生了泄气,在一定的情境中,又发展为放弃。"这回我还不学了",极可能是吴某潜意识在激动时的无意识流露。吴某在物理课上说话失控的深层原因极可能是学习的压力。

针对吴某较为偏执的性情,班主任赞扬了吴某给自己的良好印象,表扬了吴某刻苦学习的劲头,表示了对吴某的关注。吴某渐渐平静下来。班主任引导吴某分析了物理课上说话失控的深层原因,并在调查情况后实事求是地指出了物理老师的一些不妥之处。

吴某被班主任的分析感化了,承认了自己当前学习压力很大,因此产生了烦躁、压抑和无奈。班主任趁机引导吴某分析了自己言语和做法的不妥之处,以及事态如果僵持下去对自己学习的不利。吴某认可了班主任的分析。

"我想请家长也来帮你化解一下学习的压力,行不行?"班主任真诚地对吴某说。吴某沉默了一下,信任地点了点头。"今晚你自己再想一想,如果还有什么问题,明天再找我,好不好?"行。"吴某轻声答应。

第二天第二节下课后,物理老师告诉班主任,吴某向我道了歉。午休时,吴某找到班主任,表示了学习不松劲的决心,请班主任继续帮助。班主任颇感畅快,高兴地说:"我相信你,也永远帮助你。"

科任老师与学生发生矛盾后,一般来说,科任老师能够自己解决矛盾。但是,也有部分科任老师为图省事,或无法解决矛盾,需要班主任帮助解决。遇到这种情况该怎么去处理呢?

1. 充分了解情况,摸清矛盾起因

班主任在调查研究、了解矛盾起因时,首先要耐心听取科任老师的反映,请科任老师介绍跟学生发生矛盾的经过,及其当时的处理情况,尊重科任老师的意见。除此之外,必须请学生本人和其他在场的学生详细介绍当时的情况。班主任要在充分了解情况的基础上,进行全面的客观的分析,明确双方的责任。如果错误的确在学生身上,那么,班主任就应该对学生进行耐心的教育引导,让学生认识到科任老师对他的教育是正确的,是为了他的进步。在学生承认错误提高认识的基础上,班主任要鼓励学生主动地向科任老师认错,取得科任老师的谅解。同时,要教育学生尊敬科任老师,尊重老师的劳动。

有时候,学生与科任老师的矛盾,本来是由学生引起的,但是由于老师处理不当而激化了矛盾。在这种情况下,师生双方都有缺点。班主任在解决矛盾时,不能因为科任老师处理不当而袒护学生。正确的处理方法,还是应引导学生从自身寻找原因,鼓励学生去找科任老师主动认错。一般来说,科任老师还是通情达理的,见到学生主动向自己认错,气也就消了一半,老师也会主动地检查自己工作中的问题,向学生道歉。当然,如果科任教师能够主动认识自己工作的失误,当然就更好了。这样学生也就不会过多地计较老师的工作方法,矛盾也就妥善解决了。如果矛盾仍然解决不了,那只好向有关领导反映,请领导出面做科任老师的工作了。这是不得已而为之的办法。

2. 班主任要秉公办事

班主任在解决学生与科任老师之间的矛盾时,不应掺杂个人的好恶和恩怨。例如,某个学生不守纪律,影响了课堂教学,老师采取的方法确实有不当之处,损伤了学生的自尊心,导致了矛盾的激化,一定不能因为该学生是后进生,就认为科任老师做得都对,学生活该、罪有应得。班主任这种态度,不但解决不了学生跟科任老师的矛盾,反而会激起学生对班主任的不满,加剧学生与科任老师的矛盾。再如,班主任本来就对某科任老师有意见,正好本班学生跟该老师发生了矛盾,也要公正处理,不能有意无意地流露出对科任老师的意见,否则不利于对学生进行教育,反而会助长学生对科任老师的不满情绪,导致科任老师无法上课。

总之,班主任在处理本班学生与科任老师的矛盾时,应当秉公办事。

3. 开展尊师爱生活动

为协调师生关系,班主任可以在班内开展形式多样的尊师爱生活动。如召开尊师爱生主题班会,邀请科任老师参加,并充分介绍科任老师的优点和成绩,以架起师生之间的感情桥梁。

课下发动本班学生开展访师活动,如了解科任老师的任课节数、备课和批改作业的繁重劳动,以及家庭负担,使学生充分认识老师劳动的特点和艰辛,以激起学生对老师的同情、尊敬和爱戴之情。

如何应对科任老师向班主任告学生的"状"

"我简直无法在你那个班上课了,纪律太糟糕了!"上课铃声刚响过几分钟,一名科任老师气冲冲地回到办公室,书往办公桌上一砸,来到班主任面前"诉苦",所有的同事都停笔听他"娓娓道来",班主任则只有迅速奔赴"事故"现场。

"李老师,你班上何杰和张亮这周已是第三次没交作业本了,你看怎么处理?"一位班主任正专心致志地备课,一听到数学老师的这句话便怒火顿生,立即扔掉手中的笔,去教室捉拿"案犯"。不一会儿,两名"顽童""束手就擒",在两位老师面前耷拉着脑袋。

这两个镜头在校园里并不鲜见,它们共同反映了学校里的一种现象——科任老师向班主任告学生的状,借助班主任的力量处置学生。在大谈教育改革、更新教育观念、重塑教师形象的今天,这个话题值得讨论,也应该引起教育工作者的重视。在教育教学活动中,班主任究竟应该扮演怎样的角色,科任老师又应该有怎样的功能,只有把这些问题搞清楚,才能让教师们各司其职,才能让教育形成最大合力,促进学生的发展。

科任老师与班主任沟通是必要的而且是必需的,但如果把沟通仅仅理解为"告状"就大错特错了。科任老师状告学生的做法究竟有何不妥呢?

(1)这种做法错在用错误的教育观念来支配教师的教育行为。心理学研究表明,人的任何行动都受一定观念的支配。个别科任老师认为,我是××科老师,我只需要教好我这门课程就OK了,至于学生行为、习惯等方面的教育,那是班主任的事。这种观点割裂了"教书"与"育人"的有机联系,当然站不住脚。

(2)这是一种对学生不负责的表现,很容易导致师生关系紧张。动辄把学生推向班主任是一种简单粗暴的、不讲究方式方法的、违背教育规律的处理问题的方式。由于学生对班主任普遍有一种敬畏心理,在犯错误后就可能产生很大的精神压力。一顿"教训"以后,学生反而可能憎恨起科任老师甚至班主任来,不利于和谐、融洽的师生关系的建立。

(3)这种做法也常常令科任老师本人陷于孤立,人际关系恶化,同时也降低了其威信。教育打的是总体仗,不同学科共同建构学生知识体系、多种途径共同培养学生能力及形成一定的情感、态度和价值观,这就要求所有教师必须爱岗敬业、克己奉公,从全盘考虑。如果某些科任教师一遇事情就向班主任求救,对本属于自己责权范围内的事撒手不管,必定引起这个合作团体的内部矛盾。当然,有的班主任出于对学生负责,也许会越俎代庖;但有的班主任则不一定认同科任老师的这种做法,认为这是在"推卸责任"。长此以往,个别教师留给师生的印象就是——他是一个无用的人,凡事都要请班主任亲自出马才搞得好。可以想像,一旦某位老师沦落到这种地步,后果可想而知。

花有百样红,人有千万种。一般而言,班主任总会与三五个甚至更多的科任老师打交道,难免会"遭遇"常向自己状告学生的科任老师。如果处理得好,便能"逢凶化吉";可如果处理不当,则不仅"殃及"学生,而且有可能恶化同事关系,增加工作、心理负担。面对如此棘手的问题,班主任究竟应该如何处理呢?

(1)冷静面对。自从有学校以来,学生在课堂上的各种违规违纪行为,就一直困扰着学校、教师、家长。学生课堂违规行为既然是一个长期的、普遍性的问题,那么班主任就应该冷静面对科任教师的"告状"。

现实中,有些班主任,特别是年轻班主任,一听到科任教师"告状",

就气往上冲,拔腿向教室冲去。可想而知,班主任在较冲动的情形下是难以处理好偶发事件的,甚至会激化师生间的对立情绪。有些班主任虽没有这么冲动,但抱着"德育不过夜"的心理,想尽快处理好,缺乏必要的调查分析,结果处理欠妥,挫伤了学生的自尊心。正确的做法是等自己冷静下来,以平和的心态去了解情况,客观地、公正地、有效地处理问题。

(2)班主任应选取恰当时机真诚地与该科任老师做心灵的交流。人都有尊严,当面斥其过时,常无法接受。所以,班主任应选取适宜的时间和场合推心置腹地与科任老师做心灵的交流,达到委婉规劝又不伤和气的效果。上、下班路上,外出进修时……都是交流的理想时间,通过交流,化解宿怨、达成共识、提高修养。

(3)班主任要注意为科任老师与学生的沟通创造条件。科任老师之所以要向班主任告状,还因为他与学生之间产生了这样那样的矛盾。矛盾源自不理解,如果师生之间有了很好的沟通和理解,则可以消除很多误会。然而,科任老师要么是不情愿(观念的原因),要么是没有时间和条件(工作性质的原因),因此与学生沟通相对较难。在这个问题上,班主任是一个重要的角色,应积极为科任老师(也包括自己)与学生的沟通创造条件。如布置命题作文《我的××科老师》、《××老师,我想对你说》,选取元旦、中秋、教师节等时间搞师生联谊会等。

(4)班主任应做好学生的心理疏导工作。个别学生由于自身家庭环境、成长经历等方面的原因,易形成暴怒、不冷静、孤僻等古怪性格,科任老师不如班主任了解学生,因此可能引发矛盾,需要班主任从中协调。班主任特别需要做好这类特殊学生的心理疏导工作,通过陈述科任老师的良苦用心、通过点明学生所犯错误和分析其性格上的不足,使"顽石"点头。

(5)班主任必须以身作则,做一个受欢迎的合作者。在实际的教育工作中,班主任往往不只任教自己所带的那个班,他同时也是其他班级的科任老师。21世纪人才的一个重要标准就是拥有团队协作精神,拥有优秀的合作精神是成功的重要元素。一个班主任出现在另外一个班时,他也是一名合作者。幽默风趣而不失严谨、办事雷厉风行、不推卸责任、拥有爱心和责任心、让同事因有他而快乐……这些,都是一个现代人,也是一个现代教师的应有之义。

总之,在教育教学实践中,作为班主任,一定要比科任老师想得更多、做得更多,而且应该做得更好。妥善处理与科任老师的意见分歧,对自己虽是一次挑战,但却是对学生负责的表现,对教育尽职的表现。同时,在沟通和交流中,同事关系更加融洽,与合作者相得益彰,也让自己赢得来自各方面的尊重,也有利于班主任威信的确立。

如何应对科任老师将学生赶出课堂

科任教师教育管理学生的能力有强有弱。

管理能力差的科任教师常常在无奈之下,将自己管不了的违纪学生赶出课堂。这在一些学校是常见的事。老实一点的学生还能按教师要求站在教室门口,胆子大的干脆就溜走,找地方玩去了。有些意想不到的严重问题,就容易发生在这个时候。

上课的时候,科任教师往外赶违纪学生,由于各种原因,当时告知班主任的可能性微乎其微。在很多情况下,班主任是事后得知,或者从附近走看到了有学生站在教室外面。

遇到这种情况,班主任该怎么办呢?

不管不问,显然不对——班主任的责任心哪里去了?把学生狠训一顿,然后敲门把学生强塞进教室,让他继续听讲,显然也不妥——班主任对科任教师有失尊重。把学生叫到办公室,由自己来处理,显然考虑不够周全——班主任有"越俎代庖"之嫌。

妥善解决这件事,应该是班主任先到学生跟前,询问一下是怎么回事,并简单给他讲讲道理。等到下课以后,班主任向科任教师了解一下这个学生上课违纪的情况,然后征求科任教师的意见:是你来处理呢,还是我处理?

如果科任教师希望自己处理,那么等科任教师处理完毕之后,班主任应当主动找科任教师交流一下。在讨论完上面的事情之后,主动和科任教师探讨把学生赶出教室对学生学习这门功课造成的损失。再研究如果不把他赶出去,能不能解决问题,力争达成不把学生赶出去也能解决问题的共识,并且一定要研究出具体解决的办法。

如果科任教师希望班主任来处理这件事,那么班主任处理后也要主动找科任教师交流,告知自己的处理情况。像上面介绍的那样,通过探讨研究,最终使科任教师能正确认识这类问题,学会具体可行的解决办法。

或许有些班主任觉得这样与科任教师"协商探讨",有些困难。不错,上面的办法确实有理想的成分。很多班主任觉得自己和科任教师都是教师身份,不好意思对人家"做工作"。在实际工作中,相信教师们也有同感。

我担任班主任是这样处理解决"科任教师将学生赶出课堂问题"的:我对科任教师说,如果你实在没有办法,就让班长把违纪学生带到我的办公室里,由我来处理。从实际操作情况看,多数科任教师做得很好。也有个别科任教师把没有必要交到我这里的学生,也交来了。不过对交来的学生来说,以后在这个科任教师的课上确实没有再出现违纪问题。还有极个别科任教师竟把十个左右或者十个以上的学生"撵"到我这里,让我进行教育。

我反省自己,很可能是没有把话说明白,没有特别强调"实在没有办法"这个意思,使其产生了只要是表现不好的学生就都往我这里送的误解。

不管怎么说,用这种办法,确实解决了科任教师将违纪学生赶出教室的问题,避免了可能由此引发的严重事件。

科任老师与学生产生矛盾,在教学上不配合怎么办

我们先看两个案例:

案例一:

刚下课的教师拿着教材,脸色铁青地走进办公室,尚未坐下,便发出一声无奈的叹息:"气死我了! 我最不愿意给他们班上课了!"

案例二:

周日的晚上,班主任王老师在家里上网浏览着"教育在线",却接到语文老师的电话说:"请你为班上的学生另请高明,我教不好这帮孩子,我要休息告别你们班了。"

班主任可谓是"夹缝"中的"大侠"了。科任老师除了本学科的教学

工作外,与学生基本没有什么接触,缺少沟通,对学生缺乏全面的了解,有时在课堂上就可能会与学生产生冲突,师生双方都会觉得委屈。而班主任就不一样,他对每个学生的优劣长短都了解得一清二楚,学生痛在何处,痒在何处,与学生何时坦诚相待,何时又需要利用小小的手段来让学生心服口服,班主任都胸有成竹。班主任是一个班级的核心,是科任老师和学生沟通交流的桥梁。当科任老师与学生产生矛盾,在教学上不能够配合时,班主任应该怎么办?

1. 让科任老师共享荣誉

班主任牵头发起以各科代表为首的兴趣小组,请科任老师指导学科性强的课外活动。比如,语音教室里,英语老师和学生进行着"因为有你而精彩"的英语演讲比赛;舞蹈房里,艺术老师婀娜的舞姿指导群群"天鹅"翩翩起舞;"数学兴趣班"里,数学老师和学生为了一道数学题的不同解法而争论得"面红耳赤"……一旦学生学有所成,如写的文章发表了,数学竞赛获奖了,或者小设计在某刊物上发表了,学生就会有成功体验,而适当的成功体验又可以激发学生更高的热情、更强烈的兴趣。科任教师不但与学生的关系融洽了,感情得到了沟通,在学生心目中的位置也会迅速提高,威信增强,而且科任老师也将成为班级荣誉的共享者。即使有少数学生在课堂上不能严格要求和约束自己,在没有拥护者,没有市场的情况下也会兴味索然,把重点转移到学习上来了。俗话说:"人非草木,孰能无情",学生与科任教师的感情融洽了,上课时的气氛就会更和谐,更有利于老师完成教学任务,有利于学生学到知识。

2. 春风化雨化矛盾

某校99级3班一个学生在刚粉刷的墙上蹬上脚印,受到英语老师的严厉批评,批评中有一句话刺伤了这个学生:"你有娘生没娘教的!"这名学生发怒了,数落了英语老师很多不是,英语老师也火了,师生情感尖锐对立,一节英语课基本没有完成教学任务。班主任老师和心理辅导老师一起找该学生了解情况,特别问道:"你为什么对'有娘生没娘教'这句话特别反感?"他说:"因为我妈已过世了。"心理辅导老师又找到英语老师交换意见,英语老师是个年轻女教师,气得直哭,也意识到了不该刺激学生。心理辅导老师想到这孩子没有妈,更需要爱,便拿出自己的钱,叫学生交到班上赔偿,他很受感动。然后,心理辅导老师又陪着他去擦墙壁上的脚印……一面擦一面谈,他感到很温馨,主动向英语老师承认了错误。

每一个学生都有各自的性格特点,他们也会和相信自己的老师交流沟通,有人倾心于王老师的机智幽默;有人欣赏张老师的奕奕风采;有人喜欢李老师的活泼开朗……班主任要善于发现科任老师的长处,并充分利用之,从而缩小学生与科任老师之间的距离,消除学生心理上的障碍,避免不必要的冲突。

3. 邀请科任老师参加活动

班主任应该经常邀请科任老师参加本班的各项文体活动,让科任老师对学生有更全面充分的认识。这样,师生互动,科任老师参与,可以真实地感受学生健康向上的一面,而且可以让科任老师发现学生的长处,用欣赏的眼光去看待学生,挖掘学生在其他方面的天赋,在课堂教学中就可以有意识地加以引导,提高学生的综合素质。

4. 为科任老师喝彩

良好的心态是班主任成功的秘诀之一。功劳是大家的,过失是自己的,倘若有了这种心胸,所有的科任老师都将愿意和你友好合作。请听:"请全校老师,不要把审视的目光投向我,请大家随着我的目光,去会场上追随我们班级的建设者,假如没有他们,我将一事无成。因此,我建议把崇敬的目光投向会场上的某某老师……(会场上掌声经久不息)"这就是"教育在线"班主任论坛"红袖"版主在班主任总结会上的开场白,他不是表现自己如何精彩,如何勤奋,如何厉害,而是极力赞扬科任老师,说到他自己的时候,只用"班级服务员"一句带过。如果班主任时常在课堂上不经意地抬高科任老师,诸如拿自己的短处和科任老师的长处比较,不显山不露水,效果明显而痕迹全无。时间长了,反馈到科任老师处,事后的合作还会有什么困难可言? 即使是教育理念上的争论和探讨,也决不会伤害同事之间的合作,因为前面的铺设已经很坚实。"路遥知马力,日久见人心。"你善意地对待科任老师,他们对你的班就会格外负责。

总之,班主任应及时和科任老师积极主动沟通,互相探讨解决问题的办法。"精诚所至,金石为开",当学生在轻松愉快的氛围中学习时,学习效率一定会大幅度提高。那时,科任老师一定会发自内心地说:"我最喜欢到你们班上课!"

与学生家长发生矛盾怎么办

我们先来看一个案例:

　　李老师是一位从教20年的小学教师,现在兼某班班主任。她较为严肃,工作非常认真负责。张某,李老师班上的一名男生,聪明好动。张某的父母都是公司职员。有一天,因张某上学迟到,李老师狠狠地批评了他,谁知张某拿起书包就回家了。第二天,张某的父母来到学校,并与李老师发生了纠纷,还惊动了学校领导。

　　我们知道,班主任与学生家长的密切配合是学生健康成长的重要保证之一。但是,家长与班主任也常有出现矛盾的时候,遇到这种情况,应该怎么办呢? 实现家长、班主任的密切配合,当然是双方共同的责任,可是班主任较之家长更熟悉各种教育知识,懂得教育规律。所以,班主任应意识到自己对这种合作负有更多的责任,为此,班主任要努力做到以下两点:

　　1. 分析原因,妥善解决

　　在家长与班主任的矛盾中,有的是因为家长与老师在对学生的评价上意见不一致,因而对班主任产生了意见;有的是由于家长不甚了解情况,产生了误解;也有一些确实属于我们的工作过失或处理不当造成的。班主任应根据不同情况,做耐心细致的工作,以达到消除隔阂、密切合作的目的。比如,由于环境因素或心理因素的不同,一些学生在家、在校的表现不尽相同,造成家长与班主任在对学生的评价上不一致。这就需要班主任和家长密切联系,互通情况,统一思想,及时发现家、校教育的薄弱环节,使家、校教育协调一致。

　　由于学生年龄小,认识问题不全面,他们向家长说的事有时与实际有出入,而家长却因听了孩子片面的申诉,对班主任产生了误会。在这种情况下,只要说明事实真相,消除误解,矛盾自然会迎刃而解。

　　有时,确实由于教师本人对问题处理不当,工作有误。在这种情况下,班主任应坦率、诚实,勇于承担教育责任,采取措施及时弥补损失。要相信,只要态度诚恳,家长一定会和教师站在一起,求得问题的圆满解决。

　　遇到个别家长真不讲理,班主任一定要冷静、克制,不使矛盾激化。同时,应紧密依靠学校领导和家长所在单位领导,求得支持,促使问题得以妥善处理。

2. 正确处理与各种类型家长的关系,预防矛盾发生

在正常情况下,所有家长都希望自己的孩子好。家长的这种心理,是班主任能够与各种类型家长成功交往的心理基础。只要掌握恰当方法,双方是能够达到心理相容而形成教育合力的。

在与一般学生家长交往时,要注意他们中的多数是从事非教育性职业的,在教育方法上难免和我们有分歧。因此,班主任和家长有必要共同学习《教育学》《心理学》,研究教育规律,用教育理论把我们和家长的思想、行动统一起来,在这方面班主任更要热情帮助家长,指导家庭教育。

在与"护短型"家长交往时,要特别尊重他们的自尊心。比如在指出他们的子女某些缺点错误时,要选择不使他们难堪的场合和环境;在和他们谈话时,宜用协商口吻,以使他们防御心理得到缓解。同时,班主任还应适时地、机智地帮助这类学生家长提高教育素养,了解当今学生的特点和国家对人才标准的要求,以利于对其子女的正确、全面的认识。

在与单亲家庭学生家长的交往中有两种情况:一是与丧父或丧母学生的家长接触时,班主任应以同情、体贴之心,多主动家访,认真体察其家庭的不幸及困难,促其从悲伤中振奋起来,同时应多方热情帮助其子女解决生活中的实际困难;另一种是与因离异造成的单亲学生家长的交往,班主任宜紧紧围绕家长的希望心理开展工作,可与其主动联系,制定培养计划。孩子一旦发生了什么事,教师应本着高度的责任心,加倍倾注自己的心血。

在与继父(母)家庭的家长交往时,由于孩子不是他们的亲生骨肉,往往会对班主任采取消极配合的态度。在这种情况下,班主任应积极把这部分学生家长纳入教育轨道,如家长会、联欢会一定邀请他们参加;多向他们报告学生表现,特别要介绍孩子的优点、长处,以增进感情,唤起他们教育子女的责任感。

在与隔代学生家长交往时,由于祖父母、外祖父母对孙辈的感情胜似自己的儿女,他们常以单纯的爱代替教育,所以在和他们交谈教育方法时,往往出现障碍,这就需要以更大的耐心和尊敬,选取老人易接受的方式谈话,必要时可与学生父母取得联系。

总之,班主任只要平时和家长能保持密切联系,及时沟通情况,就一定会使感情融洽,进而产生亲近感。这样,矛盾自然就很少发生了。

如何应对学生要求不告诉家长考试成绩

张老师遇到了这样一件事:要召开家长会了,好不容易发动学生布置完会场,走进办公室刚端起茶杯,突然有五位学生跑到办公室里来,原来他们一致要求张老师在家长会上不要把他们的真实成绩告诉家长。其中还有一位是学习成绩比较好的班长小明(他在这学期考试中考了第五名,比原来后退了三名)。张老师心里很着急,这可怎么办?

许多班主任都会碰到类似的事情。在成绩的巨大压力面前,我们的孩子无所适从。不把真实成绩告诉家长吧,家长有必要知道这些啊。告诉了家长,孩子在压力面前会不会做傻事呢? 面对学生要求不要将真实成绩告诉给家长的难题,我们该怎么办呢?

1. 教育学生树立正确的成绩观

老师必须帮助学生树立正确的考试观,要让学生知道:只要有考试,就有高低之分;成绩并不主要是为了划分优生和差生,成绩在一定意义上是知识掌握程度的反映,是学习水平的体现。我们追求的应该是获得成绩的过程,而不是结果本身。众所周知,体育竞技的整个过程都是公开的,选手水平很高但临场发挥失常的情况经常出现,选手的心里是不是很受伤? 是不是因此就要取消体育比赛成绩的公布,或者让其在没有观众的情况下举行? 如果在考试前确实是认真学习的,哪怕成绩真的不理想,也应该可以坦然面对。老师要通过各种形式,让学生真正理解考试的作用、成绩的意义,杜绝考前不认真复习、考中作弊、考后回避的现象。

2. 要求家长树立正确的成才观

孩子的压力是多方面的,其中很大的一部分压力来自于家长。因此我们有必要经常与家长沟通,促使家长也能够正确地看待孩子的分数,从而获得家长的理解和支持。我们必须促使家长树立以下的观念:①关心孩子的学习,不要只关注他分数的多少、名次的高低。成绩和名次一定程度上反映了孩子的学习情况,但成绩出来已是事实,我们应该和孩子一道去分析成功的经验和失败的教训,以利于下次能有所提高,这才是正确的态度。②孩子的学习很重要,但孩子的心理、行为更重要。从小处来说,良好的行为习惯与学业成绩总是成正比的。从大处来说,孩子的品格、素质会影响其一生的为人处世。特别是我们的学生正处于少年与青年、幼稚与成熟间的分界点，变好与变坏往往在一念之间。我们对此绝不能放松警惕。③学会学习更要学会做人。只有学会做人，才能更好地进行学习。学习首先要学会做人，学会团结同学、尊敬师长、尊重他人、孝敬父母，培养一个健康良好的心态，同时也要培养一个科学的学习习惯，充分利用好有限的时间，提高学习的效率。在一定程度上，一个学生的行为习惯的好坏、道德水平的高低、心理素质的健全与否直接影响学生的学习过程和学习成绩。

3. 教师要掌握适当的处理技巧

学生的情况是千差万别的，家长的心态也是多种多样的，所以班主任在碰到学生要求不要把真实成绩告诉家长时，处理的时候也要因人而异，视情况而定。

其一，和学生交流不愿意把真实成绩告诉家长的原因，教育学生要敢于承担责任，做个诚实的好孩子，根据学生的实际情况，教给他们用比较恰当的方法把自己的成绩告诉给家长。其二，如果一个学生成绩一直不错，这次考试却出现了不太好的情况，这时候，班主任应该跟学生家长联系，并且向家长作好解释工作，共同探讨孩子此次考试失败的原因。其三，如果一个孩子的成绩一直不太好，这次仍然如此。在这种情况下，班主任要对学生进行鼓励，并帮助学生进行分析，没有必要再通知家长，给学生造成更多的心理压力。此外，如果孩子的压力确实太大，班主任也可以暂时不要把真实成绩告诉家长，同时教育学生要敢于面对困难，吸取教训，下次考好。

其实，大部分家长对自己的孩子还是心中有数的。在发布成绩的时候，我们可以摘抄一些家庭教育方面的文章，让学生把这些文章带给他们的父母看。同时，家长肯定都希望看到自己孩子的成长，因此班主任应该多看到学生的长处，并想方设法让学生家长一起看到学生的长处，让家长和老师的共同鼓励和期望的眼光带给学生积极向上的力量！

第四章

学生之间突发矛盾的应对

在同一个学校、同一个班级,学生之间往往会因某些摩擦或分歧而产生矛盾冲突。班主任必须认真对待这些矛盾冲突,妥善处理和及时化解这些偶发事件,这对促进学生间的团结是非常必要的。

学生间玩耍时出现纠纷怎么办

学生在一起玩耍、游戏的过程中,经常会发生一些冲突、纠纷,这是学生在交往过程中不可避免的现象。从心理学角度来说,学生之间的冲突、纠纷有利于培养孩子的自我意识,有利于学生学会与人交往,还有利于锻炼学生的坚强意志。但是老师处理不当会产生一系列的问题。因此对于学生之间的纠纷要慎重处理。

那么学生之间突然出现了纠纷,班主任应该怎么做呢?

学生间的纠纷在其社会化过程中是不可避免的,学生间发生纠纷说明学生的自我意识发展到了一定阶段,社会化程度有所提高。而且学生间的纠纷往往只是学生们玩耍时因为一些小事而引起的,不是道德范畴的纠纷,一段时间后他们又会和好如初,因此,老师不要急于去解决,而要静观其变,尽量让学生自己来处理,这样效果会更好,更有利于学生的社会化,处理得好,学生可以学会自我控制和关心他人。

让我们来看一则案例:

钟宏是我班最负责的小组长,我要求这一组的同学到他那里去背书,新插入钟宏这一组的徐中挺是一个调皮大王,以前每次背书都靠蒙混过关,这次徐中挺又想蒙混过关,但钟宏不同意,两个人争执起来,谁也不愿意让步。班长来告诉我,我想了想后叫班长先去稳住,防止事态扩大,并告诉他,让他出面进行调解,并让他们自己试着解决。过了10分钟,班长面带笑容来告诉我,事情已解决。我不放心,还是到教室去调查了一下。我一走进教室就问:"刚才教室里有什么事发生吗?"两位当事人相视一笑,都说没有,我也就放心了。

学生间的纠纷处理不当,会带来很多负面影响。如果老师没有调查清楚就妄下结论,就会有失公正,导致被祖护的学生更加骄横不讲理,会更加难以与其他同学相处,最终会远离班集体。受委屈的学生,会觉得老师不尊重他。在经过调查发现事情的真相后,老师也不要急于发表意见,而应让学生自己想一想该怎么办,这样既可以培养学生独立处理问题的能力,又可以了解学生的真实态度,便于有针对性地进行教育。

明智的老师一般不介入学生间的纠纷,但如果非要老师处理不可时,老师一定要本着公平公正、合情合理的原则,在了解情况后,客观地作出处理。不要主观臆断,也不要粗暴训斥,而应以理服人,最好引导他们自己认识错误,最后双方达成共识。

如何应对学生哭鼻子

一天中午,张教师吃完饭刚到办公室,学生小伟就急匆匆地跑来说:"老师,玲玲又哭了。""发生了什么事?""她不肯吃饭,组长劝她不要把饭倒掉,多吃点,她就哭了。"……这样的事其实经常发生。玲玲同学性格内向,一遇到什么不顺心的事,如做作业遇到难题,和同学发生口角,不守纪律受到教师批评等等,她都会一把鼻涕一把泪,劝也劝不住。为此,同学都开玩笑称她"爱哭的女孩"。

对这样动不动就哭鼻子的学生,班主任该采取怎样的措施帮助他们呢?

这一类学生往往性格内向,不愿向别人吐露心声。当他们伤心时,你想了解原因,问上十句他都答不上一句。因此,教师可以在学生心情好的时候找他们谈谈心,聊聊日常的学习和生活,慢慢地取得他们的信任,和他们建立感情,成为知心朋友,推开学生虚掩的心门。只有了解了学生爱哭的真正原因,教师才可以对症下药,事半功倍。

爱哭的学生往往需要教师更多的关爱来抚慰他们脆弱的内心。当学生因为一点小事哭个不停时,即使你感到厌烦也千万别用威吓责骂的方法让他们停止哭泣,这样强制性的压抑只会影响学生的身心发展,严重的可能会导致性格的扭曲,使学生变得更加脆弱或变得叛逆。当学生止不住哭声时,教师可以带他们到一个安静的地方,让他们把内心的不满、委屈发泄出来。教师在一旁或默默相伴,或拍拍学生的肩膀,让他们觉得老师能理解他们,没有嫌弃他们,感受到老师深深的关切之情。同时带他们离开人群,并要关照在场的同学日后不要取笑,以免伤害他们的自尊心。

当学生发泄完情绪渐渐平静下来之后,教师就要扮演起心理导师的角色,用平和亲切的语调直截了当地告诉学生这样做不太合适,哭非但解决不了任何问题,反而会使自己变得软弱,让自己的自信一点点地溜走。

应该让学生明白人从小要学会坚强,那样才是一个勇敢的孩子,使学生心中形成"爱哭是不对的"意识,以便接受以后的辅导。

有些学生爱哭是因为他们不够坚强,不敢面对自己的错误和失败,不敢面对挫折。当他们遇到困难无法解决时,就用哭来逃避。因此,培养这些孩子坚强的意志显得尤为重要。

(1)讲讲身边的事。把班级中其他同学的事例讲给学生听,如有个同学上体育课时不小心摔倒了,擦破了皮,流了好多血,但他没有哭,一声不吭。教师为他上药时问他疼不疼,他还咬着牙说不疼,因此,受到了教师的表扬和同学的尊重。这一类发生在学生身边的事,事情虽小,但贴近学生的生活,学生比较容易接受。

(2)坐下来和学生谈一谈。通过交谈让学生明白敢于面对自己的错误、失败,敢于面对挫折是一件多么了不起的事情。只要自己不服输,跌倒了爬起来继续往前走,还是好样的。这样,能赢得别人的尊敬。

(3)讲一些著名人物的故事,让学生在感受人物光辉形象的同时,学会坚强。如在科学研究过程中,遭受了失去亲人的痛苦依然没有退缩的诺贝尔,遭受失学挫折而发奋成才的爱迪生、华罗庚,战胜病残而最终成才的海伦、张海迪,失去双臂却奏出生活强音的"十佳少年"成洁……生动感人的故事,会让学生的心灵受到震撼。这时,教师可语重心长地对学生说:"他们遇到了这么大、这么多的困难都没有退缩,是那么坚强,而你遇到一点困难、一点不如意,有什么理由哭个不停呢?"让学生再次受到心灵上的震动,从而变得坚强。

(4)引导学生反思总结。让学生好好回忆自己以前的懦弱行为,认识自己的不足,写下决心书,以此为目标和动力,一点点克服爱哭的毛病,使他们逐步成为一个坚强的人。

也有一部分同学的哭闹只是任性,当他不如意想表示不满时,经常用哭来引起别人的注意和重视。在家里,由于家长的宠爱,哭这一招往往能奏效,久而久之便养成一种习惯。因此,在学校里他也想用哭来引起老师和同学的注意,企图以此来达到目的。这时,教师可采取一种置之不理的态度,让同学也不要去靠近他、注意他。当他发觉自己的哭闹根本没有引起别人的注意,得不到回应时,往往就会自动停止哭闹。这样反复几次,当学生感到哭一点用也没有,反而会引起同学的笑话时,就会自觉、主动地改掉这个坏习惯。

让学生开心起来是治疗爱哭毛病的良药。拥有乐观开朗的心态，能让人充满活力。教师可以让学生试着用下面的方法快乐起来。

(1)记下每一天中遇到的快乐事，把快乐积累起来。

(2)每天起床后对着镜子笑一笑，并对自己说"今天是快乐的一天"。

(3)用微笑面对每一个人。

(4)每天做一件自己喜欢的事。

(5)伤心难过时想想快乐的事，抬起头不让泪水流出眼眶。

(6)把不开心的事向朋友倾诉。

常言道"笑比哭好"。的确，拥有快乐是件幸福的事，但愿通过老师们的努力，能最终拨开爱哭学生心中的阴霾，让他们以快乐的心境，在微笑中度过每一天。

女生之间发生摩擦怎么办

班主任如果注意观察的话，可以发现女生之间经常发生摩擦。由于女生的身心特点，女生之间单纯的摩擦可能会演变为两个女生小团伙之间的摩擦，小摩擦也可能引发大冲突，这样就不利于班集体的发展，也不利于学生身心健康发展，如何协调女生之间的摩擦呢？

首先，旁敲侧击，了解情况。

两个女生发生摩擦以后，大多会向各自的好朋友倾诉并指责对方的不是，而且具有一定的隐蔽性，班主任大多不知道此事，因而班主任要善于观察，旁敲侧击，一经发现要及时解决，避免事态扩大。如某班有两位各方面表现都不错的女生，彼此之间竞争十分激烈。甲女生不满乙女生处处得到老师的"关照"，也不满乙女生那骄傲的样子，因此想"整"她一下。甲女生在乙女生不知情的情况下，私自拿了乙女生一本学习参考书，并用剪刀把它剪碎后扔掉。乙女生找不到那本书，通过某某同学"告密"，知道是甲女生所为，就向其他同学诉说甲女生的"缺德事"。后来乙女生的父母知道后也加入其中，向女儿同班同学的家长倾诉。最后，班主任从家长的言语里才知道此事，急忙调解，但此事已在甲女生心里留下了阴影，一段时间内她羞于见人。如果班主任能早点从其他同学那里知道情况，就不至于对学生的心理造成影响。因而班主任应该细心观察，及时发现学生之间的摩擦，并作出反应。

其次,发现火花,降温处理。

女生之间发生的摩擦,如果不及时消除,冲突可能越来越大,因而班主任要及时了解情况,加以引导,把矛盾化解。如某班有一女生脚有一点跛,心里老是认为同学看不起她,因而常常过分自我保护。慢慢地好朋友和她疏远了,她越来越孤僻。班主任发现后就跟这位女生谈心,还找她以前的好朋友谈,引导她们彼此看到对方的优点,告诉她们友谊的珍贵,很快她们又成为好朋友了。

再次,互补共进,愉快合作。

为消除女生之间的隔阂,要创造机会让她们相互合作,并在活动中建立友谊。如某班班主任把发生过摩擦的两位女生叫到办公室,对她们说:"学校要举行黑板报评比活动,你擅长画画,你擅长写字,我相信你俩合作,一定能取得好成绩。老师把这任务交给你们,你们一定要为班级争得荣誉。现在你们就去商量一下怎么做。"这两位女生虽说心里还是有点"心病",但为了共同的目标,一会儿分工找资料,一会儿商量怎么排版,齐心协力,结果在评比中获了奖,为班级争得了荣誉,班主任又特意在同学面前表扬她们为班级争了光,表扬她们合作得很好。两个人从此经常合作,互相帮助,成了真正的好朋友。

学生要求调换座位怎么办

我们先看下面这个案例

史××想调位置。

晚上,老师问他为什么想调位置,他说和朱×关系不好,说:"下课时,我与后面的同学讲话,他两次把脚放在我的脸旁,并叫我转过身来说有事。他每次作业纸发下来没有,都怀疑我藏起来了,并扬言要打我。"我说:"老师听到这事也非常气愤,只要这是事实,我一定要严肃处理。"

老师问他:"你和朱×如果没有矛盾,可以坐在一起多长时间?"他不出声了。

老师说:"最多是三年,多一秒都不可能,你说老师讲得对吗?三年在我们一生中又占据一个什么样的位置呢?一生的一小段,你说值得为这没有意义的小事而影响我们的心情吗?当然我肯定要批评朱×,如果朱

×向你承认错误并道歉了,你还愿意和他做同桌吗?"

然后老师找朱×。问:"近来有没有不顺心的事情呀!""没有。"又问:"近来与班上同学有没有不愉快的事情呀!""没有。"又问:"你近期有没有让别人难过呀!"怕他仍否定回答,就又补上一句,"比如有没有让同桌感觉不愉快?"他只有承认。他说史××每次将他的作业纸藏起来或者不替他拿下来就传到后面。老师问:"你有没有看见他藏你的作业纸呀?""没有。"他回答,"不过不是他还有谁。"老师说,你只是怀疑,而没有证据就一口咬定是他藏的,可我私下已经了解过此事,他并没有藏你的作业纸。有没有其他事情呢?他说好像没有了。你有没有将脚放到过他的脸旁呀?他承认了,而且同意当面道歉。于是老师就让他们两个人握个手和解了。然后老师又单独对朱×说:"三年在我们一生中又占据一个什么样的位置呢?一生的一小段,而正是这一小段却决定了我们一生,而且高中的友谊是你以后一生中最值得珍惜的。也许现在你感觉不到,可人世间有些事等你感觉到了它已经无法挽回了,所以老师希望你珍惜这份彼此间的友谊好吗?如果史××再来要我替他调位置,我可绝不会轻易地原谅你了。"

案例中的班主任真是一位非常敬业的老师,事情处理得很细致。

但是,有必要这么费力吗?

先是"冷处理",耐心细致做两方面的工作,从考大学的目标说到高中同学的友谊,然后又安排面对面的道歉……

其实,矛盾并不大,不尖锐。如果同学之间的如此小矛盾都需要老师这样亲临一线,分析和一一解决,老师还不累死呀!

现在班主任都喊累。为什么累?都埋怨领导。其实,这种埋怨只有一半是对的,还有一半怪教师"自找"的——我们班主任工作的"科技含量"太低了。班主任工作越缺乏科学性,就越需要拼体力,需要"全场紧盯","事必躬亲"。

为了给这样一种低效率的工作方法一个好名分,人们就说这是"伟大的师爱",好像教师工作越琐碎忙碌,爱心就越多似的。

我以为这个方向有问题。这种"行政化、母爱化、情感化"的班主任工作取向,恐怕已经存在了好几十年了。我以为现在更应该强调的是"科学化",虽然我并不否定班主任工作应有的行政色彩,母爱色彩(尤其在小学）和情感色彩。

那么，像案例中这种情况，究竟应该怎样解决？

简单问清双方意见，把二人叫到一起，三言两语说清楚就行了。我看有半个小时足够。高考啊，高中时期友谊啊，那些话是可以不说的。

也可以考虑这样一种办法试试。如让全班同学民主选出三位公认的最公正最无私的"小包公"，成立"小法院"。同学之间的矛盾，提交"小法院"审理，不服"小法院"判决的，再找班主任来"上诉"。

要学会抓大放小，宏观调控。节约出时间来读书、思考、策划，做一些科技含量更高的事情。

案例中这位班主任和学生谈话内容之深度，像是高中师生的对话吗？有点像小学老师处理小朋友之间的矛盾。这样下去，孩子是长不大的。

班主任工作还有一种不良倾向，那就是把人际关系复杂化。我主张把学生的人际关系简单化，不要求每个学生与其他学生都成为朋友，而要求每个学生都遵守人际关系的基本规则（底线）。至于他们之间感情深浅，能否知心，那是他们自己的事情，教师不多过问，事实上也管不了。

包办友谊与包办婚姻一样，是一种好心的侵犯。

如何应对学生上课打架

学生上课打架属于严重的"违纪"行为，在日常教学中较为少见，具有突发性，严重干扰教学秩序，常常让班主任和教师猝不及防。有经验的教师会在最短的时间内平息冲突，基本不影响这节课的教学进度。

学生上课打架通常是发生在两个时间：刚上课的时候和上课过程中。

1. 如何处理刚上课时的打架

刚上课时发生的打架，一般是学生在课间休息时斗嘴打闹引起的矛盾激化，忘记了马上就要上课，双方互相撕扯继而开始动手。这时上课铃响起，但教师还未来到教室，双方边打边进教室。教师来到教室时看到的情景与往日不同，学生乱成一锅粥，打架的、拉架的、叫喊的吵破天。

我见过两个老师处理这类突发事件。一个是男教师，另一个是女教师，两人的处理方式有所不同。

一次，预备铃响过后我去上课，路过初一年级某班。离着老远，就听到里面乱成一团。女教师某某三步并作两步跨进教室，拿起板擦用力敲打讲桌,大声喊:"疯了吗你们! 不愿上课的滚出去!"

她的声音既尖又高,令看热闹的学生纷纷回到座位。但两个打架的男生仍不歇手,她跑过去,一边用力拉开双方,一边喊:"要打,滚出去打!"拉开双方后,把这两个互不服气的男生推出了教室。

还有一次,是一位块头较大的男教师。他也是去上课,听到教室的叫喊敲打声后,马上跑进教室。见两个男生在教室后排成一团,课桌凳歪倒在一边,就一个箭步冲过去,一手揪住一个学生的衣领,把两个打架的男生拖出来,往教室门口一推。这时其中一个男生不服气,还想对另一个男生动手,让男教师一拳打在胸脯上,往后踉跄了几步,没了脾气。

这两位教师对事件的处理,值得肯定的是及时地制止了打架,但两人又各有处理的不妥之处。女教师的处理语言欠文明,像让学生"滚出去"这样的话语,显然不应该出自教师之口。男教师的处理行为不够文明,动手打学生,侵犯了学生的人身权利。而事情远远没有严重到要教师动手的程度,教师动手的原则是自身受到伤害或遭受攻击的威胁。但在整个过程中并没有出现这种伤害或威胁。

教师的理性处理应当是这样的:

教师到教室后,立即喝令全体学生回到自己的座位,并迅速过去将斗殴的学生拉开,让他们脱离接触停止互相攻击,回到各自座位。如果其中有谁仍不肯罢休,教师要厉声警告他注意考虑事情的后果。

在打架学生回到自己座位以后,教师应对他们说:"你们的问题下课后再处理。"然后对全体学生宣布,"现在我们上课!"

在最短的时间内平息冲突,不当堂"评判是非",留待下课以后解决,尽快使全体学生迅速转入学习状态,将课堂损失减小到最低程度。这是处理此类事件应当遵循的基本原则。

2. 如何处理上课过程中的打架

上课过程中的打架,往往是发生在教师背对学生写板书的时候。某些学生会趁这个机会给予他发生矛盾的同学一拳或一脚,对方还以拳脚,不想出拳过重,结果双方站起来大打出手。这种打架不同于刚上课时的打架,不会造成全班性的混乱。

有一次上课时间,我从教学楼前走过,见两个男生在他们教室门外贴墙站着。两人脸上脖子上都有抓扯打斗留下的痕迹,而且目露凶光喘着粗气,显然刚刚发生过殴斗。一位女教师生气地俯身指着这两个初一学生,大概在批评他们不该上课打架。看看教室里面,学生静悄悄的,有几个坐第一排的学生在伸头往外看。

我感觉这位女教师不应该把上课放在一边,抛开班里的大多数学生而专门来处理打架事件。对上课过程中发生的打架事件,教师可以参照前面处理"刚上课时发生的打架事件"的办法来处理。

处理这类事件,教师要注意的是:万不可当堂了解事由,评判是非;下课后,也万不可因冲突已经平息而对打架之事不再过问。

学生有攻击行为怎么办

我们先看一个案例:

我刚接手一个班两天,就有学生向我告状,班上的明明不是昨天打了这个同学一拳,就是今天踢了那个同学一脚,大家都在背地里叫他"小土匪",才五年级的孩子就敢欺负六年级的学生。这不,就因为他借同桌女孩的铅笔而人家没借给他,他就一气之下把女同学的铅笔盒给扔到了垃圾筒里,嘴里还嚷嚷着:"有什么了不起的!敢不借给我?那你也别想用,抠门儿!"现在我最头疼的就是这个孩子,简直就是个小混混。据说他的家庭很复杂,母亲在他很小的时候就去世了,父亲再婚,继母又带来了一个弟弟,他的继母对他还是不错的,可是他在家里谁的话也不听,还常打他的弟弟。他的父亲觉得他早年失去母亲,所以很多时候也迁就他。我想找他的家长谈一谈,希望能和他的家长一起来帮助这个孩子,可是我不知道我该具体做些什么?

从上述情况来看,这个孩子的行为应该属于攻击行为。有攻击行为的孩子,他的一生都会受到影响。如果攻击行为延续至青年和成年。就会出现人际关系紧张、社交困难等问题。另外,攻击行为与犯罪有一定关联。心理学研究表明,70%的少年暴力罪犯在儿童期就被认定为有攻击行为。也就是说,从小攻击性强的孩子,如果不注意克服和制止,长大后容易走上违法犯罪道路。因此,如果孩子经常出现攻击性较强的行为,教师切不可掉以轻心,必须及早予以矫治。有些学生由于情绪不稳定,自尊心极强,自制力不足,遇到刺激,容易迁怒于人,表现为经常采取攻击行为。

一般来讲,产生攻击行为的原因有以下几方面:

(1)遗传因素。

(2)家庭因素。有些家长习惯于用暴力惩罚的方式来教育孩子,结果孩子也以同样的方式来对待其他儿童,表现出攻击行为。如有的家长只要孩子做错事,就不分青红皂白地打他一顿。孩子挨打以后,容易产生抵触情绪。这种情绪一旦被"转嫁"到别人身上,就易找别人出气,逐渐形成攻击行为。又如有的家长对自己的孩子说:"如果有人欺侮你,你要狠狠地揍他。"在大人的纵容下,孩子容易发生攻击行为。

(3)环境因素。美国心理学家班杜拉通过一系列实验证明,攻击是观察、学习的结果。由于儿童模仿性强,是非辨别能力差,因此,孩子很容易模仿其周围的人或是影视镜头里人物的攻击行为。有资料表明,经常看暴力影视片的儿童,容易出现攻击行为。如果儿童经常看暴力影视片、武打片,玩暴力电子游戏,会使孩子的攻击性心理得到加强。

值得指出的是,如果一个孩子在偶然几次的攻击行为后,得到了"便宜",尝到了"好处",其攻击行为的欲望会有所增强。若再受到其他孩子的赞许,其攻击行为就会日益加重。

在教学实践中,为了有效地避免学生的攻击行为,以减少攻击行为导致的偶发事件,教师可以从以下几方面入手:

(1)引导学生树立正确的挫折观。攻击是挫折的结果,挫折的存在并非总是产生攻击。要教育学生在遇到挫折时要面对现实,承认挫折,正视挫折,认真冷静地分析挫折,把挫折对个人的打击当作磨炼自己的好机会,积极地迎接挫折的挑战。为此,教师应根据中小学生心理发展的年龄特征和个性差异采取有效措施,有针对性地对学生进行意志锻炼,引导他们用坚强的意志力来调节和控制自己的情绪和行为。

(2)创造不利于攻击行为的环境。实践证明,生活在一个有良好家庭气氛、有充裕玩耍时间以及有多种多样玩具环境中的孩子,攻击行为会明显减少。班主任应提醒家长为孩子提供足够的玩耍时间和玩具,不让孩子看有暴力镜头的电影、电视,不让孩子玩有攻击性倾向的玩具,不在孩子面前讲有攻击色彩的语言。

（3）去除攻击行为的奖励物。如果孩子打了人，家长不制止，打人就成为攻击行为的"奖励物"，使孩子觉得打人并没有什么不对，以后还可以去打别人。所以，班主任应告诉家长，当孩子出现攻击行为时，家长要及时处理，使孩子认识到什么行为是错的，应该怎样做才对。

（4）教孩子懂得宣泄情感。烦恼、挫折、愤怒是容易引起攻击行为的情感，因此班主任要教会孩子懂得宣泄自己的感情，把自己的烦恼、愤怒宣泄出来。

（5）培养孩子丰富的情感。有些孩子见到小动物，会去虐待它，以发泄内心的愤怒。班主任应告诉家长可以让孩子通过饲养小动物来养成孩子的爱怜之心。这种鼓励亲善行为的方法，是纠正孩子攻击行为的一条行之有效的途径。

（6）对孩子的攻击行为"冷处理"。所谓"冷处理"，就是在一段时间里不理他，用这种方法来"惩罚"他的攻击行为，如把孩子关在房间里，让他思过、反省。这种方法的好处在于不会向孩子提供呵斥、打骂的攻击原型。如果把这种方法与鼓励亲善行为的方法配合使用，效果会更好。

（7）引导孩子进行移情换位。心理学的研究表明，攻击者在看到受害者明显痛苦时，往往会停止攻击。然而，攻击性很强的人则不然，他们会继续攻击受害者。这是因为他们缺乏移情能力，不会同情受害者。班主任应配合家长从小培养孩子的移情能力，告诉孩子，攻击行为会给别人带来痛苦，导致严重后果。再让孩子换个位置想想，如果你是受害者，那么，你将会有怎样的感觉和心情呢？让孩子从本质上消除攻击行为，这是一种很好的方法。

（8）进行行为训练。利用专长，委以重任，班主任可根据学生喜欢自我表现、责任心强等特点，让他担任班上的体育委员或劳动委员，明确职责并讲明他的表现好坏关系到全班、全校的荣誉。这样让他有事可做，转移其注意力，改善其人际交往的环境，行为上得以强化。

第五章

学生自身偶发事件的应对

　　孩子的心就像是玻璃做的,一旦不小心打碎了它,是很难修复的。处理这类偶发事件,应十分小心。才能立于不败之地,进而达到教育的目的。

学生家庭出现变故怎么办

俗话说："天有不测风云,人有旦夕祸福。"学生家庭有时也会突然出现变故,影响学生的情绪乃至学习、生活。对此,班主任应该如何应对呢?我们先来看一个案例:

我任 2004 届高三(1)班班主任时,发现我班学生张某一反常态,上课精神恍惚,注意力不集中,时而伏在课桌上,眼睛红润,时而坐在位置上发呆。我猜测他可能发生什么意外事,于是我决定找他谈谈。

一天下课,我与张某同时走出教室,与他聊了起来,询问他的近况、状态,直截了当地指出他最近的反常情况。张某承认,自己最近的学习状况确实很糟糕,注意力无法集中,情绪很低落。然而,他似乎不愿意谈论自己遭遇的事。谈话陷入僵局,于是我说:"碰到什么困难,有什么问题,尽管跟我说,相信老师会尽力帮助你的。"终于,他开了口,说自己的父亲被诊断为肝癌晚期,医生说活不了三个月,他感到精神快要崩溃了。然后立即转身进了教室,简短的几分钟谈话中断了。

父亲患癌症,且已到了晚期,这无论对谁来说,都是非常不幸的,痛苦的,心理打击一定很大。我联想到自己的哥哥也是 40 多岁病逝的,当时,我的父母家人都非常痛心。所以,我很理解张某内心的感受。要想张某敞开心扉,还得推心置腹与他沟通,他此时最需要的是心理上的关怀和理解,放学后我请张某留了下来,和他一起到走廊尽头,一处相对安静无人打扰的地方,进行了一次更为深入的谈话。我说家里发生这样的事情是很不幸的,任何人都会很难过。接下来,我与他交流了自己哥哥病逝,如何从痛苦中走出来的经历。我对他说:"你父亲患不治之症是不幸的,不仅自己痛苦,而且给家庭也带来了更大的悲伤。我也很难过。"他终于解开心结,悲伤地说:"爸爸是家里的顶梁柱。没有他,家里一切就完了,妈妈也是痛不欲生。我还在读高三,这下我也不知道怎么办。"说着他就伤心地哭了。

看着他痛哭流涕,我不由得想起很久以前的一件事情,当时我班上有位女同学拿到数学测验卷子后,发现成绩异常不理想,无法接受,伤心地大哭了起来。我正好在教室,看到此情景,想去劝说几句,可她说:"不要管我,我要哭,我要宣泄。"我没管她,过了几天她主动找我谈了当时的恶劣心情及对学习的反思。我想,也许张某这样哭出来也是好事。我沉默了,直到他停止哭泣。我说:"我理解你现在的心情。面对这样的状况,悲伤、消极是无济于事的。当务之急是家人要以积极的态度配合医生进行治疗。另外,你是个男子汉,在家里承担更大更重的责任。你要帮助母亲支撑这个家!所以你一定要坚强。悲伤消沉对家里一切毫无帮助,只会使母亲更失望,更痛苦。你是个高三学生,你能做的是更刻苦地学习,争取考上一所理想大学,对未来要充满信心,以自己坚强的意志、良好的心态支持家庭,这才是最有效、最实际的行动。同时这也是你对父亲最大的安慰。"张某的情绪有所缓解,表示理解,接受我的看法。我们长谈了一个小时,张某觉得轻松了许多。

当时的年级组长张老师是我们班的语文老师,所以,我就张某的情况与张老师进行了沟通,请张老师一起做做工作。张老师后来与他谈了几次,并在他的随笔中交换了自己的看法。张老师的爱人当时得了重病,他同张某分享了自己的内心体验,同时指出乐观的心态很重要,并提醒张某也许他的母亲也需要来自儿子的心理支持,激发张某快速成长为母亲的支柱。

对学生的关爱,除了做到心理疏导外,还要切合实际帮助学生解决一些实际困难。考虑到张某父亲晚期治疗费用很高,我主动到总务处帮助张某申请了学费减免。而后,当张某父亲已经从医院转出,住到家里后,我了解到张某的家庭住房条件较差,张某如果在家自修就不得不承受着双重的心理煎熬:一边是越来越近的高考,一边是生命垂危的父亲。孰轻孰重?取谁舍谁都十分困难,很难专心复习迎考。鉴于此,我又帮张某联系了在校住宿,让他搬到学校住学生宿舍。

终于,张某的情绪逐渐稳定。在随后的学习生活中他尽力排除了影响和干扰,经过自己不断的努力,学习成绩明显进步,从年级100多名进入前80名,后又进入前50名,最佳时进入前十几名。2004年高考,他以526分的优异成绩考入中国人民大学。张某父亲于2004年7月,高考成绩下达后去世了。我想,或许张某的成功对父亲来说是极大的安慰,也是对家庭极大的支持吧。

张母在丈夫去世后来电说:"儿子在老师的耐心帮助开导下,有了很大转变,学校帮助解决了许多实际困难,让他安心读书,精神振作了,人变得更懂事了。儿子的精神也感染了我,使我坚强起来,更有信心,更积极地面对家庭的不幸。感谢老师帮助儿子获得成功,感谢学校让我们家庭看到了新的希望。"

这是一个班主任应对学生家庭变故的成功教育案例。

学生家庭的变故一般说来有以下几种情况:家长患严重疾病或突然病故;家长出工伤事故;家长因犯罪受到法律制裁;以及父母离婚或下岗等等。面对学生家庭出现的突然变故,班主任应该正确应对。

1. 及时了解学生家庭的变故

学生对于自己家庭的变故,有的能及时告诉班主任,有的则藏在心底,不愿向班主任倾诉。作为班主任要善于察言观色。学生家庭的变故,对于学生的精神是一个严重的打击,甚至给学生造成不可磨灭的精神创伤。它将直接影响学生的思想、情绪。有的表现为上课无精打采或走神,有的表现为沉默寡言,有的表现为心烦意乱或脾气暴躁,有的则可能几天不到校上课。对于学生的异常表现,班主任一经察觉就要及时了解。班主任除了要向学生本人正面了解,还应该作必要的侧面了解。班主任了解到学生家庭的变故以后,就可针对不同的情况开展工作。

2. 针对不同情况,及时开展工作

对于学生家长突然患病、出现工伤事故,或因病住院,班主任要及时到学生家中或去医院看望、探访,并对学生及家长进行精神安慰。同时,帮助学生安排好家务、学习和课外作业,以减轻学生的精神负担和压力,必要时可让学生提早回家料理家务或去医院看护。有条件的班主任还可以为学生家长找医生看病。

对于学生家长突然病故,在较长的一段时间内,班主任都要对学生进行精神安慰,设法帮助学生解决因此而产生的各种困难,如建议学校为学生减免学杂费、发放助学金。

有的学生家长因犯罪受到了法律的制裁,这对于学生的精神无疑是一个重大的打击。有的学生因此而抬不起头来,感到无脸见人。对于这种情况,班主任不要把学生家长和学生本人混为一谈。同时,要对学生进行耐心的思想工作,并向学生明确表示,"老师不会把你和家长同等看待。你应该振作精神,努力学习。"还应该让学生跟家长多通信,感化家长,以便早日获释。另外班主任还要教育全班学生正确对待他,不要使他产生孤独感。

父母离婚是对青少年学生极大的精神打击,甚至在学生的心灵中造成极大的创伤,特别是对年龄较小的学生尤为显著。为此班主任要注意他们性格、生活和思想的变化。有的学生因得不到相应的母爱而变得性格孤僻,有的学生因得不到良好的家庭教育开始走下坡路。对于生活在这种家庭中的学生,班主任要给予特别的关心和照顾,让他们在集体中得到温暖。对于有可能走下坡路的学生,要采取必要的措施,防患于未然。

家庭的突然变故,有可能对学生的成长产生特殊的影响,班主任要善于了解情况,掌握时机,对学生进行必要的帮助和教育,使学生健康地成长起来。

总之,关爱在细节,点滴见真情,正确及时应对学生家庭的变故,就是对学生实实在在的关爱。

学生哭闹不上学怎么办

一位老师讲过这样一件亲身经历的事:

今年我担任一年级班主任,新一年的学生提前三天开学,进行行为养成教育,九月一日正式上课。

九月二日的早晨,我早早来到了班级打扫卫生,学生也陆续到校了。突然,班级的门口传来哭声,接着就是关门声,孩子的喊叫声。我惊异地走过去,只见我班一个叫王畅的同学背个书包,满脸泪水,鼻涕流得很长,手拽着门把手,嘴里嚷着:"妈——妈——,我不上学,我跟你回家。"有个叫张岩的男同学背靠着门不让她开出去的门。我看到孩子这般哭闹便弯下腰问王畅:"王畅。怎么了?"她哭着说:"我想妈妈,我要跟妈妈回家。"这时张岩同学抢着说:"老师,王畅在学前班时就爱哭。"旁边围着的学生七嘴八舌地反映王畅从前的表现:上课想来就来,想走就走,平时稍不顺心,就大哭大闹,且没完没了,谁说都不行……好一个任性的孩子!我问王畅:"王畅,是谁送你来的?"王畅哭着说:"我妈送的。"张岩又说:"她妈送她来的,她在学校门口哭着不进来,她妈硬把她拉进来,推进屋,关上门就跑了。"

就这样,家长把哭个不停的孩子扔给我回家了。这一天,王畅在自己的座位上,连书包都不肯放下,哭了两节课。当孩子哭泣时,我告诫自己不能急躁,要冷静,要耐心。课间操,我终于把她哄好了,我长长地叹了一口气。孩子为什么不爱上学呢? 为此,我向教王畅的学前班老师进行了询问,弄清了造成孩子不爱上学的原因:由于父母对孩子的百依百顺导致孩子难以离开父母,依赖心理特别强,不能适应学校生活,对学习无兴趣,缺乏自信心。

次日的早晨,王畅还是重演昨天的情景。我与王畅的妈妈进行了电话交谈,她妈妈说,王畅不爱上学,在学前班就总哭,这回以为孩子上一年级了,不会像以前了,可是现在还是老样子。为此,她的母亲也很着急,王畅的妈妈也知道过去对孩子太溺爱了,造成了孩子孤僻、任性的性格。

有一天早晨,她还是哭个不停,趁我忙着收学生午餐费的时候,她跑到校园里去了,我连忙追了出去,她竟然躺在地上撒泼不起来。这时,德育处主任闻讯赶到,我们一起把孩子带回班级,经过多方哄劝,总算回到了座位,但还是不停地哭。

王畅经常的哭泣引起了学生及家长的不满,觉得影响了其他同学正常上课,学校和老师应该想办法,不能这样下去。有个同事见我被王畅的事急得口腔溃疡病复发,便对我说:“王畅是借读生,学习又不好,给班级的纪律和学习拖了后腿,建议学校让她转学算了。”我也曾有过这样的念头,可每当我看到孩子那无助的眼神,看到家长那无奈的表情,我怎能忍心这么做呢?

我安慰班级的其他同学,希望同学们同情、理解王畅现在的心情。我积极和家长沟通,希望得到家长的理解和支持,并向家长保证一定在近期解决这一问题。

王畅是刚入学的新生,和几岁的孩子讲道理是解决不了问题的,一味地批评也不是良策。我觉得只有先让她接受我、信任我她才能听我的话。我开始像妈妈对待孩子那样对待她。下课了,我和同学们拉着她、拥着她到操场做“老鹰捉小鸡”的游戏。来到操场上,我问她:“王畅,老师扮母鸡,你扮老鹰还是小鸡呢?”“我当小鸡。”王畅说。“好! 鸡娃娃可要跟紧妈妈,不要让老鹰抓去啊!”老母鸡带着小鸡们与老鹰展开了激烈的战斗,操场上回荡着孩子们愉快的笑声。别的老师上课时,我就坐在她身边,不时拉拉她的小手。自习时,一发现她哭泣就把她拉到我的身边给她讲故事。我上课时,当她哭个不停时我就说:“王畅,昨天老师给你讲的故事还记得吗？那个小孩多勇敢呀，你能像他那样吗？"王畅使劲点了点头，哭声就小了。我要发作业本，就说，"王畅快来帮老师发作业本。"她边哭边发，遇到不认识的名字，她就会停下来问："老师，这是谁的？"

起初，王畅上学进教室连书包都不肯放下，我先依着她，然后慢慢开导她。"1 + 1 = ？王畅会做吧？把书包放在桌上，来跟老师上黑板写出得数。"她写完了，全班同学和我一起鼓掌，她咧开嘴笑了。每当下午放学了，我就牵着她的手走在队伍前面，我总是在家长面前夸一夸王畅点滴的进步。一个月后，王畅不是天天哭了，再后来偶尔哭一次，如今她彻底改了哭的毛病，并且爱上学了。

小学低年级学生在行为上常常有任性的表现，任性的孩子缺乏自制性，主要是随心所欲，一旦自己的欲求得不到满足，便用各种形式进行发泄，以便引起别人的关注来实现自己的欲求。这个故事就说明了这点。

案例中的老师在新生入学时，遇到了哭闹不止的学生，经过调查了解，知道了这是一个性格孤僻、任性的学生。面对这个自我意识缺乏的孩子，老师能够正确地对待孩子的任性行为，分析了孩子哭闹的原因。王畅是独生女，父母非常溺爱她，造成了她以自我为中心的心态，造成了性格孤僻、依赖父母的心理。当她进入小学时角色发生了变化，而她却没能做好适应学校生活的准备，家长在这些方面也没能给予合理指导，导致她不能适应学校生活，由此引发不爱上学，时常哭闹等现象发生。

针对这一特殊学生，老师采取了一系列方法对其进行教育和疏导。

（1）心理抚慰法。发现孩子闪光点，多表扬，多鼓励，让孩子感受愉悦。如师生鼓励的掌声让她产生自豪感从而转变了她忧伤的情绪，在家长的面前经常表扬，增强了学生的自信心。

（2）情感转移法。下课时老师和同学们拉她一块做游戏，减少对母亲的依赖感，增强对老师同学的亲近感；当孩子又要哭泣时，让孩子发作业本、老师拉她的手给她讲故事等，转移她的注意力，分散她伤感的情绪。

（3）自我调控法。激励王畅向他人学习，不向困难低头，敢于战胜自己。

从以上案例中老师处理问题的方式上可以看出其教育观念的更新、教育行为的改变。她对儿童的行为偏差不再从现象上简单化地从品德方面进行归因和评价，而是更加注重以民主、宽容的态度对待学生，在教育教学活动中积极自觉地促进学生的心理健康,采用多种矫正方法对学生的行为偏差进行疏导与调整,值得班主任们学习和借鉴。

如何应对学生逃学

小军是五年级的学生,可他对上学一点也不感兴趣,只是因为父母管得严,他每天只好极不情愿地到学校去。今天恰好父母都出差了,走到上学路上,他便骗送他上学的姥姥说肚子疼,结果成功地逃了一天学。

逃学是学生想摆脱学校教育的叛逆行为,虽然这种行为在学生中只是个别现象,但却是令班主任非常苦恼,又迫切想解决的问题。造成学生逃学的原因有很多,有家长的原因、学生自身的原因、教师的原因。那么,作为班主任该如何来应对学生逃学呢?

逃学是学生厌学的极端表现,有错综复杂的原因,教师一定要防微杜渐,找准原因,对症下药。学生因学习差逃学的,教师可对其降低学习要求,减少作业量,使其完成力所能及的学习任务;学生因家庭变故,缺少家庭温暖和管教而逃学的,教师要扮好父母的角色,给予学生温暖和爱抚,让孩子回归班级这个大家庭;学生因缺乏自律,坐不住也闲不住,甚至上网成瘾而逃学的,教师可通过丰富多彩的班队活动,把学生吸引到班集体中来。

有逃学倾向的学生往往经受不住外面的诱惑,常常进了教室放好书包又会逃到外面去玩。为了防止这一情况的发生,班主任可以委派几名责任心强的学生与他结对子,既帮他解决学习上的困难,又可以"管"着他,使他没有机会逃到外面去。

班主任还要经常与家长沟通,共同探讨孩子逃学的原因,认识逃学所带来的危害,让家长加强对子女的管教。班主任可与家长商定,每天由家长亲自送孩子上学,这样就可防止孩子在路上由于贪玩不到学校上学。另外与家长建立电话联系,传递家校联系卡等也是不错的方法。

学生要去见"网友"怎么办

我们的时代已经进入了互联网时代,网络已经深刻地影响了我们的生活,也影响着我们的学生。那么,作为班主任,我们应该怎样应对网络对学生的影响呢？有这样一个案例：

那天，我正在看报纸上的一则新闻，讲的是几个年轻的女孩子被网上朋友骗出去，结果被迫卖淫的事情。一个值日生就悄悄地告诉我："你还看报纸呢！我们班上的刘英都准备见网友了。"

"是吗？""什么时候？"

"听女生说，可能就在这个周末。刘英正拿不定主意。"

"老实说，你们男生中间有见过网友的吗？"我问。

"我不知道……也许有吧。……也不一定。"他有点闪烁其词。

好了，我知道了。这已经是一个带全局性的问题了，单独处理已经不能够影响全班了。我决定在班上开一个与网络有关的主题班会，以表演形式，把约见网友的事情摆出来，大家商量，看看到底怎么办？我把班干部找来，把值周文娱委员和宣传部长找来，和他们一起商议主题班会的召开，而且，时间就定在星期四——之所以选这个时间，是想帮助刘英顺利地处理好见网友的事情。班会之后还有一两天，够她准备和决定了。

对于学生交友这一类事情，阻止还不如疏导。你越不准的事情，也许他越觉得刺激，反而做得津津有味。所以，先不直接做思想工作，让他们自己意识到问题的严重性，你的思想工作就好做了。

群众的力量是无穷的，只要你发动了学生，事情就好办了。仅仅两天时间，班会就如期召开了。尽管准备的时间短，但是内容十分丰富，毕竟孩子们都与网络有过"亲密接触"。班会有初次接触网络的新鲜故事，有正面的科技知识宣传，有网虫辛酸经历的演绎，有网络骗局给孩子们的身心伤害，有真诚的网络故事，其中有一个学生引用网络上的一则新闻改编成了一个令人伤心的教育故事：广东的一个16岁的女生，约见网友后，被网友强迫发生了性关系，染上了性病，但是她连网友真实姓名是什么，做什么工作的都不知道……班会内容表明，在法制和道德还没有对网络起到足够的约束之前，网友见面是一件非常危险的事情。

我也上台讲了话，我把新闻故事搬上讲台，组织大家讨论：如果网友约我们见面了，我们该怎么办？讨论的时候，我注意观察着刘英的神情。我发现，这次班会，她意识到了什么。讨论之后，我把同学们的意见汇总，主要表达了下面一些内容：

（1）建议班上同学，最好取消没有安全把握的网下约会。因为，在网络上,谁知道对方是好人还是坏人?尽管现在有了视频头,能够知道对方是男是女,但是,坏人是不贴标签的啊!如果没有安全把握,一定不要约见网友,尤其是异地网友,一定不能够见。我把它总结了一下,作为制度定了下来。

(2)如果不能够劝阻,就给他们想好应付最糟糕局面的办法。这是学生自己提出来的,因为有很多男生主动见过网友,也有被网友欺骗过的经历,有的同学还被网友敲诈过,甚至还挨了打,所以他们的讨论很有说服力。他们说,见网友最大的危险就是被抢劫和绑架。如果万一发生了这样的事情,一定要及时报警。最好的办法是,多组织几个同学一起去见网友,自己人多,别人自然不能够乱来。如果万一自己的人手不够,想办法报警是惟一出路。不要跟着网友跑,万一出事就没有办法。要网友顺着自己的路线走,不然就拉倒。记住,绝对不能够单独会见网友。

(3)如果班主任不怕辛苦,可以亲自参与一下。他们认为我有办法,老实承认,我不比他们聪明,但是我比他们有理智。"如果你们不嫌弃,我想我最好能够参与到你们的活动中来。"我说。有成年人参加,即使是坏人,也会识相地收敛,因为他们知道,我们已经有了准备。

(4)告诉他们,一定不要与家长、老师失去联系。有一个故事,说一个女孩子初次约见网友,事先与朋友约定,如果半个小时后他们失去了联系,就马上报警。结果由于网友的车误点,没有及时赶到,等他们见面的时候,已经被警察包围了。故事很有借鉴意义,与家长、老师取得联系,是给自己安全系上最后一道保障。千万不要贸然行动,不然,吃亏的就是自己。

整个讨论中,刘英始终没有发言,但是眼睛瞪得很大,我知道,她在进行激烈的思想斗争。如果她胜利了,应该就会在课后找我的。果然,晚自习的时候,她跟我谈了自己的想法,并且,通过我的电脑,告诉网友不要见面了。如果有缘,以后的日子长着呢!

我终于放心了。

这个故事启示我们,如果学生要见网友,以下几点值得注意:
(1)建议学生,最好取消没有安全把握的网下约会。
(2)如果不能够劝阻,就给他们想好应付最糟糕局面的办法。
(3)如果你不怕辛苦,可以亲自参与一下。

（4）告诉他们，一定不要与家长、老师失去联系，绝对不要单独会见网友。

如何应对女学生怀孕

当今社会有一个越来越让教师和家长尴尬的问题——未成年女生怀孕。

尴尬归尴尬，但如果发生了就要勇敢面对，那么，作为班主任，我们该怎么做呢？

不妨先来看一个案例：

当医院医生宣布，才14岁的学生唐小梅（化名）的腹痛是因为怀孕了，而不是什么别的原因时，我第一个感觉就是头痛。要知道，无论是哪个班主任班上摊上这样的事情绝对不是好事情。怎么办？我马上将此事向学校主要领导报告，并要求在不把消息泄露出去的前提下，请求学校派人帮助。

下午，我和政教部门的老师把"出事"的女生护送到孩子家中。她父亲的第一个反应就是要将孩子暴打一顿，孩子的母亲则在无声地哭泣，然后，他们一致将矛头对准学校："肯定是哪个混账家伙干的！你们学校要负责，我的闺女才14岁啊！"

我劝他们冷静，先把孩子稳定住。后来，小梅哭哭啼啼告诉我们，是在她爸爸厂子做工的一个打工仔，他们在父母眼皮子底下发生关系已经有半年了，她自己也不知道怎么会这样。知道事情原委的家长火速喊人去抓肇事者，那家伙已经得知风声，连工资都不敢要，脚板抹油——溜了！怎么办？孩子是绝对不能够生下来的，我当即和家长商量，决定唐小梅在家休息半个月的假，对同学们就说是身体不好，把消息封锁。家长负责和医院联系，做好人流手术。

事情暂时告一个段落，但是我心里担忧的事情还没有完。既然有第一个"唐小梅"怀孕，就会有第二个"李小梅"、"张小梅"怀孕，关键是以后该怎么办？

随着物质生活条件的不断提高，当代青少年性生理发育年龄已经提前到 12～13 岁,尽管我们不告诉他们性是什么,但是网络、电视却充当了导师,大量的言情、色情生活渲染,已经告诉他们性生活是怎么回事了。这些声色娱乐的引导,却没有告诉他们该怎样保护自己,因此婚前性行为增加导致的"少女怀孕"现象已经成为社会公共卫生问题。目前全世界每年约有 1400 万青春期少女生育(其中多数是非意愿性妊娠)、440 万少女堕胎。2003 年世界人口日主题确定为"青少年的性健康、生殖健康和权利",就是在这种大气候下不得已提出的口号。

该怎么保护她们? 除了禁止以外,就是帮助她们如何善后。但是据我了解,目前我国也仅仅只有重庆市成立了"少女意外怀孕紧急避孕援助中心",如果有少女发生无防护性行为,一周内均可到这里进行紧急避孕,援助中心将免费提供避孕的药具和器具。如果少女不小心已经怀孕,在援助中心也不会受到责难,还会帮助她们做好人流手术。该中心成立 5 个月来,先后有 200 多名意外怀孕的少女前来求助,年龄最小者仅 12 岁。据这家医院统计,1998 年,到医院做人流的人群中,未婚青少年占 13%,如今这个比例上升到 33.6%。

问题是我们这里没有这样的组织机构,学生已经怀孕了,该怎么办呢?

(1)做好保密工作。尽管社会对于性的看法比过去宽容了,但按照传统道德观,少女怀孕仍是不光彩的事,所以她们宁愿拖着,也不愿意冒险告诉父母。我常常对学生讲,老师是你永远的保护神,实在有什么灾难逃不过了,就告诉老师吧,我将在给你们保密的情况下,努力帮助你们。千万不要自己胡乱处理,生命比什么都重要!

如果有学生向你启齿难言的麻烦了,不要责怪她们,更不要把她们的痛苦说出去,消息仅仅保持在你和她之间就足够了。如果不是需要学校帮助,越少人知道越好。要知道,在这个时候,学生的心理是最脆弱的。如果你不做好保密工作,她们想不通了,采取什么过激的行为,后果将更加严重。没有什么比关爱生命更重要,这一点我们必须时刻记得。

(2)帮助她们应对糟糕局面。告诉家长是必要的,而且也是必需的。但是一般情况下,学生都想瞒着家长。你要告诉学生,而且这个思想工作一定要做通,父母有权利和责任知道这件事情,隐瞒不会带来任何好处。我们需要的是如何勇敢地正面应对它,而不是躲避。如果学生感到害怕,你可以在向家长说明之前,尽量地通好气,告诉家长,事情已经发生了,埋怨已经没有作用,只有想好如何善后才是最好的出路,生命比名声更重要。然后和家长一起,找一个理想的正规医院把手术做了。

上面两点都是事后诸葛亮,其实关键是预防。我们要加强青少年青春期生理卫生健康及性知识教育。这可以分开教育,男生由男老师组织,上几堂性知识方面的生理卫生课。不要害羞,也不要怕,要知道我们在正面的课堂上不讲,网络、影碟和电视,会占据我们更大的反面阵地。女生则由女生辅导员组织上课,除了告诉她们必要的性生理知识外,还要告诉她们如何应对性生活中的怀孕事件,最好坦然地把避孕知识告诉她们。澳大利亚的女生到了 12 岁,学校每周发给她们一个避孕套,我们告诉女孩避孕的知识有什么不可以的呢? 不要等到报纸上报道某校女生因为怀孕自杀了,某大学女生因为到地下诊所流产死亡了,才把这些东西告诉孩子们,那时就太迟了。

最好,明确对学生提出要求,拒绝婚前性行为,这是青少年应该做的事情,也是最基本的道德操守之一。我们在教给学生性知识的同时,不教给他们性心理知识和进行性道德教育,仍然是跛着脚走路。

学生离家(校)出走怎么办

我们经常在新闻媒体上看见学生离家出走的消息。考试没有考好、被老师批评得重了些、与父母产生了争执等等,都可能成为孩子离家出走的原因。

那么,面对学生离家出走,班主任应该如何应对呢?

我们先看一则案例:

小兵的出走发生在四年级第二学期的一个下午。那天小兵没有佩戴红领巾,他一到校门口就被校礼仪队的值日生拦在门外。值日生想问清楚小兵是哪个年级哪个班的,然后反馈到所在的班主任那儿。小兵硬是不肯说,而值日生又很坚持,双方就僵持在那里。正好陈老师巡视经过,问了情况后,耐心跟小兵解释。谁知,小兵反而对着陈老师大叫道:"我就没佩戴红领巾,你们不让我上学,我不上了。"说完,扔下书包飞也似的跑了。

得到这个消息后,我和陈老师及其他几个同事立刻分头去找。直到夕阳西下，我终于在一条小河边上高过人头的杂草丛里找到了小兵。他居然在草丛里睡着了，而且睡得那样香甜，那样安心！他哪知道大人们一个个被他折腾得都要急疯了。看着他熟睡中安详的小脸，一刹那间，一种感动从我的心底蔓延开去……我没有叫醒他，而是以最快的速度通知其他人，告诉他们我已找到了小兵，叫他们不用担心。我仍旧静静地看着他酣睡的小脸，母性的温柔让我情不自禁潸然泪下，多安静的孩子啊，如果不是发生离校出走的"壮举"，谁会觉得他不可爱呢？我们的教育，尤其是我这个班主任的教育，问题到底出在哪儿呢？我沉思着……

其实，小兵发生出走跟他的家庭有着极大的关系。他爸爸妈妈关系不好，经常吵架。很多时候，他妈妈在吵架后就会一声不吭地离家出走，也不和家人联系，过一段时间就回来。爸妈因为自己的事都没处理好，就无心关爱他，整个家庭毫无爱意。所以，一旦谁没顺着他的意，小兵就用出走这种特殊的方式来引起父母，引起别人对自己的关注。

小兵以前有过几次离家出走。他的这次离校出走，引起我极大的心灵震撼与深深的自责。平日家访工作也做得比较多，对他离家出走也有所耳闻。离家出走本身就已经很严重了，自己却并没有深刻认识到这一点，只是简单地认为离家出走是从他家走的，出了问题跟我们老师没关系，多么肤浅的认识啊！非得离校出走，老师要直接负责任才有所行动。我为自己的浅薄而惭愧！我开始注重从根本上对小兵，对全班孩子进行教育。

我思忖着，我也许无法改变他的家庭状况，但我可以从别的角度给予他家庭无法给予的东西。他得不到家庭的温暖，我就让集体的关爱温暖他。我积极地给孩子营造一个大家庭的概念，让孩子喜欢这个大家庭，不愿意离开这个大家庭。我记住他的生日，在班上让全班同学一起和他过生日，我们为他唱生日歌，每个人都将生日礼物与生日祝福送给他，一起分享他的快乐。记得当时他的笑容最灿烂，虽没有对大家说什么感谢等之类的客套话，但我发现他有了微妙的变化，他不像以前那样动不动就和同学产生矛盾了。

记得还有一次，我分别用繁体字和简体字写给小兵一个"爱"，给他看并分析告诉他"爱"是用心去爱的。为了弥补他缺失的家庭之爱，我经常利用合适的时间将他带到一些充满温馨的家庭中去，比如我自己的家，我姐姐的家，同学小鑫、诗佳、倩雯等家中，让他体会不同的家有着不同的爱，让他体会大家都是那么的爱他。

小兵喜欢动漫，画出来的漫画也颇有个性。我经常让他发挥这一专长。比如，班上的黑板报让他负责漫画人物这一专栏。记得最清楚的是，有一次的交通安全专栏，小兵用他超凡的想像力，用一幅漫画恰如其分地诠释了不遵守交通规则带来的恶果，真是惟妙惟肖，给同学们留下了深刻的印象。还有一次，学校举办首届童话节，其中需要征集形式多种多样的童话作品，小兵别出心裁，用漫画的形式，配上他特有的个性化精练的语言解说词，将《丑小鸭》这个经典童话故事演绎得淋漓尽致，一举夺魁。老师的关注，同学的关注，让小兵越来越自信，离家出走的行为也彻底消失了。

一晃两年的时光过去了，小兵变成了一颗名副其实的闪闪发光的金子了！……

这是一个孩子离家(校)出走的问题。孩子无论离家出走还是离校出走，对家庭、学校来说，都是大事情。从孩子自身来说，一个人流浪在外，生活没有规律，基本的生活需求没有保障，远离父母、亲人、老师和同学，极易形成孤独感和恐惧感，进而产生情绪忧郁，导致一些心理问题的产生。他们还没有形成独立生活的能力，更不了解外面的社会，极容易染上不良习惯。从学校与家庭来说，孩子离家出走会给家长与老师带来沉重的心理压力与负担，影响正常的生活与工作。一个孩子离家出走了，一个家庭会因此而被毁灭。

因此，我们必须高度重视学生离家(校)出走的问题。

具体分析学生离家(校)出走的原因

1. 家庭矛盾对孩子的负面影响

孩子离家出走是矛盾积累到一定程度爆发出来的一种心理压抑问题。在这则案例中，小兵的父母关系紧张，经常吵架，两个人都无心关爱自己的孩子。小兵在家里得不到温暖，就以这种极端的方式渴望引起父母的关注。这种情绪也使得小兵在学校稍不顺心就离校出走。

2. 学校教育的失误

学生离家(校)出走不仅仅是家庭教育不当造成，学校教育的失误也有不可推卸的责任。可以说，这种现象是由家庭和学校的共同教育失误所造成的。如果小兵离校出走的结果是没有找到或是因为离校出走而出了问题的话,学校是脱不了关系的。从学校的自身利益出发,案例中的班主任老师一开始对孩子的离家出走就必须引起重视。一个学校,一个教师也许没有能力去挽救一个家庭,但如果我们的老师,我们的学校能让孩子感到快乐和自由,孩子是肯定不会出走的,至少是不会离校出走。

3. 心理承受能力弱

中小学生思想活跃、敏感但又缺乏控制力,最易走极端却又没有良好的自我调整能力;敢作敢为又盲目冲动,一旦受挫却又心理承受能力极弱。一旦各种苦闷烦恼无处倾诉,或稍遇挫折便离家出走。

要使用正确的教育策略

1. 重在预防

解决学生离家(校)出走问题的关键在于预防。班主任的家访不仅仅是了解情况,最重要的是要根据了解到的情况采取相应的解决办法。在上述教育案例中,小兵父母的家庭矛盾纯属私事,教师不方便插手,但这种家庭问题已经影响了孩子的心理健康,老师还是有必要从孩子的健康成长、孩子的前途出发,给家长提一些忠告。班主任在和家长沟通的同时还应及时对孩子进行专门的心理疏导。若家长和老师预防到位的话,小兵离家出走的行为将会慢慢消失。

2. 关爱学生

关爱学生应关注一些具体的细节。案例中当班主任意识到小兵离校出走的根本原因就是由于缺乏家庭的爱时,立刻想方设法从另外一个角度给小兵另外一种方式的爱——给孩子更多的关注!比如将孩子的专长转化为为班集体服务,当孩子知道大家都如此需要自己时,他会感到自己得到了别人的重视,就不会故意作出一些出格的事来引起别人对自己的关注。

3. 让孩子学会倾诉

每个孩子的成长都不可能是一帆风顺的,要告诉孩子,在学习生活中遇到挫折是难免的,最重要的是当你遇到挫折时,要学会把心中的苦闷和烦恼倾诉出来。同时,当孩子面临挫折时,老师和家长应主动与孩子交谈,安抚他们的低落情绪。如果动辄打骂、讽刺挖苦,孩子就不敢对老师和家长诉说。孩子内心的忧伤苦闷无处诉说,对生活产生悲观情绪,最终只能选择逃避。

4. 注意观察孩子的心理变化

由于年龄的关系,学生离家出走之前总会有一些迹象。有的会变得魂不守舍,经常走神儿,两眼发直,心事重重的样子;有的说话吞吞吐吐,做事犹豫不决;有的一反常态,变得格外殷勤等。总之,在这些孩子身上会出现一些不同往常的细微变化,这些现象往往就是孩子离家出走的征兆。老师要留心孩子的细微变化,以防微杜渐。

当然,在处理该问题时还应谨记:

(1)注意及时与家长作好沟通。

家庭教育是学校教育的基础,家庭教育若出了问题,学校教育也很难做好。教师虽然不便介入家庭矛盾,但尽力从孩子的角度去和家长作沟通,家长还是会有所醒悟的,因为毕竟有时候"当局者迷,旁观者清"。小兵的家长在和老师的沟通中,或许会为了小兵的健康成长而有所改变,那么,小兵就不至于离家出走乃至离校出走了。

(2)注意及时了解学生的心理动向。

一个孩子心理问题的出现,都会反映在某些具体的行为上。作为教师,应该有敏锐的观察力和分析能力,要根据孩子的行为掌握其心理动态,从而以最快的速度调整自己的教育策略,不耽误教育时机而又达到最佳的教育效果。

(3)注意孩子找回来后的处理:既不能打骂,又不能不闻不问。

孩子出走被找回来后,老师和家长往往容易出现两个极端,要么打骂训斥,以解心头之"恨",要么哄爱有加,生怕再跑,对出走的行为置若罔闻。这两种行为都不是解决小学生离家出走这个问题的有效方法。相反,老师和家长应把此类事件视作一个宝贵的教育机会,根据学生的不同状况采用相应的教育方法,使学生得到经验教训,并达到教育效果。

学生有自杀倾向怎么办

生命对于每个人都只有一次,人最宝贵的是生命,每一个人都有这样的愿望:让自己的生命之树常青。

然而,在现实生活中,却存在着让我们触目惊心的现象。

据某报报道,*2007* 年 *1* 月 *10* 日晚 *7* 时许,江西景德镇市横跨昌江的一座浮桥下,11名中学生上演了一场悲剧:一名绰号叫做"小芋头"的学生,因为好友"冰冰"将随母去福建而心生烦恼,声称要跳河自杀,约朋友们在浮桥上见面。结果"小芋头"并未真正跳河,赌气的冰冰却跳进水中,其他同伴手拉手相救,但由于意外,5人溺水,3人被救起,冰冰和当晚在场的一名男生"飞飞"沉入江底。另据调查,我国15岁以下未成年人每年意外死亡有四五十万人,其中相当一部分是轻生自杀。个别"优生"因挫折而跳楼,某些"后进生"因不堪重负而出走、轻生。

一条条鲜活而青春的生命就这样永远离我们而去,在悲痛和震惊之余,我们必须思考,作为班主任我们究竟应该怎样应对和处理该类事情?我们还是先来看一个案例:

偶然间得知勤曾几度想自杀的秘密,这让我胆战心惊。勤是个朴实勤奋的女孩子,但在14岁那年便萌生了轻生的念头。参加中考前,她暗下决心,如果考不上重点高中就去死,结果天遂人愿,她如愿以偿。然而上了重点高中后,由于学习不得法,高一第一学期期末考试有三科挂了红灯。这对勤来说如同在她早已留下的伤口上又撒了把盐,她觉得头上似乎没有一片蓝天,阴霾压得她喘不过气来,于是她再一次想到死神那里去求解脱。随后跑了几家医院,凑足了一瓶安眠药。一天,在家里写好遗书后,抓起那瓶药就要吃,万幸的是在那千钧一发之际,妈妈突然来找她……我暗想:处于人生花季的孩子如此轻率地对待宝贵的青春、宝贵的生命,太可怕了。这次她未吞下安眠药,以后能没有挫折吗?还会万幸下去吗?我有责任关心她,帮助她驱散心头的阴霾,鼓励她扬起自信自强的风帆,培养她百折不挠的精神,使她健全心理、学会生存。怎么办才能奏效呢?我知道此类问题不宜直来直去,而应该用巧妙的方法深入细致地做思想工作。在以后的一段时间里,我连施几招,终于攻下她心中轻生的堡垒。

我是这样做的:

第一,借助集体的力量进行引导。暗中指派几位同学亲近她、帮助她,与她同吃、同住、同玩、同学习。当她遇到挫折、情绪低落时,立即主动为她指点迷津。

第二,开展活动,提供动力。其一是鼓励她走上讲台主持班会,让成功的喜悦激励她笑傲人生、迎接挑战。其二是组织全班开展50里徒步郊游活动。田间风光,家乡巨变,激励她树立为家乡而刻苦学习的志向。长途跋涉中脚磨出了泡,她硬是一瘸一拐坚持到底,这又增强了她战胜困难的勇气,磨炼了她的意志。

第三,热情深入地与她谈心。我以师长的身份循循善诱,以朋友的身份推心置腹:谈绚丽多彩的人生,谈无限美好的青春,谈祖国热切的期盼,谈未来任重而道远的责任。我帮助她认识人生:人生酸甜苦辣五味俱全,"天将降大任于斯人也,必先苦其心志,劳其筋骨,饿其体肤,空乏其身,行拂乱其所为……"一次次的谈话像春风一样吹绿了她心灵中的枯草,似细雨滋润了她干涸的心田。她的脸上绽开了笑容。

第四,抄录隽永的散文赠给她。其中一篇名为"等待三天",其结尾是耐人寻味的一段话:每个人的心都好比一颗水晶球,晶莹闪烁,然而一旦遭受不测,背叛生命的人,会在黑暗中渐渐消殒;而忠实于生命的人,总是将五颜六色折射到自己生命的每一个角落……文章引起她的深思,激励她正确认识总是伴随着几多不幸几多烦恼的人生。

第五,语重心长写赠言。在迎新年之际,我特意送了她一张贺卡,上面写了这样一段赠言:"春天之拂晓,云蒸霞蔚,敏捷的大雁,凌空翱翔;人生之花季,姹紫嫣红,奔腾的骏马,纵横驰骋。愿你永远做生活的强者,凌霜傲雪。"为师者热切的希望寓于字里行间。功夫不负有心人,在我的精心教育和感召下,在全班同学的帮助和激励下,她变得爱说爱笑了,后来她又破天荒地参加了年级跳绳比赛。随后在期末考试中,她因进步显著而获得学校表扬。后来,她给我写了一封信,信中说:"当我在黑暗中摸索,即将失去勇气的时候,您是一盏明灯,给我指引了方向;当我在寒冷中畏缩,即将被冻僵的时候,您是一股暖人的春风,让我从寒冷中解脱;当我在困难关头徘徊,即将退却的时候,您是一首催人奋进的歌,使我重新恢复了自信。"读着热情洋溢的诗句,我倍感欣慰地笑了。不是因为学生的赞扬,而是因为我知道她确实从轻生的阴影中挣脱出来了,在今后漫长而艰难的人生征途上,她一定会成为强者。

这个案例很有启发意义,也值得我们学习。

对于学生的自杀行为,最重要的是预防。那么,有哪些方法可以帮助我们及时发现学生的自杀征兆呢?

(1)注意学生的异常表现。本来爱说爱笑的学生突然沉默;本来很少说话的学生突然大说大笑;见同学就躲;没事发愣,发呆,眼睛发直;说一些令人吃惊的话……遇到这些征兆,教师都要加以询问,必要时与家长联系,不可掉以轻心。

(2)建立聊天机制。班主任可以每周或者隔周指定一天的某个时候为聊天时间,告诉学生可以来谈任何问题,教师承诺保密。自杀的孩子在行动之前一般都有"求救"信号,及时发现可以避免。当然,运用这种方法的前提是学生信任和喜欢教师,否则你这样说了他也不会来找你。

(3)还有一种"侦察"方式——语词联想。让全班同学每人随机从词典上找到一个词,然后从这个词随便联想,写出20～30个词。对这些词进行分类研究,可以看出学生的心态。有自杀倾向的孩子,会写出很多灰暗的或者恐怖的词语来。小学高年级以上的学生可以用这种方法。

一旦发现学生有自杀意向时千万不要紧张。有自杀意向离实行自杀尚有段距离。应该主动找他谈话。注意不要搞"晓以大义"那一套。孩子自杀,常见原因是觉得自己已无价值,觉得自己已无希望,觉得自己无可留恋,觉得自己太痛苦。所以谈话的重点是向他证明:你有价值,你有希望,你还有可留恋的人和事物,你的痛苦是有办法减轻的。同时向领导汇报,并用适当的方式通知家长。

经验告诉我们,自杀的学生背后可能会有一个或几个心理不够健康的教师。这种教师针锋相对地和学生较劲,不知调和,不懂缓和,把矛盾推向极端,终于酿成大祸。所以教师还有一个更重要的任务:提高自身的心理健康水平。

总之,当今不少青少年心理脆弱,心理压力过大,抗挫折能力差,极易患心理疾病,严重的酿成自杀的悲剧,这已引起全社会的关注。作为班主任更要关注这个问题,更要防微杜渐,准确把握学生动态,洞悉学生心理变化,把有自杀倾向的青少年拉出阴影,投身于生活的七彩阳光中,激励他们勇作劈风斩浪的弄潮儿。

第六章

学生意外伤害事故的应对

在应对学生意外伤害事故时,班主任应具备高度的责任心和严谨的工作态度,做到处变不惊,忙而不乱,采取积极有效措施,控制事态恶化。

学生遭受性侵犯怎么办

学生遭受性侵犯的消息常见诸报端。

性侵犯一般分为强制性交和猥亵两种,常对学生的生理、心理造成极大伤害,甚至影响到受害者的一生,同时也会给受害者家庭、社会带来很大的负面影响。由于传统观念的保守性,导致同学们对性侵犯束手无策,而且往往还形成了错误的性观念,甚至形成不健全的人格心理。通常人们认为校园中的女生易受到性侵犯,但随着我国社会的多样化,男生受到性侵犯的案件也时有发生,因此,班主任应教育男、女学生学会预防和应对性侵犯。

首先,预防是最重要的。让学生适时接受性教育,可以培养学生防范性侵害的意识,遇上危机时才懂得怎样防范。为此,班主任应教育学生懂得以下几方面的知识:

(1)及时了解青春期卫生知识,及时了解基本的性知识、性卫生知识,树立正确的性道德。要了解性侵害后,应进行哪些必要的医学检查,女生受到性侵害后应采取什么样的避孕措施等。

(2)如果在校园内行走,要走灯光明亮、往来行人较多的大道。如果走校外陌生道路,要选择有路灯和行人较多的路线。陌生人问路,不要带路;向陌生人问路,不要让他带路。

(3)平时不要穿着过于暴露、性感的服装。

(4)不要搭乘陌生人的机动车、人力车或自行车,防止落入坏人圈套。

(5)与异性交往要注意尺度。不要轻易相信刚结识的朋友,更不要单独跟随新认识的人去陌生的地方。控制住感情,不要在交往中表现轻浮;控制约会的环境,最好去人多的公共场所,不要去幽僻处。不要过量饮酒,不要接受贵重物品的馈赠。对对方的过分举动要明确表明自己的反对态度。

(6)学习些防身术,避免性侵害。女生面对性侵犯。如果动手反抗往往不是对手,这也是女性更多遭遇性侵犯的原因。因此,女生可以学习一些简单的防身技巧。

比如,当异性从背后骚扰你时:①抓住他的小拇指,向外掰;②用鞋跟用力踩他的脚掌;③用弯曲的胳膊肘顶他的腹部;④再大声呼喊,引起别人的警觉而协助报警。当歹徒分神时,快速转身用弯曲的膝盖顶他的下身。

当异性从正面骚扰你时,抓住他的双肩,用弯曲的膝盖骨顶他的下身;或者用分开的食指和中指又开刺他双眼。

切记,所有的动作都要快,在几秒钟之内完成。

其次,班主任应教育学生,在遭受性侵犯时采取正确的应对措施。

我们先来看几个案例:

案例一:

安徽一位21岁女性桂某在面临歹徒强暴时,毅然从四楼的窗口跳了下去,用生命捍卫了自己的贞操。湖南两个少女被逼卖淫,两人殊死反抗后,依然没有逃脱被强奸的命运。两少女身陷囹圄,为了尊严毅然从四楼窗口跳了下去。

案例二:

某校女学生宿舍遭遇抢劫,某女生跟歹徒奋力反抗,因为力量悬殊,被奸杀。而在隔壁的女同学,从门缝看到这一惨剧后,强忍悲痛,一声不吭,待歹徒离开后迅速报警,最后逃过劫难,也赢得了破案时间。另一起案件中,一位女同学被歹徒劫持强暴时,女生一边假装顺从地脱衣服,一边叫歹徒脱衣服。就在歹徒的内衣蒙住眼睛时,女生撒腿就跑。女生不仅逃脱魔掌,而且因为及时报案,歹徒很快受到了法律的惩罚。

案例三:

在国外的一个强奸案中,被害人在无力反抗的情况下,哀求强奸者戴避孕套。因为避孕套既能防止感染性病,又能对被害者起到一定的心理安慰。这不是怂恿强奸犯犯罪,而是在强奸成为无法避免的事实后,如何把对自身的侵害减少到最低程度。

上述案例中,由于采取的危机预防及应对措施不同,造成的伤害和损失也不相同。因此,班主任应教育学生当遇到性侵犯时,要保持清醒,沉着应对。

(1)认同"生命高于一切"的现代观念,抛弃"贞操高于一切"的陈旧观念。生命比贞操更宝贵,不管在什么情况下都不能拿生命做赌注。但也不要把痛留在心里,事后应勇敢地站出来指证犯罪嫌疑人。

(2)在伤害不可避免的情况下,尽量地避免生理和心理损害就是最理智的选择。相比之下,案例二中的第三个女同学的做法,要比无视生命的几个跳楼贞烈女生要理智和可取。

(3)在强奸不可避免的时候,保护身体和生命比什么都重要。在生命和身体受到威胁时,首先应该选择把身心损害减少到最低限度的手段。案例三中,国外女性的做法值得我们思考。

当然,除此之外,下列措施也应视情况适时采用。

(1)遇到不怀好意的异性挑逗,要及时斥责,表现得刚强而自信。如果碰上坏人,首先要高声呼救,假使四周无人,切莫慌张,要保持冷静,利用随身携带的物品或就地取材进行自卫反抗,还可采取交谈周旋、拖延时间的办法等待救援。

(2)当遇到异性纠缠时。①态度明朗,应该明确拒绝;②减少来往次数,但要以礼相待,避免用言行刺激对方而引发对自身的侵害;③遇到难处,要及时向老师和领导汇报。如发现对方有采取报复行为的苗头,要寻求老师帮助,妥善处理,防止发生意外事件。

(3)采取正当防卫。当面对性侵犯时,如果我们有能力进行防卫,可以不考虑防卫的后果,即可以采取无过当防卫行为:可用手戳其眼睛,用水果刀、小剪刀刺其手脚,或用鞋后跟用力踩其脚背等;若被坏人推倒到床上,则要用被子迅速罩住坏人的头脸,将其推倒后,迅速逃跑;也可假装顺从,让坏人自己先脱衣服,趁其不备,迅速一头将其撞倒,或用拳头及其他物品击打他的腹部,也可用鞋尖猛踢其头部或阴部,然后夺路而逃。

(4)及时报警、求医。面对性侵犯类危机事件,要克服忍辱负重的心态,积极寻求公安机关的法律援助,协助警方在现场提取新鲜证物,力争早日破案,使犯罪人受到法律应有的惩罚。由于性侵犯类危机事件的特殊性,受到侵犯后应及时到医院就诊,在医生的帮助下采取措施,避免不良后果的发生。

(5)保留物证。性侵犯类危机事件具有特殊性,所以在物证保全方面也有其特殊性。比如有些受害人在遭受性侵犯后,马上清洗身体和衣物,而把追究性侵犯行为人的有力物证也给洗掉了。正确的做法是用干净塑料袋装好相关的衣物,待公安部门调查时上交,在保留物证的前提下再寻求清洁救治。

第三,班主任应在平时组织学生进行模拟演练。

以小组为单位,讨论当小组中一位同学遇到性侵犯时,其他同学应该怎么办。

模拟演练性侵犯发生时,报警的程序和内容。

模拟演练使用防身术制服对方,并且交换角色,交流心得。模拟时注意动作要点到为止。

学生发生食物中毒怎么办

2003年3月19日上午9点多是课间操时间,辽宁省海城市8所小学的学生第一次喝上了印有绿色"高乳营养豆奶"字样的热乎乎的豆奶,可是没想到噩梦从此开始。

孩子们喝过之后不到20分钟就有人忽然昏倒。中午放学时,铁西小学的各个年级都有学生出现肚子疼的现象,当时学校还没意识到发生了中毒事件,只是把发病的同学送到了医院。到了中午放学时越来越多的学生出现了不良反应,还有的学生回家吃午饭时发病,此时家长和老师才意识到事情的严重性。

15时,鞍山市卫生监督所接到了海城市卫生监督所的报告,称海城市兴海区铁西小学40人因饮用学生豆奶而发生集体中毒,正在广济医院接受治疗。此刻,距第一个学生捧腹称痛之后约4小时。

经过统计,海城市8所小学总共3000余名孩子在3月19日喝了营养豆奶后,出现了呕吐、恶心、乏力和抽搐的症状,有的孩子突然晕倒、浑身抽动,还有的孩子眼圈及鼻翼、嘴角周围都明显发乌发青。从3月19日开始每天都有学生发病,而且有些孩子出现了比发病初期更严重的症状,医院的门诊室、医务室、走廊,甚至会议室里都有输液的学生。

这是一起典型的校园集体食物中毒恶性事件。那么,一旦发生该类事件,班主任该如何应对呢?

食物中毒大致有化学性食物中毒、生物性食物中毒、动植物毒素中毒等三类情况,出现食物中毒后,应针对中毒类型,采取应对措施。

1. 及时报告

出现食物中毒症状,如多人发生呕吐、腹泻、发热,要及时向学校主管老师、主管部门和所在地卫生防疫部门反映情况,并及时联系医院,确保第一时间内救治。抢救食物中毒病人,时间是最宝贵的。从时间上判断,化学性食物中毒和动植物毒素中毒,自进食到发病是以分钟计算的;生物性(细菌、真菌)食物中毒,自进食到发病是以小时计算的。

2. 留取样本有利救治

如果是集体中毒,救护工作要有条理;应尽可能留取食物样本,或者保留呕吐物和排泄物,以便化验使用。对有人为投毒的事件,应及时报案,同时保留食品炊具等关键证物,交由警察进行立案调查。

3. 有的放矢及时抢救

(1)催吐。症状轻者让其卧床休息,如果仅有胃部不适,多饮温开水或稀释的盐水,然后及时用筷子或手指伸向喉咙深处刺激咽后壁、舌根进行催吐,同时及时送医院。如果发觉中毒者有休克症状(如手足发凉、面色发青、血压下降等),就应立即平卧,双下肢尽量抬高,需由他人帮助催吐,并立即送往医院抢救,不要自行乱服药物。

(2)导泻。如果病人吃下去中毒的食物时间超过两小时,且精神尚好,则可服用泻药,促使有毒食物尽快排出体外。一般用大黄 30 克,一次煎服,老年患者可选用元明粉 20 克,用开水冲服即可缓泻。老年体质较好者,也可采用番泻叶 15 克,一次煎服,或用开水冲服,亦能达到导泻的目的。

(3)解毒。如果是吃了变质的鱼、虾、蟹等引起的食物中毒,可取食醋 100 毫升,加水 200 毫升,稀释后一次服下。此外,还可采用紫苏 30 克、生甘草 10 克一次煎服。若是误食了变质的饮料或防腐剂,最好的急救方法是用鲜牛奶或其他含蛋白质的饮料灌服。

同时,班主任应教育学生做到饮食卫生:

不吃变质食品。遇变酸、变苦、变臭、有异味的食品,要立即吐掉,并将剩余食品处理,不再食用,并防止他人误食。

不买校门口小摊贩的食物。小摊通常设在尘土飞扬的路边,遮挡设施差,保鲜设施差,吃后易染病。

不吃有毒食品。不吃有毒的蘑菇、发芽变绿的马铃薯(内含龙葵素)、木薯、有毒鱼类(如河豚)、鲜黄花菜(内含秋水仙碱)、四季豆和生豆浆(含有皂素以及溶血酶)一定要煮熟再吃。上述食物经过剔除处理和充分加热是可以消除中毒危险的。

班主任还应提请学校领导和相关部门加强监管,从源头上预防食物中毒的发生。

(1)严格食堂从业人员管理。学校食堂从业人员必须通过身体检查,有执法部门颁发的健康合格证。

(2)确保食物原料采购质量。要从正规渠道购买食用油、盐,主食原料,水产品、肉类食品等,不要购买发芽的土豆与洋葱、有毒蘑菇与鲜黄花菜、变质的水产品与肉类食品、过期的饮料与熟食。

(3)严格食品加工程序。在食品加工过程中,严格执行所有食品烧熟煮透、生熟分开等卫生要求,以免熟食与待加工的生食交叉污染。加工凉菜要达到"五专":专人负责、专用调配室、专用工具、专用消毒设备设施、专用冷藏设备。制作凉菜的三个关键环节:保证切拼前的食品不被污染、切拼过程中严防污染、凉菜加工完毕后须立即食用。

(4)保证洗刷和消毒效果。洗刷时一定要注意除去食品残渣、油污和其他污染物,洗刷干净后放入消毒柜内消毒,或采用蒸汽消毒和紫外线消毒。及时处理垃圾,消除老鼠、苍蝇、蟑螂和其他有害昆虫,保证居室卫生。

学生做实验时发生意外怎么办

某学校有一间化学实验室,设施简陋,没有安装进行化学实验所必需的通风设备,室内空气循环也不畅通。一天,一个班级的学生在该实验室做有毒化学实验时,不长时间即有一名同学出现头晕、恶心的不良反应,但并没有引起大家的注意。继而,又有几名同学有同样不适的反应,直到最后,共有15名学生中度不适,多数学生和化学教师轻微不适。这时,他们才意识到这是有害气体中毒了。

班主任在平时应协助科任老师加强对学生实验安全的管理。一旦发生实验意外,应协助相关部门和教师采取正确的应对措施。

（1）实验实训过程出现爆炸现象，应立即关闭电源，停止操作，组织人员撤离现场。如人员受到伤害，及时送往医院抢救。

（2）如果发生人身触电，应立即切断电源，及时进行人工呼吸，必要时送医院救治。

（3）如果碱溶液沾到皮肤上，应立即用较多清水冲洗，再涂上硼酸溶液；若碱溶液溅到眼睛里，切不可用手揉眼，可用大量的流水冲洗，洗的时候要眨眼睛，必要时送医院治疗。如果浓酸洒到皮肤上，千万不要直接用水冲洗，要先用布拭净浓酸，再用水冲洗，然后，涂上 3% ~ 5% 的碳酸氢钠溶液，不要乱揉捏。

（4）若出现农药中毒，应及时脱去衣服，用微温的肥皂水、稀释碱水反复冲洗体表 10 分钟以上。对神志清醒的中毒者，可用筷子或手指刺激咽喉催吐。昏迷病人出现频繁呕吐，可将其头放低，使其口部偏向一侧，防止呕吐物阻塞呼吸道引起窒息。对昏迷的病人，应立即送往医院进行洗胃。

（5）被化学品烧、烫伤后应采取如下措施：

①被化学品烧伤后应用大量的清水冲洗，并小心地脱下沾有化学品的衣服。如果衣服等不好解脱，可用剪刀剪开。不要强行脱衣，防止损伤皮肤。

②对被烧、烫伤部位，可用凉水冲洗降温，口腔喉咙受伤可含凉水或冰块。

③局部受伤，如皮肤无破溃，可用干净的敷料敷盖伤处，不要挑开水泡。

④注意受伤病人的心跳和脉搏，中度烧、烫伤的病人应及时送医院。

（6）除采取紧急措施外，同时应保护好现场，并立即报告有关部门。

当然，防范胜于抢险，平时就应教育学生知道和懂得一些常识。

为了确保实验实训安全，要遵守实验安全制度，同时做好"十防"：防火、防爆、防磁、防电、防伤、防噪、防毒、防病菌、防腐蚀、防放射性辐射。

（1）防火。严格遵守各项安全管理规定、安全操作规程和有关制度。

①使用仪器设备前应认真检查电源、管线、火源、辅助仪器设备等情况。

②严禁非实验用火，不在实验实训场所吸烟，高压容器要有固定装置，易燃物品要远离火源和电源，电热设备必须放在阻燃基座上并要有专

人使用,严禁使用非实验用电设备及高功率灯泡。

③仪器设备使用完毕应认真进行清理,关闭电源、火源、气源、水源等,还应清除杂物和垃圾。

(2)防爆。实验实训涉及使用易爆危险品时,一定要注意防爆安全规定,按照规定一丝不苟地进行操作,用剩的化学试剂,应送规定的安全地点存放。

(3)防毒。实验实训中,有时要接触和使用一些有毒的物质,要戴防毒口罩或面具。施洒农药时,应尽量站在上风头进行。

(4)防触电。

①仔细检查供电线路是否符合安全用电的规范要求,发现问题应及时处理。

②不要用湿手操作各种电器开关或触摸各种电器,最好穿胶底鞋进入实验室。

③更换保险丝时,不得使用超过规定的保险丝,更不能用铝、铁、铜质导线来代替保险丝。

(5)防伤。为了预防不应有的割伤、烧伤和烫伤发生,注意做到:

①使用玻璃仪器时,一定要轻拿、轻放,防止碰击。

②通电的电热器不要随意搬动;放在液体里的电阻丝,当电源接通时,不要从液体中取出。

③用电炉加热,容器中的液体不可装得太满,以免易燃品溢出落在炉上燃烧。

④在做有关水的沸腾等实验时,不要使蒸汽出口对着人体。

⑤在车间实训时,一定要严格按操作规程进行,不要随意伸手去开动的机器下取物;开机前要确认自己和周围同学都在安全区域,才可启动机器。

(6)防菌。学生在做生物实验或生化实验时,常常会接触细菌和微生物,如操作不慎,很容易感染致病。要注意做好防感染:

①要穿上隔离衣,戴好卫生帽、卫生口罩和胶皮手套。做解剖实验时,要尽量借助仪器操作,不要用手直接接触解剖材料。

②必须用手时,一定要剪短指甲;若手有外伤,则不能进行解剖操作。

③微生物学实验时,要小心仔细,严格按操作规程进行。如果万一遇到盛菌试管或试瓶不慎打破、皮肤损伤或菌液吸入口中等意外情况时,则

应立即报告老师,及时进行处理,切勿隐瞒。每次实验完毕后,都必须把所有仪器抹净放妥,将实验室收拾整齐。凡带菌之工具在洗涤前,须浸泡在3%来苏水液中进行消毒。每次实验需要进行培养的材料,应标明自己的组别及处理方法,放在指定的地点。实验室中的菌种和物品等,未经老师许可,不得携出室外,离开实验室前将手洗净,并对所有防护用具做消毒处理,定点存放。

(7)防放射性辐射。为了防止放射性危害,应采取下列措施:

①尽量缩短接触放射性物质的时间,这是防止放射性伤害的有效措施。

②放射源应置于固定存放地点并加强屏蔽保护,用后应立即归还原处。

③任何形式封装的放射源,均不能用手直接接触,应使用专门的镊子、托盘等取用,用毕应归还原处。

④操作时,应佩戴防护手套、防护口罩和防护服,操作结束后应立即洗手、洗脸。

⑤放射性液体需要在通风柜中操作,粉末态放射源则应在手套箱中操作。

⑥若遇有放射源跌落、封装破裂等意外事故发生,则应及时报告老师。

(8)防噪。防噪最有效的措施就是控制声源。例如调整平衡,在摩擦处加润滑油或用弹性耦合、安装消声器等。噪声个人防护,主要是用声衰材料制成耳塞等护耳器或戴头盔,以降低噪声对人耳的刺激。

(9)防腐。遵守实验室规定,防止化学液体溅出,灼伤。

(10)防磁。存放带有磁性的物品时,防止磁性仪器失磁,防止有些仪器着磁。两个以上的条形磁铁、磁针也要本着同极相斥、异极相吸的原则,科学合理存放。在实验中防止磁化和磁干扰。如蹄形磁铁极间要放衔铁,使其构成磁回路。各种磁性仪器,要远离热源。还要与音像带磁带、工具和零件分开存放。

集体活动发生拥挤怎么办

拥挤是指一种在很短的时间内,因为某种突发的原因在人员集中的场所内引起的情绪亢奋、行动过激的失控现象。这种现象常发生在人员密度大、活动空间窄小的地区,尤其是在举办大型活动的场所。因此,在公共场所避免因拥挤产生的混乱和意外伤害是十分必要的。

拥挤现象多发生在举办大型比赛、演出、促销等活动的现场或人员相对集中的商场、影院、展销会、庙会等地。校园内也能发生因拥挤伤人的事但往往易被人们忽视。据统计,在校园内,当学生们听到下课铃声,从教室拥向操场、卫生间时,在窄小的楼梯和走廊里最易发生不测,尤其在照明条件不好时,危险性更大。

拥挤常常会造成人员的意外伤害,轻者可造成被挤压人员皮肤、软组织损伤,重者可造成骨折、窒息等,有时甚至可造成死亡。

2005年10月25日晚,四川省巴中市通江县广纳镇中心小学晚自习课下课时,因学生在教学楼道间嬉闹摔倒而发生拥挤踩踏事故,造成8名学生死亡,45人受伤。

2005年10月24日上午,湖南娄底市第四小学校园内发生楼梯拥挤堵塞事件,10名学生受伤,其中4名伤势严重。

2005年11月1日下午,安徽亳州市谯城区估衣小学发生拥挤踩踏事故,造成10余名学生受伤。

为了防范拥挤事故的发生,班主任应协助学校做好突发事件应急预案,同时在平时教育学生:

(1)举行大规模文化娱乐体育活动,学生要按老师的指点站座,不要扎堆。

(2)局部有人大声喧哗,不要一窝蜂跑去看热闹,应站在原地,或远离喧哗人群,保证自身安全。

(3)上下楼梯或在楼上走廊穿行时,要依序慢行,切忌推搡打闹或前推后拥挤成团。

(4)行走在桥梁、楼梯、楼道上,不能齐步走,以防行走频率暗合建筑结构振幅而使桥塌、楼垮。

一旦拥挤事故发生,应教育学生:

(1)保持镇静,若周围人群处于混乱时,可能的话,不要盲目跟随移动,在相对安全的地点短时停留,尽量侧靠着墙壁,以保证自己不被挤伤。若后方人群压过来,只能向前走时,保持冷静,将两臂横在胸前,稳住脚跟,尽量不要往前扑,保持身体平衡,切忌摔倒。

(2)拥挤中被挤掉书包、鞋子等,切勿低头捡拾,否则后面的人群拥上来,会出现死伤事故。

(3)注意收听广播,听从工作人员指挥调动,服从现场工作人员引导,尽快从就近的安全通道或应急出口撤离,切勿逆着人流行进或抄近路。撤离时要注意照顾好老人、妇女、儿童,为他们疏通道路。

(4)不到方法用尽时不要贸然采取危险方法逃生,如跳楼、跳水等方式同样会带来伤害。

怎样对学生发生的意外事故进行简单的应急救治

学生在学校活动中常常会发生一些或大或小的意外事故。如果不及时救治,伤情就会恶化。为此班主任必须具备一定的安全意识和安全知识。

有关专家强调,当学生意外受伤,应尽量缩短等待接受治疗的时间,防止伤口的情况恶化。因此,了解如何迅速采取急救措施比什么都重要。下面是一些简单的建议:

1. 严重割伤

学生被利物严重割伤,如果不及时处理伤口,很可能会导致伤口发炎。遇到这种情况,教师最好找到经过消毒处理的吸水性棉条或纱布,两端最好不带胶布,以防伤口血液凝结后将纱布去掉时引发伤口周围皮肤疼痛。当然,在意外情况下,一般手头很难找到经过消毒处理的吸水性棉条或纱布,教师也可以考虑替代材料,任何一块吸水性强的干净布都可以,但不要使用手感蓬松或粗糙的面料,以防布料的纤维粘连伤口。找到以后,用消毒棉或布按住伤口止血,直至血液不再流出,然后换一块干净的消毒棉或布将伤口包牢。应注意的是,在对伤口进行基本处理后,应立刻到医院接受更专业的处理和治疗。

2. 手臂受伤或骨折

在接受医生治疗之前,教师最好用三角形绷带支撑学生受伤的手臂,以免伤势加重。处理这种伤口时,在肘关节可以弯曲的情况下,应将受伤的手臂用绷带或枕巾悬在身体前面。将臂置于绷带中央,平吊于胸前,然后将绷带的两端拉至颈后打结。固定好手臂后应立刻看急诊。

3. 皮肤擦伤

皮肤小面积擦伤,若在一般部位,教师可用红药水或碘酒局部涂搽不需包扎,而关节及其附近的擦伤,则应首先局部消毒,用 0.05% 的新洁尔灭清创面,再涂以消炎软膏,以免局部干裂影响锻炼,若感染,易波及关节。

皮肤大面积擦伤,首先应以生理盐水或 0.05% 的新洁尔灭清创面,然后局部消毒,最后盖以消毒凡士林纱布和敷料,并包扎。必要时可加抗生素,预防感染。

4. 皮肤撕裂伤

皮肤撕裂伤是指皮肤受外力严重摩擦或碰撞所致的皮肤撕裂、出血。轻者,消毒后,以胶布黏合或用创可贴敷盖即可;面积较大者,则需请医生止血缝合和包扎。必要时酌用破伤风抗毒素 1500 ~ 3000 国际单位肌肉注射,以免引起破伤风感染。

5. 刺、切伤

刺、切伤是指运动中被尖锐器物刺破或刀割所致的伤。处理方法同撕裂伤。伤口小而浅者无需缝合,深而宽者应去医院缝合后酌用破伤风抗毒素,并用抗生素预防感染。

6. 挫伤

挫伤是指在钝器直接作用下,人体皮肤或皮肤下组织所受的伤,如运动时相互冲撞、踢打所致的伤。

征象:单纯的挫伤仅局部青紫,皮下淤血肿胀、疼痛。以四肢多见,可伴有功能障碍。严重者可合并肌肉断裂、骨折、失血、内脏损伤和脑震荡。如合并内脏损伤,患者常伴休克,应及时送医院救治。

处理:局部休息,限制活动,在 24 小时内冷敷和加压包扎,患肢抬高。疼痛明显者可服去痛片,外用风湿跌打膏、伤湿止痛膏等。48 小时后可开始理疗和按摩,肢体开始活动。若有血肿,可局部消毒,用火针刺入放血并包扎。必要时可给抗生素药物,以预防感染。

7. 肌肉拉伤

肌肉拉伤是指在外力直接或间接作用下,使肌肉过度收缩或拉长所致的肌肉纤维损伤或断裂。易发于下肢、肩胛、腰背部和腹直肌等部位的肌肉。

征象:局部肿胀、疼痛,明显压痛,肌肉紧张或痉挛,摸之发硬,活动时疼痛加重。有肌肉断裂时,则局部肿胀明显,伴有皮下严重淤血和功能障碍,也可摸到凹陷或异常膨大的断端。

处理:轻者可立即休息,抬高患肢,局部冷敷并加压包扎。若肌肉大部分或完全断裂,应加压包扎并立即送往医院处理。

8. 关节韧带扭伤

关节韧带扭伤是在间接外力作用下,使关节发生超常范围转动,而造成的关节内外侧韧带部分纤维断裂,易发于踝、膝、腕、掌指、腰和颈椎关节部位。如踝关节扭伤后不能搓揉按摩,也不要敷热毛巾,应立即停止运动,可用冷水浸过的湿毛巾或冰块冷敷,冷敷冰袋或冰块应用干毛巾包裹,不可直接接触皮肤,以免冻伤。踝关节制动可采用胶带固定、石膏或护踝支具固定。受伤部位的制动、加压包扎和冷敷可有效地减少韧带断裂部的出血,缩短愈合时间,减少日后血肿机化性疤痕,这是急性踝关节扭伤早期最基本的处理方法。若踝部扭伤超过 24 小时,则应改为热敷,以改善血液循环,利于伤处淤血的吸收。每次热敷 30 分钟即可。踝关节受伤,还可以端坐或仰卧,一手握住伤侧足跟,一手握住足尖,先将踝关节缓慢拔伸,再做踝关节的伸、屈、内翻、外翻动作,同时缓慢地抒筋通络。

9. 脑震荡

脑震荡是指头部受外伤后因脑神经细胞受到震动而引起的意识和机能的暂时障碍。

征象:暂时性意识障碍和昏迷,时间从数秒到半分钟不等(重度脑震荡者昏迷在 1 小时以上,有的甚至几日不醒);逆行性遗忘(受伤前后的经过不能回忆,但对往事记忆清晰),伴有头疼、头晕、恶心呕吐,可持续数日,神经反射和脑脊液检查正常,血压、呼吸、脉搏基本正常。

处置:绝对卧床休息直至上述症状基本消失。另外遵医嘱用药物对症治疗,如服止痛片、镇静药等。遇有下列情况之一:昏迷不醒;虽清醒,但头疼、呕吐剧烈;两眼瞳孔不对称,或清醒后再次陷入昏迷,提示有颅内出血的可能,应立即送医院处理。

10. 骨折

骨折常由运动中身体某部受到直接或间接的暴力撞击而造成。骨折是比较严重的损伤,但发病率很低。常见的骨折有小腿骨折、肋骨骨折、脊柱骨折等。

征象:骨折发生后,患处立即出现肿胀,皮下淤血,疼痛剧烈,肢体失去正常功能,肌肉产生痉挛,有时骨折部位发生变形,移动时可听到骨摩擦声。严重骨折时,伴有出血和神经损伤、发热、口渴甚至休克等全身性症状。

处理:教师应告诫学生骨折发生后不能随意移动患肢,应用夹板或其他代用品固定伤肢,若伴有休克出现,应先进行处理,即点按人中穴,并进行口对口人工呼吸或胸外心脏按摩;若伴有伤口出血,应同时实施止血和包扎,及时护送医院检查和治疗。

11. 轻微割伤或擦伤

如果教师手边没有创可贴,处理轻微割伤的最佳方法就是让伤口自行痊愈。用湿纸巾或者流动的清水轻轻地将伤口周围擦洗干净即可。不推荐使用消毒纸巾,因为有些纸巾内含有的消毒成分药性强烈,易造成皮肤过敏。没有湿纸巾的情况下,用婴儿纸巾也可以。

12. 眼部受伤或眼内有异物

教师发现学生眼部受伤或眼内有异物时,先用清水将学生受伤眼睛冲洗干净,然后将眼罩或折好的棉手绢遮于眼部,并将其轻轻固定于头部。如果条件允许,最好将双眼全都遮住。否则由于未受伤的眼睛不断转动,会导致受伤的眼睛被迫跟着转动,因而导致伤势扩大。无论伤情如何都应该立刻就医。

13. 烧伤或烫伤

学生尤其是住宿舍的学生,在打开水时或在其他场合,易发生烧伤和烫伤。

教师发现学生烧伤或烫伤后,如果伤口只有一两个巴掌大,应即刻用自来水冲洗干净,或用冷水浸洗,以止痛和减轻损伤。再用酒精消毒创面周围皮肤,也可以用1‰的新洁尔灭消毒创面和创面皮肤,最后涂皮维碘软膏和磺胺嘧啶即可。如果烧伤的水泡溃破,可用1%的食盐水煮沸后晾到室温时用来冲洗伤口,或到医院换药,并在医生指导下服用抗菌药物。

如果是学校活动场所不幸发生火灾,导致学生烧伤,教师应帮助其迅速离开火源,并帮助扑灭火焰。告诫衣服着火的学生千万不要奔跑,因为风助火势,会烧得更猛,从而加重烧伤程度,也易引起呼吸道吸入性损伤。若学生为大面积烧伤,应该用干净床单或被单覆盖,急速送医院治疗。如离医院较远,中途学生口渴要饮水时,宜给他饮淡盐水,不宜饮清水,以减少不必要的并发症。

当学生受到强酸强碱等化学药物损伤时,教师应即刻脱去学生的衣服或剪开他们的衣服,用大量自来水或清水冲洗,将化学药物冲洗干净,再送医院治疗。

14. 晕厥

劳累、疲劳、中暑、饥饿等原因所致晕厥,可令学生突然昏倒,不省人事,面色苍白,大汗淋漓,病情紧迫。遇到这种情况,教师不要慌,可先用拇指捏压学生的合谷穴(虎口中)持续 2～3 分钟,看学生是否会苏醒。

如果学生持续晕厥,经教师应急救治后仍不苏醒,则必须得到医院的专业救治。但是,当学生病情不明时,教师尽量不要移动患者,可以给医院打急救电话。如果确实需要搬运,教师也要掌握正确的救护方法以保证救护人员的生命安全,避免因搬运造成更大的损伤。下面介绍几种搬运伤者的方法。背负法:对于失去意识神志不清的伤者,可采用交叉双臂紧握手腕的背负法。这样可以使伤者紧贴救护者,减少行走时摇动可能给伤者带来的损伤。抱持法:救护者一手抱其背部,一手托其大腿将伤者抱起。若伤者还有意识可让其一手抱着救护者的颈部。拖拉法:如果伤者较重,一人无法背负或抱持时,救护者可从后面抱住伤者将其拖出,也可用大毛巾将伤者包好,然后拉住毛巾的一角将伤者拉走。椅托法:两名救护者面对面分别站在伤者两侧,各伸出一只手放于伤者大腿之下并相互握紧,另一只手彼此交替搭在对方肩上,起支持伤者背部的作用。双人拉车法:两名救护者,一个站在伤者的头部两手伸于腋下,将其抱入怀中,另一人站在伤者的两腿之间,抱住双腿,两人步调一致将伤者抬起运走。

15. 出鼻血

遇到学生大量出鼻血,首要问题是止血、防止休克。轻度鼻出血可用指压法(头前倾,手指紧捏两鼻翼 5～10 分钟)或用干净棉花将鼻腔填塞即可止血。但许多因血液病、高血压甚至外伤引起的鼻腔大量出血,必须立即进行现场急救治疗,以防失血性休克发生。鼻腔大量出血时,一看到血从鼻子和口中呼呼涌出,常使人十分紧张。此时教师首先要安慰学生,使之情绪稳定,否则紧张的情绪会使血压增高加重出血。不要使用头部后仰或让学生赶紧躺下的方法止血,因为头部后仰或躺下后,表面上血不再从鼻孔流出,实际上血液从鼻腔后部经咽喉流入胃内,并未真正起到止血的目的。这样做,一是无法判断出血量,使病人在不知不觉中发生休克的危险情况,延误救治;二是大量的血液进入胃里,可引起恶心、呕吐,不仅会加重鼻出血,也容易被误诊为消化道出血。所以,在现场抢救中学生无失血性休克表现,就应让学生坐下或半躺在床上,头部直立。若出血停止,也不要大意,先不要用手指抠挖鼻孔试图将积血擦净,因为一旦把血痂碰掉将会再次引发出血,此时就应去医院检查出血原因接受进一步治疗。

16. 抽筋和痉挛

当学生腿或脚部抽筋时,可立即用拇指和食指捏住上嘴唇的人中穴,持续用力捏 20 ~ 30 秒钟后,抽筋的肌肉就可松弛,疼痛也随之解除。

当学生出现呼吸停止时,教师最好马上做人工呼吸,直至呼吸恢复为止。碰到高热痉挛、抽搐的学生,首先将学生移至凉快的地方,解松衣服,在头、颈、腋下、大腿根部用冰袋冷敷,并给学生喝冷盐开水。已失去意识或抽搐剧烈的,要使学生呈昏睡体位,叫救护车送医院处理。要注意的是,如果发现学生反复抽搐,最好通知学生家长,对其作全面检查。癫痫是由脑机能障碍引起的,有障碍痉挛、抽搐等。出现抽搐、摔倒在地是发作的典型症状,但其间也有瞬间的意识消失、腹痛感等。癫痫的症状随年龄和病因而异,要送医院作神经科检查。

17. 溺水

教育学生溺水后,首先不能惊慌失措,要大声呼救,并憋住气躺在水面上,顺水漂流,等待救援或漂到岸边。其次,要尽量将头部伸出水面,找寻身边有无木板、竹竿等物。另外,当有人游过来救援时,要与之主动配合,不要紧抱救援者,以防"同归于尽"。

看见他人溺水时,如果附近有救生圈、竹竿、木板或绳子等,应赶快抛给溺水者或携带入水,以便营救。如果溺水者距岸边较近而且在水中挣扎,就要看准目标,两脚前后分开,两手平伸地跳入水中。如果距溺水者较远,就应采取自己最熟悉的入水动作迅速游向目标进行救护。在接近溺水者时,最好从他的身后接近。接近后,一手应迅速托他腋下,使溺水者头部露出水面。若溺水者仍继续挣扎,可用臂压住他的一臂,而手则抓住他的另一臂,使溺水者不能攀抓,然后将其头部托出水面,用反蛙泳(蛙式蹬腿的仰泳)或侧泳托带上岸。

18. 中暑

2003 年 6 月 13 日上午,岳阳市中心小学的 580 多名小学生集中在学

95

校篮球场上听教育讲座。不到5分钟,就有一名四年级女生晕倒。随后,相继有64名学生出现头晕、恶心和四肢乏力等中暑症状,讲座随即中止。据学校的老师介绍,由于当时580多名学生拥挤着集中在一个水泥篮球场上,加上连下两天雨,太阳一出来,地面上热气蒸腾,在高温、高湿和人多、通风不畅的情况下,导致多人中暑。64名中暑的学生被校方和卫生防疫等部门分别送入附近的诊所输液并服用藿香正气水后,均逐步恢复了健康。

人体长时间在烈日下暴晒或处于高温潮湿的环境中,体内的热量散发不出去,就会引起肌体调节和代谢紊乱及神经功能的损伤。这时人会有自感乏力、头昏眼花、大汗、口渴、心悸等不适症状,这就是中暑。中暑后不及时救治会有生命危险。

(1)发现学生中暑后,班主任应组织学生立即将病人抬到阴凉通风的地方,为其松开衣领、裤带,以便更好地通风降温。

(2)可给中暑病人服淡盐水、十滴水、人丹等,并用清凉油、风油精涂抹太阳穴。

(3)对高温昏迷的病人可用冰块、冷毛巾敷在头部、腑窝、腹股沟等处,进行物理降温。

(4)重度中暑的病人应及时送医院抢救。

(5)夏季户外活动学生自感不适时,教师应尽快采取措施,终止活动,适当休息,不要因为任何原因硬挺着,使病情加重。

(6)在夏季高温高湿的天气,应避免让学生做剧烈活动和长时间在太阳下暴晒。

(7)教育学生要多饮用清凉的饮料,如绿豆汤、淡盐水、凉茶等。

(8)教育学生平时应穿宽松、通风、吸汗的服装。

19. 冻伤

当气温下降到零下时,人体表面裸露部位和远离心脏的区域由于血流不畅,容易在手、脚、鼻、耳等处发生冻伤。发生轻度冻伤时,受冻的皮肤会呈现出灰白色,有刺痛;冻得厉害时,皮肤上会有硬块,并有麻木、红肿等现象;严重冻伤可使肢体部分或全部坏死,甚至直接威胁生命。因此,在寒冷的季节,必须预防冻伤的发生。

为了避免冻伤,教师和班主任要注意下列问题:

（1）不要让学生长时间停留在寒冷的环境中，冬季外出活动应穿戴好防寒的衣帽。

（2）当处在寒冷环境中时，应告诉学生加强活动，促进血液循环是防冻最有效的方法。

如果发现有学生手脚或其他部位有冻伤，可以试试下面的方法：

（1）发现皮肤有轻微冻伤，应尽快采取措施，对患处进行保暖。例如，可将受冻的手放在腋窝，将脚放在他人的胃部等温暖处。

（2）局部冻伤可用手、干毛巾或辣椒泡酒对患部进行擦拭，直到发热。

（3）发生严重冻伤时，不要用雪或热水擦拭患处，最好用温水浸泡，慢慢解冻。

（4）如果发现有被冻僵的学生，应尽快用大衣、棉被等物品包裹并送到温暖的地点，让患者服用姜汤等热的饮料进行恢复。如果伤者没有呼吸，应首先进行人工呼吸，然后再进行恢复体温的抢救。

20. 蜇咬伤

蜇咬伤一般是指马蜂、蜈蚣、蝎子等昆虫的蜇伤或猫、鼠、狗、蛇等动物的咬伤，多发生在天气转暖后的季节。被一般的蚊虫等蜇咬不会对人的健康造成威胁，但对于一些特殊的蜇咬伤，如被蝎子、毒蜈蚣、毒蛇、狗等蜇咬后，必须提高警惕。

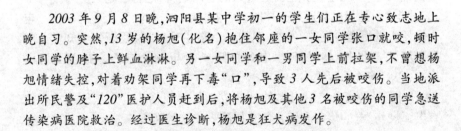

2003 年 9 月 8 日晚，泗阳县某中学初一的学生们正在专心致志地上晚自习。突然，13 岁的杨旭（化名）抱住邻座的一女同学张口就咬，顿时女同学的脖子上鲜血淋淋。另一女同学和一男同学上前拉架，不曾想杨旭情绪失控，对着劝架同学再下毒"口"，导致 3 人先后被咬伤。当地派出所民警及"120"医护人员赶到后，将杨旭及其他 3 名被咬伤的同学急送传染病医院救治。经过医生诊断，杨旭是狂犬病发作。

狂犬病十分凶险，病死率几乎为 100%，狂犬病直接传染源是犬（超过 90%），其次是猫。目前对狂犬病无特殊有效的治疗方法，接种疫苗和使用抗狂犬病血清至今仍是预防感染狂犬病的主要办法。

一旦学生被狗等哺乳类动物咬伤，应帮助学生彻底清洗伤口上的毒液并立即到医院注射狂犬疫苗，否则有生命危险。

在野外环境中,即使咬伤被治愈,也应在获救后主动向医生报告首度咬伤情况,以便及时进行全面检查。

不要自行切开伤口,不要用嘴吮吸伤处。在进行应急救治后,应马上将学生送到医院治疗。

如果学生被其他动物蜇咬了,千万别大意,教师应针对不同情况,采取应对策略。

（1）被毒虫蜇咬。

被蜂蜇后应帮助学生把毒刺挑出,但不要挤压伤口。

被蜘蛛、蜈蚣等咬伤可与毒蛇咬伤一样对待,采用冷敷的办法可缓解伤口的疼痛。

（2）被蛇咬伤。

被蛇咬后应用消毒液（没有时可用清水等代替）冲洗伤口,并让被咬伤的部位低于心脏;在受伤部位上方捆扎,比如脚踝被咬,可捆扎膝盖处,让学生减少活动,防止毒液的蔓延扩散,有条件时可以用凉毛巾或冰块敷在患处,在不能判断蛇是否有毒时,一律按照毒蛇咬伤的办法处理伤口。

21. 触电

人接触了漏电的电线或其他各种通电的器材,使电流流过人体与大地或其他导体,形成闭合回路,叫触电。触电对人体的损伤分为电击和电伤两种。由于具体接触的电不同,危害的轻重也不同。接触的电压越高,电流越大,危害就越大。电流通过人的时间越长,危害也越大。

"电击"是指电流通过人体时,使内部组织受到较为严重的损伤。电击会使人觉得全身发热、发麻、肌肉不由自主地抽搐,逐渐失去知觉。如果电流继续通过人体,将使触电者心脏、呼吸机能及神经受伤,直到呼吸停止,心脏停跳而死亡。

"电伤"是指电流对人体外部造成的局部损伤。电伤从外表看一般有电弧烧伤、电的烙印和熔化的金属渗入皮肤等伤害。

学生的学习、生活都离不开电,班主任要教育学生谨慎接触各类电器,以保证人身安全。

如果学生不慎触电,最关键的是要在最短的时间内使触电人脱离电源。

在室内可以迅速拔下插销,关闭电门,把总电闸断开更安全。如果距离开关较远,应该用绝缘工具割断电线,也可用绝缘物体（如干燥的木棍、塑料棒、扫帚把儿等)挑开电线。千万不要先用手去拉触电者,因为人是导电体,他身上还带电,如用手去拉他也会触电。

触电人如果出现昏迷、呼吸困难,首先要做人工呼吸,有条件的话,可以立即输氧。如果触电人的心脏停止了跳动,还要做胸外挤压,赶紧送医院抢救。

22. 流感

流感是由流行性感冒病毒引起的急性呼吸道传染病,主要靠飞沫传播,其传播性和流行性均很强。

学生的流感症状和大人相似,起病急骤,发病时先发冷、寒战,继发高热。突出的特点是全身症状明显,如先是全身不适、头疼、背疼、四肢酸疼、腰疼、头昏、眼球后疼;继而出现咽疼、干咳、流清鼻涕、打喷嚏、眼结膜充血、流泪。有难受的干咳或伴少量粘痰;胸骨后有烧灼紧压感或疼痛;下肢小腿部肌肉酸疼;体温可高达 39℃ ~ 40℃。这些症状多数在 1 ~ 2 天内达到高峰,并经 3 ~ 5 天体温降至正常,各种症状消失。但恢复期全身软弱、出汗、乏力,可持续 1 ~ 2 周。

如果班上有学生患上了流感,班主任应劝其回家休养,以避免传染别人,同时教育其他学生:

(1)和感冒患者保持一定距离。因为患者咳嗽、打喷嚏时,那些带病毒的飞沫可以溅得很远。

(2)常洗手。感冒病毒可以在患者手摸过的地方存活 3 个小时,所以应该常洗手。

(3)不要频繁揉鼻子。揉鼻子容易把手上的病毒带到鼻子和眼睛处,引起传染。

(4)大量喝水。大量的水可以将病毒从身上"冲走",并防止脱水症的发生,而脱水症则是感冒的并发症之一。

(5)积极运动。每天进行 30 ~ 45 分钟的有氧锻炼,如散步、骑车等,都可以极大地增强抵御感冒的能力,避免患上呼吸道传染病。

(6)多吃含维生素 E 和 C 的食品。维生素在人的免疫系统中占有重要的地位,维生素 C 则有减轻感冒症状及程度的作用。

(7)多休息。因为充足的睡眠可以恢复身体的免疫力,提高人的抗感冒能力。

(8)感冒患者应注意在咳嗽和打喷嚏时用手捂住口鼻,这样病菌就不会跑得很远,去危害他人。

(9)经常开窗通风,保持家里和教室内空气新鲜。

23. 心肺复苏法

在人体中,心、肺、脑是维持生命的重要器官,其中任何一个器官发生故障,都会导致死亡。心肺复苏就是挽救猝死的生命,使其恢复心跳和呼吸,避免脑损伤的一项急救技术。班主任应掌握该方法,以便应急使用。

(1)人工呼吸法。

当发现患者无呼吸时,应立即进行人工呼吸。人工呼吸有两种做法,即"口对口式"人工呼吸和"口对鼻式"人工呼吸。

①"口对口式"人工呼吸。

用手指捏住病人的鼻子,深呼吸后用嘴封住病人的嘴,缓慢持续吹气。

吹气后立即与病人口部脱离,抬起头,手松鼻,侧身吸气并观察病人的肺部变化。如果人工呼吸成功,患者隆起的胸部会自然下落,并能听到病人呼气声。待患者胸部回落到正常位置后,再进行下次人工呼吸。

施行人工呼吸的频率为:成人每分钟进行 14 ~ 16 次,儿童每分钟进行 20 次。每次吹气 1 ~ 1.5 分钟。反复进行,直到病人有自主呼吸为止。

②"口对鼻式"人工呼吸。

当患者口腔内有血液及其他分泌物造成损伤时,不能使用上一种方法,可将病人的嘴封住,进行口对鼻式人工呼吸。

(2)胸外心脏按压法。

触摸患者的颈动脉或股动脉,确定没有脉搏后,应进行胸外心脏按压。

颈动脉的位置在气管与肌肉(胸锁乳头肌)凹陷处,股动脉的位置在大腿根部。注意:触摸时动作要轻。

上身前倾,双臂伸直,双手交叉,手掌根部放在患者胸骨的中下处,垂直向下按压。

用力要均匀,不可过猛。按压深度,成人大约 4 ~ 5 厘米,频率为 60 ~ 80 次/分钟。

每次按压后要全部放松,使患者胸部恢复到正常位置,但手掌根部不要离开,以免改变按压位置。

24. 止血法

血液是维持身体各脏器正常工作的重要物质。人体血液的重量占体重的8%，一旦身体遭受创伤，血液就会流失。如果出血量很多，就会直接影响血液循环。当失血量达20%时，人会休克，失血量超过40%时，人就会有生命危险。因此，及时止血是挽救生命的关键措施之一。

一旦有学生出血时，班主任应教育和帮助学生选择相应的止血措施。

（1）指压止血法。

当伤口较小、出血不多时，可让学生用清洁的手指或敷料直接按压在伤口上；当伤口较大、出血较多、按压不能达到止血目的或伤口中有异物无法取出时，可让学生采用间接按压法。即：用拇指按压出血血管上方（近心端）的动脉压迫点上，使血流中断或使伤口部位抬升至心脏以上的位置，也有较好的止血效果。

（2）加压包扎止血法。

帮助学生用敷料覆盖伤口，用绷带、三角巾等紧紧包扎能达到较长时间压迫止血的目的。但有骨折或伤口中有异物时，不能用此法。

（3）堵塞止血法。

帮助学生将消毒或清洁的棉球、纱布等敷料塞于凹陷伤口处，可达到止血的目的。常用于鼻腔、牙齿等部位的止血。

如果遇到大量吐血的患者，应让其平躺，松开所有的衣扣和裤带，将其头偏向一侧，用凉毛巾或冰袋冷敷患者腹部，等待救护车的到来。

最后需要再次提醒的是，班主任如果遇到自己不熟悉的情况，千万不可惊慌，也不可轻举妄动，立即拨打120、999甚至110等急救电话是最保险的做法。

如果学生发生了意外事故，班主任和学校可能承担哪些责任

如果学生不幸发生伤害事故后，学校和班主任承担的责任主要有三种：民事责任、行政责任和刑事责任。

行政责任是指未成年人合法权益受到侵害时，对学校或有关责任人员给予行政处分或行政处罚。如对教师体罚学生的行为，我国法律明确规定了处罚措施。根据《未成年人保护法》、《教师法》、《学生伤害事故处

理办法》等有关法律的规定,对于体罚学生的教师本人可以进行以下处罚:

(1)《未成年人保护法》第 48 条规定:"学校、幼儿园、托儿所的教职员工对未成年学生和儿童实施体罚或者变相体罚,情节严重的,由其所在单位或者上级机关给予行政处分。"各级各类学校及其他教育机构的教师体罚学生,经教育不改的,按现行教师管理权限,由所在学校、其他教育机构或教育部门分别给予行政处分或解聘。行政处分的种类包括:警告、记过、记大过、降级、撤职、开除。解聘包括两种:解除岗位职务聘任合同,由学校或其他教育机构另行安排其他工作;解除教师聘任合同,被解聘者另谋职业。

(2)体罚学生情节严重(如手段残忍、造成伤害甚至死亡结果),构成犯罪的,由人民法院依法追究刑事责任。

(3)因体罚学生对学生或学校造成损失或损害的,还应依照《民法通则》的有关规定承担相应的民事责任,即赔偿损失,消除影响,恢复名誉。

刑事责任是指侵害未成年人合法权益造成严重后果或情节严重、构成犯罪时,有关责任人员将受到刑事处罚。如《教育法》第 73 条规定:"明知校舍或者教育教学设施有危险,而不采取措施,造成人员伤亡或者重大财产损失的,对直接负责的主管人员和其他直接责任人员依法追究刑事责任。"《义务教育法》第 16 条规定,对体罚学生的情况要根据不同情况分别给予行政处分、行政处罚,情节严重构成犯罪的依法追究刑事责任。《未成年人保护法》第 52 条规定:"侵犯未成年人的人身权利或者其他合法权益,构成犯罪的,依法追究刑事责任。"

由于学校民事责任的承担与未成年人权利受到侵害时获得救济赔偿的关系最为密切,因此是三种责任中最重要的一种。我们应该了解承担民事责任的方式、财产损害的理算、人身损害赔偿范围及标准、学校承担责任与教师的内部追究、民事责任与其他责任的合并等方面的具体知识。所以,下面我们将着重来谈一谈这方面的问题。

1. 学校承担民事责任的方式

《民法通则》第 134 条规定的承担民事责任方式主要有:停止侵害,排除妨碍,消除危险,返还财产,恢复原状,修理、重做、更换,赔偿损失,支付违约金,消除影响、恢复名誉,赔礼道歉。

在这十种承担民事责任的方式中,适用于学校的有:停止侵害,消除危险,返还财产,恢复原状,赔偿损失,支付违约金,消除影响、恢复名誉,赔礼道歉共8种。其中关于财产损害的责任方式以恢复原状为理念,关于人身损害的责任方式以损害赔偿为理念。

2. 财产损害的理算

关于财产损害,《民法通则》只是在第117条规定侵占他人财产的应当返还财产,不能返还财产的应当折价赔偿,损害他人财产的应当恢复原状或者折价赔偿,而对于财产损害赔偿数额的理算,《民法通则》和其他规范并无一般规定。法律专家认为,一般对财产损害的理算应该依据下列标准进行:

(1)未成年人财产被非法侵占,如非法没收的,应返还财产。

(2)未成年人财产被损毁的,应予以修理或支付修理费,修理后价值有所减少的应该依所减少的价值赔偿损失,无法修复时应按照财产损失的标准给予赔偿。

(3)未成年人的财产损失,应依损失时的市价为准进行赔偿,但损失后赔偿时价格明显上涨的,则应该依据赔偿时价格进行赔偿。

3. 人身损害的赔偿范围及标准

《民法通则》第119条、第120条,《民通意见》第165条、166条、167条、168条对人身权受到侵害时的赔偿范围及标准做了规定。未成年人的人身权受到侵害时,应按下列范围及标准予以赔偿:

(1)医疗费。包括就诊挂号费、医疗费、检验费、手术费和住院费。医疗费的赔偿,一般应以所在县级以上(含县级)治疗医院的诊断证明和医疗费、住院费的单据为凭,应经医务部门批准,而未获批准擅自另找医院治疗的费用,一般不予赔偿。擅自购买与损害无关的药品或者治疗其他疾病的,其费用不予赔偿。确需后续治疗的,按照治疗必需的费用给付,原则上一次付足以防日后纠纷。

(2)护理费。未成年人住院期间,护理人员有收入的,护理费可以按收入的实际损失计算,应得奖金一般可计算在应赔偿的数额内;护理人无收入的,其补偿标准以当地的一般收入为计算标准。

(3)住院伙食补助费。按照所在地国家机关工作人员的出差伙食补助标准计算。

(4)交通费和住宿费。交通费按实际必需的费用计算,凭据支付。住宿费按所在地国家机关工作人员出差住宿标准计算,凭据支付。

（5）残疾生活补助费和残疾用具费。残疾生活补助费应根据伤残等级按所在地平均生活费计算。关于赔偿期间，《民法通则》及相关法规没有做出规定，一般认为应该从致残之日起到我国现阶段平均寿命为止。残疾用具费凭医院证明按普及型器具的费用计算。此项费用,除购置费外,尚应包括维护、修缮费和更新费。

（6）丧葬费和死亡补偿费。丧葬费按所在地的丧葬标准支付。死亡补偿费按所在地平均生活费计算。补偿期间年满 16 岁的按 15 年计算。不满 16 岁的,按 12 年计算。

（7）精神赔偿金。未成年人的生命权、健康权、身体权、肖像权、名誉权、荣誉权和隐私权等民事权利受到侵害,都可以要求精神赔偿,赔偿责任根据学校的过错程度、具体情节、后果和影响来确定。

4. 学校承担责任与教师的内部补偿

未成年学生合法权益受到学校或者老师侵害时,学校是承担民事责任的主体。《最高人民法院关于适用〈中华人民共和国民事诉讼法〉若干问题的意见》第 42 条规定:"法人或者其他组织的工作人员因职务行为或者授权行为发生的诉讼,该法人或者其他组织为当事人。"由此可见,只要是在学校教育管理中发生侵害未成年人合法权益的行为,即使行为人是某个教师,学校也应首先承担责任。如果行为人有过错的,学校可以向其追偿全部或部分赔偿费用,但学校不能以行为人是某个教师而不是学校为由拒绝承担责任。

5. 民事责任与其他责任的合并适用

前面已经谈到,学校承担的责任有民事责任、行政责任和刑事责任三种。法律从不同的角度和目的设置这三种责任,民事责任是为了使未成年人获得救济赔偿,行政责任和刑事责任是为了对学校或教师进行处罚和教育,三者不能互相替代。《民法通则》第 110 条规定:"对承担民事责任的公民、法人需要追究行政责任的,应当追究行政责任;构成犯罪的,对公民、法人的法定代表人应当追究刑事责任。"反过来讲,承担行政责任、刑事责任的公民、法人,需要承担民事责任的也应追究其民事责任,也就是说,民事责任、行政责任和刑事责任,在学校承担责任时可以合并适用。

第七章

突发自然灾害的应对

在新修订的《中小学教师职业道德规范》中,最引人注目的是"保护学生安全"。面对自我保护弱的儿童和少年,教师应当负有保护的责任,特别是班主任。

地震的应对

地震是指地球内部缓慢积累的能量突然释放或因人为原因引起的地球表层的震动。地球上每天都在发生地震。一般情况下,微小的地震不会引起人的感觉,3级以上的地震人们才有感觉,7级以上的地震会造成巨大损失。

地震发生在不同的地点则能造成不同的灾害:在城市附近,可以造成楼房坍塌、立交桥扭曲、地下管线断裂、燃气泄漏、人员伤亡等;在山区易引起山体滑坡、水库垮坝等意外事故;在海上则会引起海啸、风暴潮等等。地震因其发生突然且破坏性大,已经成为全世界特别关注的灾害。

地震虽然事发突然,破坏性大,但也并非没有应对措施。

1976年7月28日河北唐山发生了7.8级地震。顷刻间24.2万人丧生,一个有百余年历史的工业重镇瞬间夷为废墟,直接经济损失达百余亿元。在这场灾难中能化险为夷、成功脱险的人,大都是选择了正确的避震方法。例如,一个名叫李松的男孩,当年只有10岁,在地震发生时,强烈的晃动将他从睡梦中惊醒,在慌乱中他急忙躲在家中卫生间的角落里。结果他居住的楼房大部分坍塌,只有厨房、厕所这样的小房间没有完全被毁,他也因此保住了性命。

因此,作为班主任,我们应该教育学生:
一旦遇到地震千万不要慌,不能乱跑,可以根据不同的情况,就近躲避。

1. 室内避震
在家中:可躲在坚固的家具、内墙根、墙角附近或厨房、厕所、贮藏室等开间小的地方(在厨房躲避,一定要关闭燃气总开关)。
在学校:要听从老师的指挥,躲在课桌下,千万不要在走廊、楼梯等处拥挤,以免被踩伤、挤伤,不要擅自回教室取东西。
在公共场所:在影剧院等处,可躲在排椅下。在商场,可躲在坚固的立柱、墙角旁,要注意避开玻璃门窗、柜橱及高大、摆放不稳和易碎的物品。

2. 户外避震
应选择开阔地蹲下或趴下。注意避开高大的建筑,如立交桥、过街天

桥、广告牌、有玻璃幕墙的楼房等。也要避开油库、化工厂等危险处。

3. 山区避震

不要在陡峭的山崖、岩石下、水体旁躲避,要防止滚石、滑坡、涨水等意外情况造成的伤害,可选择开阔的地方避震。

地震发生时往往会引发一些次生灾害,如燃气泄漏、火灾等。遇到这些意外情况,不要慌张,可采取下面的自救方法:

(1)发现燃气泄漏时,可用湿毛巾捂住口鼻,不要使用明火,迅速向上风方向转移。

(2)遇到火灾时,可趴在地上,用湿毛巾捂住口鼻,待强震过后,迅速向安全地点转移。注意:要逆风并匍匐行进。

(3)发现化工厂毒气泄漏时,不要顺风跑,要用湿毛巾捂住口鼻,尽量向上风方向转移。

(4)如果被坍塌物埋压,不要随意搬动周围的杂物。防止引起更大的塌方;不要大声喊叫,应注意保存体力;可通过敲击坍塌物来传递求救信号。

火灾的应对

火灾是较为常见的突发灾害,在校园也时有发生。

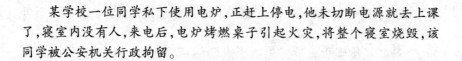

某学校一位同学私下使用电炉,正赶上停电,他未切断电源就去上课了,寝室内没有人,来电后,电炉烤燃桌子引起火灾,将整个寝室烧毁,该同学被公安机关行政拘留。

这个案例反映出当前一些学生的防火意识较差。作为班主任,应该首先教育学生加强对火灾的预防,经常开展安全检查,要求学生做到:

(1)在集体宿舍、教室等场所内不要私自乱拉乱接电源。

(2)不乱扔烟头或躺在床上吸烟;不要在蚊帐内点蜡烛看书,在宿舍内点蜡烛和蚊香时要有人看护。

(3)不乱焚烧纸张杂物,更不能往楼下扔燃烧着的纸张和杂物。

(4)不存放易燃易爆物品。

(5)各种照明加热设备不要靠近枕头、蚊帐、被褥、衣物等易燃物。

(6)不擅自使用煤油炉、酒精炉、液化气热水器及灶具等器具。

(7)离开宿舍教室等场所应及时切断电源。

一旦发生火灾,应掌握正确的灭火方法和逃生方法。

1. 及时灭火

(1)隔离法。将易燃物与氧气及火源隔离。关闭煤气,及时运走燃料罐、高压瓶等易燃易爆物品,用灭火器、淋湿的棉被、沙土盖住火苗。

(2)窒息法。阻止空气进入燃烧区,使火源得不到氧气而熄灭。可用泡沫灭火器、淋湿的棉被(或厚毯子)、沙土盖住火源;当身上着火时,可在地上打滚,或用湿衣服拍打身上火苗等。

(3)冷却法。往火上或向火源周围的可燃物上喷射大量的水,使其温度降至燃点以下不易燃烧,避免火情扩大。

(4)抑制法。利用化学方法抑制燃烧过程使火熄灭。如喷浇大量灭火干粉、化学灭火剂等。

2. 使用灭火器的基本方法

灭火器是扑灭火灾的直接有效的工具。平时应熟悉灭火器的使用方法,一旦发生火灾,灭火器的作用至关重要。

(1)泡沫灭火器。使用时颠倒筒身,把喷嘴对准火源(可燃液体或固体,尤其油类),但忌水的化工产品不适用。扑救电器火灾,必须先切断电源以防触电。

(2)干粉灭火器。使用时先取下喷枪,打开粉管,再抬起气杆,把枪口对准火源根部,扣动开关将干粉喷出,由近至远扑灭火灾。主要用于可燃性液体和带电设备火灾。

(3)二氧化碳灭火器。先将灭火器的铅封去掉,手提提把,翘起喷筒,逆时针方向转动手轮,开启灭火器,高压气体自动喷出。适用于各种易燃液体和贵重仪器设备或带电的着火设备。

(4)1211灭火器。其效果为二氧化碳灭火器的 5 倍,具有不导电、无腐蚀、灭火后不留痕迹的特点。适用于扑救油类、带电设备和精密仪器、文物等重要场所及物资的火灾。使用方法简便,拔出保险销,压下手把,灭火剂即从喷嘴喷出,对准火焰根部效果更佳。

3. 火里逃生

(1)正确报火警,牢记"119"。

一旦失火,必须立即报警。牢记火警电话"119"。接通电话,说清楚:什么地点,什么单位,什么东西着火,火势大小以及着火的范围,正确回答对方的提问。随后把自己的姓名和电话号码告诉对方,以便联系。

或者扯开嗓门大喊:起火了,快来救火呀!在没有电话和消防队员的农村和边远地区,可采用打锣、吹哨等办法向四周报警,动员乡邻一齐来灭火。

(2)火灾中如何减轻浓烟的危害而逃生。

从烟火中出逃,要用毛巾或布(打湿)紧按在嘴和鼻子上,俯身弯腰行走。如为浓烟,要匍匐行走,因为浓烟常在离地面30多厘米处四散。

火灾时身上着火应:

①设法脱去着火的衣服帽子。②如果来不及脱衣服,可以就地打滚,以达到滚灭身上之火的目的。③在场的其他人可用湿毯子等物将着火的人包起来,或向着火的人身上浇水或将烧着的衣服撕下。④切不可用灭火器对准着火人身上喷射,因为灭火器的药剂会引起伤口感染。⑤如果身上火势较大,来不及脱衣又无人帮助灭火的时候,则可以尽快跳入附近的水池或小河中,把身上的火熄灭。⑥如果人体已被烧伤,且烧伤面积很大,则不宜跳水,以防加重感染。⑦人身上着火,绝对不能带火奔跑、呼叫和用手扑打。奔跑等于加速空气流通,火会越烧越烈。而且奔跑时将火带到别处,有可能引起新的火灾。

(3)居住楼房被火包围后如何逃生。

①不要跳楼。

楼房上层起火,下层的人可迅速逃生。

楼底层起火,居住上层的人,应观察分析火情,回忆楼门及楼梯的走向,不可盲目乱跑,可用湿毛巾捂住口鼻,用水打湿衣服,弯腰或屈身,沿楼梯迅速下楼离开火场。

当楼梯被烧断时或被火封锁时,可用绳子或把床单等物撕成宽条,牢固地系在阳台的栏杆上,手攀绳索逐层往下滑。

②不要在浓烟中大口呼吸。

必须忍住烟呛,以免窒息倒地被焚。

当无法逃离时,应迅速关闭无火的单元和房间的门窗,将浸湿的毛巾被褥封紧门窗的缝隙,阻止烟火窜入。

火势已封门时,不能盲目开门,以防空气对流而加速火势蔓延。

利用窗边的落水管道向下层爬。有天窗的楼房可利用登梯及桌椅顺天窗逃往屋顶。

失火的楼房内不可使用电梯,因为起火后电梯往往是浓烟的通道,而且火灾时电源被切断,电梯有突然停止的可能,人若被关在电梯间内,更容易造成死亡。

（4）公共场所发生火灾时如何逃生。

参加公共场所活动时，应首先看一下通道是否畅通，了解出口在哪里。公共场所发生火灾时，观众或顾客要听从场地工作人员的指挥，不要惊慌失措，互相拥挤。

撤出火场后要尽快离开现场，不要就地围观，以免影响消防队的扑救，同时也防止因火星四溅，房屋倒塌，物品爆炸而受到伤害。

请记住：逃出火场，万不可再回房取拿心爱的东西，人的生命最重要。

4. 火场的急救

火灾时容易发生直接或间接的损伤，如玻璃的破碎、房屋的倒塌造成各种外伤，被烟熏至喉咙痛，睁不开眼睛，咳嗽，呼吸困难和窒息。现场急救是一场争时间、抢速度的战斗，急救是否及时，转送是否适当，对减轻损伤程度，减轻病人痛苦，降低创面并发症和死亡率具有十分重要的意义。

现场急救原则是：立即消除烧伤因素，保护创面，并使伤员镇静、止痛，积极防治休克。

（1）灭火。采取各种有效的措施迅速灭火，脱离热源，使伤员不再受更多的损伤，此时应注意灭除燃烧的暗火。

（2）降温。对烧伤部位比较局限、伤情较轻的伤员，可迅速用冷水冲洗以降温，减轻损伤深度并起到清洁创面、止痛的作用。

（3）畅通呼吸道。清理鼻腔、口腔内的异物、血块或分泌物等，确保呼吸道的通畅。

（4）保护创面、减少污染。在现场，一般对创面不做处理，尽量不要弄破水泡，要保护创面。可用清洁敷料和清洁被单包裹创面，防止再次污染。

（5）及时拨"120"请急救中心来救援。

火险猛于虎，火灾留给我们的教训是深刻的。

"消防消防，立足于防"，"消除隐患是最好的防范"。时时、事事、处处提高警惕，增强安全意识，消除侥幸心理，不可忽视任何安全细节。要积极配合学校有关部门的日常安全巡查工作，教育学生遵守学校的规章制度，将安全事故的隐患降到最小。

水灾的应对

也许许多人都还记得这令人悲伤的一幕：

2005 年 6 月,黑龙江省宁安县沙兰镇突发洪水,两百年一遇的特大山洪冲毁了沙兰镇中心小学校园,幼小的生命被洪水淹没,美丽的鲜花转瞬凋零。此次洪水造成 117 人死亡,其中学生为 105 人。

水火无情,班主任应该学会一些应对水灾的技能,并将之传授给学生:

(1)洪涝水灾发生时,不要心慌意乱,要保持头脑清醒,尽快离开危险区域,要尽量逃向高处,登上坚固建筑的屋顶、大树山丘、高坡等。

(2)留神:经过浸泡之后的房屋、大树、和堤岸都较容易发生倒塌或滑坡。被洪水卷走时,如有可能应抓住木板、树干等漂浮物,尽量不让身体下沉,等待救援。

(3)落水人员应尽量避开主流,当水面上有柴油、汽油物质时,应赶快离开,以免吸入呼吸道和肺部。

(4)警惕和防范倒塌电线的电击。

(5)被洪水围困或落水后,必须尽可能地保留身体的能量。人在水中所遇到的最大威胁之一是寒冷。若体温迅速下降,会导致冻僵或冻死。在水中,穿衣物比不穿衣物体温下降慢得多,静止比游泳时体温下降慢得多。在防止低体温的过程中,除了接近高处、船只、救生人员或其他可抓靠的物体外,一般不要游泳。另外,手臂和腿部的运动可增加外周的血液循环,亦可导致体热的迅速流失。因此,在水中尽可能地减少活动对防低体温非常重要。

(6)在等待救护时,应尽可能地靠拢在一起,一方面心理上可得到些安慰和鼓励,更重要的是可以进行互救,并且易于被发现,从而得到及时的救援。

(7)在水中救护时要注意不要被溺水者紧抱缠身,以免累及自身。

(8)由于溺水极易致人死亡,抢救时,首先要把溺水者救上船只或陆地,立即清理口鼻腔内的淤泥及假牙等异物,保持呼吸道通畅,控去呛入的水,做人工呼吸;必要时进行心肺复苏,指掐或针刺昏迷者人中、涌泉、内关等。

同时,灾难来临时,班主任要鼓舞学生保持顽强的斗志,坚定信心,共渡难关。下面这个故事值得我们永远记住。

1998年长江大洪灾中出了个小英雄江珊。她能生存下来，极不容易，经受了非凡生存意志的考验。

年仅六岁的女孩江珊，在洪水中浸泡9小时后获救的情况家喻户晓。她能大难不死，可以说是无情的洪水对其施害对象身心素质沙里淘金的结果。

首先，广阔自由的生存空间使她成了天之骄女。小江珊生在长江边上的湖北省嘉鱼县牌洲湾，夏天她常光着脚丫下水捉鱼虾，上树掏鸟窝，父母从不溺爱、娇惯她。这锻炼了她独立生活的能力。

其次，灵活的应变能力。洪水袭来，奶奶拉着她抓住了一棵树，奶奶刚把她顶到树上就被洪水卷走了，她听到了奶奶的最后一声叫喊："千万莫——睡——觉"！小树折断了，江珊在汹涌的洪流中翻滚起伏，她用"狗爬式"拼命挣扎，顺着湍急的水流她又改成仰泳，碰到树干死抱着不放。

再次，顽强坚毅的生存能力。小江珊在水中已经很累很累了，也很困很困，肚子又很饿，但她铭记奶奶的话，强制自己不睡！顺手摘下两片树叶含在嘴里，心想有"吃的"了，以此自慰。就这样，当小江珊被解放军解救的时候，她的下半身已经在洪水中浸泡了9个小时，而她却是在单独一人等待救助而最终被救的人中，年龄最小的一个！相比小江珊的勇敢、坚毅、顽强，许多娇生惯养的独生子女根本就是望尘莫及！小江珊在洪水中的表现值得我们所有教师和学生学习。

雷击的应对

雷电是我们在夏季里常见的自然现象。

雷电的实质是天空雷暴云中的火花放电现象。火花放电时发出的光就是闪电，闪电使空气强烈受热迅速膨胀而发生的巨大响声就是雷鸣。

雷电是由天空中携带不同电荷的云与云之间摩擦产生的。雷电放射出巨大的电流，有几万到几十万安培，雷电具有1亿伏的高电压和2万至少万度的温度及冲击波，破坏力极大。

雷电最容易击中比周围地势高的建筑物，如：烟囱、高塔、高大的建筑、各种天线和电线杆，致使这些建筑物遭到破坏。雷电还干扰无线电通讯,影响飞机的飞行安全。

雷电如果击中木材、干草、汽油等易燃的东西,容易引起火灾。

人如果被雷电击中也会造成伤亡。

2000年5月16日下午,广西融水苗族自治县发生一起雷电击人事件。当时,融水镇第六小学三年级两学生打着雨伞,并肩从崖头村家里冒雨上学。1时许,他们走到特别空旷的大岭底半坡时,雷电从天而降。据离现场20米外的同校9个同学说,当时看到雷电火光有尺余宽,并立即感到电流从地面传来,双脚一阵发麻。雷电停止后,同学们跑到出事地点,看到二人均倒在地上,不省人事。潘先安衣裤全被击烂,下身全黑,潘定安双脚发黑,内裤被击烂。经抢救,20多分钟后潘定安从昏迷中醒来,脱离了生命危险,潘先安未能救活。

为了不让悲剧重演,班主任应掌握科学的避雷方法和急救方法,并传授给学生。

1. 室内避雷

(1)雷击时应留在室内,并关好门窗。防止雷电入室伤人。

(2)住在高楼的同学在下雷雨时,不要站在阳台上活动,以免遭雷击。

(3)不宜进入无防雷设施的临时棚屋、岗亭等低矮建筑。

(4)不宜使用无防雷措施或防雷设施不足的电视、音响等电器。宿舍楼顶上如果没有安装避雷针,下雷雨时,要关上电视机和收音机的开关,拔下电源插头。避免雷电通过天线传到电视机、收音机,致使电视机、收音机被击毁,甚至起火蔓延成火灾。也不可以打电话。

(5)雷电天气时,在家中最好不要接触天线、水管、煤气管道、铁丝网、金属门窗等金属装置、带电设备。这些物质容易导电。

(6)不宜在雷电交加时用喷头冲凉,因为巨大的雷电会沿着水流袭击淋浴者。

2. 户外避雷

雷电通常会击中户外最高的物体尖顶,所以孤立的高大树木或建筑物往往最易遭雷击。雷电大作时,在户外应遵守以下规则,以确保安全。

(1)下雨天打雷时,千万不要收晾在铁丝上的衣服,如果一定要收,可以趁不打雷时,迅速收入室内。

(2)下雷雨时,不要靠近避雷针和它的接地装置。

人们为了使建筑物免遭雷击,在高大的建筑物上安装避雷针。避雷针是竖在建筑物上,比周围地势高出许多的针杆子。它由三部分组成:最上面的叫"接闪器",中间的金属线叫"引下线",地下的金属体叫"接地体"。避雷针实际上是"引雷针",它把雷电引到自己的头上,然后导入大地。这样,建筑物就可以避免雷击了。下雷雨时,巨大的电流会通过避雷针流到地下去,所以,尽量不要靠近有巨大电流的避雷装置,因为容易触电。

(3)远离建筑物外露的水管、煤气管等金属体及电力设备。

(4)下大雨、电闪雷鸣时,不要站在大树、高塔、烟囱和高压电线杆下避雨。因为它们地势高,最容易被雷击中,人如果站在下面也最容易被雷击。也不要站在山顶、楼顶上或接近导电性高的物体。要赶快用衣物包好头部,尽量蹲下,双脚并拢,双臂抱膝,头部下俯,尽可能降低身体的高度。

(5)电闪雷鸣时,人最好不要在旷野中行走,更不要打伞在旷野上跑,否则容易遭雷击。更应远离树木。

人在空旷的地方行走,人比地面高,成为云层放电的对象,容易遭雷击。伞有金属部分,能导电,水也能导电。人如果衣服被淋湿了,又打伞在空旷的地方行走,就更容易遭雷击。也不要把羽毛球拍、高尔夫球杆、锄头等打在肩上。不宜进行户外球类运动,雷暴天气进行高尔夫球、足球等运动是非常危险的;不宜在水面和水边停留;不宜在河边洗衣服、钓鱼、游泳、玩耍。

另外,在雷电交加的情况下,人如果飞快奔跑,会造成人体和气流摩擦,加快气流的流动,对雷电形成一种引力,雷电随气流紧追而来,从而导致雷击。

(6)当在户外看见闪电几秒钟内就听见雷声时,说明正处于近雷暴的危险环境,此时应停止行走,两脚并拢并立即下蹲,不要与人拉在一起,最好使用塑料雨具、雨衣等。

(7)打雷时,如果人在野外,不能离开高处,干燥的物质也可作为绝缘材料,坐在上面,不要坐在潮湿的地方。尽量低下头,抱膝抵胸,脚要离开地面,四肢并拢,不要用手触地,那样可能会传导雷电。带橡胶底的鞋有助于绝缘,但不能保证你一定安全。如果你没有东西可作绝缘材料,则平躺在地上。

(8)在旷野中如果你感到雷电的击打在迫近,如皮肤感到刺痛,头发突然竖起,此时你正站立的话,马上蹲下来,先用手触地,然后弯腰至膝。如果你万一被击打,电荷很容易通过手臂传到地面而放过你的躯干,这会使你免于心脏衰竭或者窒息,所以要快速平躺。并扔掉身上佩戴的金属饰品和发卡、项链等。

(9)雷电交加之时,不要在巨石下、悬崖下和山洞口躲避雷雨,电流从这些地方中通过时会产生电弧,击伤避雨者。

(10)打雷时不宜骑自行车、摩托车等,因为身体的跨步越大,电压就越大,也就容易伤人。

(11)打雷时不要打手机,否则有可能成为放电对象,最好关掉手机电源。

(12)打雷时切勿处理开口容器盛载的易燃物品。

(13)雷雨之后,如果高压电线断了,千万不能用手去拿,以防触电。因为高压线断点附近存在跨步电压,身处附近的人此时千万不要跑动,而应双脚并拢,跳离现场。

(14)汽车内是躲避雷击的理想地方,就算闪电击中汽车。也很少会伤人。

3. **遭遇雷击的处理**

(1)人体在遭受雷击后,往往会出现"假死"状态,此时应采取紧急措施进行抢救。首先是进行口对口人工呼吸,雷击后进行人工呼吸的时间越早,对伤者的身体恢复越好,因为人脑缺氧时间超过十几分钟就会有致命危险。

(2)对伤者进行心脏按摩,并迅速通知医院进行抢救处理。

(3)如果伤者遭受雷击后引起衣服着火,此时应马上让伤者躺下,不让火焰烧伤面部。并往伤者身上泼水,或者用打湿的厚外衣、毯子等把伤者裹住,扑灭火焰。

风灾的应对

大风、狂风的肆虐与暴戾,能给人们的生活带来许多不便,并造成巨大损失，甚至能夺去人的生命。据统计，北京地区每年大风日在 25 天至 30 天左右。近几年，由于高层建筑增多，常常导致空气流动不畅。特别是在高层建筑林立的街道、商业区、居民小区，由于地形狭管效应，使风力倍增，形成了一些人为的"风口"加上许多广告牌、霓虹灯和其他装饰物安装不科学，也成为大风天潜在的安全隐患。

刮大风伤人甚至发生死亡的事故在过去鲜有发生。但是近十多年，由于城市建筑的发展和各种户外广告牌的大量出现，使城市环境在大风中越发危机四伏。发生在 2003 年 4 月 9 日的风灾至今令北京人难忘。那天北京出现了 7~8 级大风，仅 4 个城区就有 40 多处广告牌及高楼悬挂物被风刮倒。矗立在北京站站前广场的大型广告牌因不抵风力而倒塌，当场砸死 1 人，伤及 15 人，并造成 1 人截肢。

预防风灾一点马虎不得，班主任要教育学生掌握正确的应对之策：

1. 经常收听天气预报，对天气变化做到早了解、早防范。

2. 当大风袭来时，应尽量躲在坚固的建筑物里，不要躲在高大的广告牌或有玻璃幕墙的大楼下，防止被倒塌的广告牌或脱落的玻璃伤害；行走、骑车应尽量避开高层建筑，避免被高空坠物击伤。

3. 遇到大风天气，不要在大树、草棚或其他简易建筑物旁逗留，以免被突然倒塌的大树或建筑物砸伤。

4. 当大风伴有沙尘暴时，要尽量不到室外活动，防止事故发生。

（1）要及时关闭门窗，尽量避免室外活动。必须在室外活动时，要使用防尘、滤尘口罩，戴头巾或帽子以有效减少吸入体内的沙尘。要戴合适的防尘眼镜，穿戴防尘的手套、鞋袜、衣服，以保护眼睛和皮肤，勤洗手和脸（尤其是进食前）。

（2）在沙尘天气时，应该多喝水，多吃清淡食物。

（3）沙尘暴天气最好不要外出，一旦发生慢性咳嗽伴咳痰或气短、发作性喘憋及胸痛时均需尽快就诊，求助于专业的医护人员，并在其指导下进行相应治疗。

（4）当大风伴有沙尘暴时，由于能见度差，行走、骑车时应该注意来往车辆，防止发生交通事故。

第八章

突发事件的应对技巧

班主任如何解决对后进生产生心理障碍的问题

消除定型心理

克服定型心理,必须把唯物辩证法作为教育思想的哲学根据,克服形而上学的思想。对待后进生,要在全面深入了解的基础上,用发展的眼光看待他们,实事求是地评价他们。对他们转化过程中出现的反复,应客观地加以分析。须知,后进生的"后进"有一个过程,"冰冻三尺非一日之寒"。明确了"反复"是后进生转化过程中的一般特点,才会坚信他们是可变的,才能爱他们,帮他们,采取有效措施"长其善,救其失",扬其长,促其变。

不要厌弃后进生

对后进生抱有厌弃心理的班主任,认为后进生是"拉分生",是影响班级各项考评成绩和升学率的包袱。这种厌弃心理表现在对后进生的教育上,是简单粗暴和讽刺挖苦,以致想方设法使他们留级、转学、退学,结果使一些后进生看不到光明而中途辍学,甚至在社会上漂流,容易被坏人引诱而走上犯罪道路。

端正教育思想,克服"片追"的影响,提高转化后进生在贯彻义务教育法中的意义的认识,是克服厌弃心理的关键。事实上,后进生更需要班主任用"爱"这种情感力量去唤起他们的上进心,培养其自尊心、自信心。也只有爱他们,才能及时抓住其转化的契机,并以高度的热情肯定和赞扬他们的点滴进步。必须批评时,也会从"爱"出发,动之以情,晓之以理,指出问题,循循善诱,使他们产生积极的情绪体验,受到感化,促进转化。

不要产生偏激心理

后进生本不是样样后进。有的虽然学习成绩暂时落后,但在思想品德上往往具有可贵之处;有的虽然纪律散漫,却可能是体育健儿、劳动能手,或具有文艺才能……教师切不可以偏概全,把他们看得一无是处。班主任的认识若出现了片面性,在感情上就容易产生先入为主的偏激心理,以致在他们出现一点缺点错误时,就当众揭他们的"老底",甚至说"我早知道你是这样散漫的"、"你做不出好事来"。这种偏激的态度对后进生是沉重的打击。

分析研究发现,后进生普遍具有要求转变的愿望,破罐子破摔者甚少。然而由于种种主客观原因,当他们在遇到困难时,往往会产生强烈的心理矛盾(如自尊与自卑的矛盾、上进心与意志薄弱的矛盾、实现教师要求与消极应付心理的矛盾等)。因此,后进生更需要班主任的理解和关爱。做到这一点,教师一要明确后进生是可以一分为二的,既要看到他们的缺点,又要看到他们的优点和进步;二要分析理解他们的矛盾心理,帮助他们用自身的积极因素克服消极因素,抓住一切有利时机实施有效的教育。

不要急于惩罚后进生

师生之间在人格上本来是完全平等的,对后进生来说也毫不例外。教师对学生最有效的教育影响是教师自身的师德素质。即使从形式上看学生都接受了教育,但其心理表现却大不相同:有的出于对教师的信服,有的出于恐惧,也有的出于从众心理。只有信服地接受教育,才是真正的接受,因而教师必须在不断提高自己师德水平的基础上,以自己的模范行为、平等待人的态度和民主管理的方法,促使师生间建立起尊师爱生的关系。克服了对后进生的惩罚心理,才能促进后进生的转化。

教师在转化后进生工作中存在的心理障碍(恐怕不只这些)直接影响着教育效果,因此,必须自觉地克服这种心理障碍,不断提高自身素质。

班主任如何随机应变

班主任的应变能力是指其在教育教学中,面对各种始料不及的棘手问题,能够熟练地把握教育教学规律,机智地变换教育教学方法,灵活而不呆板、巧妙而不生硬地作出处理,并对学生因势利导、因材施教的能力。

班主任处理突发事件,既需要丰富的教育教学经验,又需要敏捷的思维和娴熟的教育技巧;既要对突发事件作出迅速而准确的分析和判断,又要有一定的胆识和决策能力。这些都是班主任应变能力的必要基础。具体地说,如果班主任的应变能力不强,应从以下三个方面提高:

控制自己，生气时不发怒

突如其来的偶发事件很可能令人十分恼火，或措手不及，此时班主任的头脑一定要冷静，要有当怒小怒的自控能力，即要控制住自己的情感，千万不能动怒发火。"须知咄咄逼人的震怒、粗声大气的训斥、尖酸刻薄的讽刺、粗暴蛮横的体罚，并不能显示出教育的威力。"例如：有一位戴眼镜的班主任，在接班第一次走进教室时，发现全班学生情绪紧张地盯着黑板，回头一看，原来黑板上画了一个戴眼镜的头像，旁边还写着"四眼狗"的字样。这位班主任一下子怒火中烧，真想来个"杀鸡给猴看"。可是，他终于冷静下来，控制住即将爆发的情感，扫视了一下全班学生，回头将黑板擦干净，然后风趣地说："这幅画画得不错。画画的同学一定是为了考验一下他的班主任，但不应当采取有损于老师人格的做法。"此时，学生们的目光一下子集中到画画同学的脸上。这名学生红着脸低下了头。班主任见此情景又说："我想画画同学此时一定已经感到自己错了，不过不要紧，你要将功补过，利用你的画画才能为集体服务。"后来这个学生真的成了班上的宣传委员，师生间的情感也非常融洽。试想，如果这位班主任真的大动肝火，给学生来个"下马威"，效果会怎么样呢？起码师生情感会形成难以消除的隔阂，也达不到"长善救失"的目的。

培养及时精准的判断力

突发事件出现后，需要班主任迅速选择正确的方法予以解决。这种选择来源于班主任对突发事件原因的分析和判断。准确的判断是班主任应变能力的基础。

突发事件尽管在一定程度上具有偶然性，但总还是有这样或那样原因的。如有些意外伤害事故是出于学生逞能、好胜、爱表现而造成的；班里丢失钱物并不一定是具有不良的偷窃动机，而是因为青少年爱开玩笑所致；有些突发事件是由于某种潜伏因素的作用而存一定场合爆发的结果，偶然中深蕴着必然。如师生"顶牛"事件，不少是因为以往师生中发生矛盾而未能很好解决的结果。有的突发事件则是由于学生具有不良的道德动机所致。因此，突发事件发生后，班主任必须在短时间内对事件的原因进行周密的调查分析，作出科学的判断，并预测出不同的处理方法可能产生的后果，从而作出正确的选择。

审时度势地变通

变通是应变能力的最主要特点。而对突发事件,班主任要善于根据对事件原因和影响学生思想、道德、行为变化、发展的各种原因的分析判断,采取相应的灵活机动的战略战术,以达到因材施教的目的。变通,即根据变化了的情况变通教育目标,变换教育角度和方法。如变指令为参谋,变对立为友善,变贬抑为褒扬,变直截了当为迂回,等等。在运用语言艺术上,有的班主任采用直话曲说、急话缓说、硬话软说、正话反说、严话宽说等变通方法也十分可取。例如:一名学生上课不注意听讲,在下面画了一张男女拥抱接吻的画。同桌女生抢了过来,一一传阅,最后传到教师手中,全班哗然。这件事情令教师怒不可遏,但他冷静地不紧不慢地说:"你们看,这位同学低下头了,显然他有点后悔了。我也觉得奇怪,他怎么会做出这样的事来呢? 课后我们再帮助他找找原因吧。"这些软中有硬的话,既指出了问题的严重性,又没有刺伤学生的自尊心;既说明了这件事没有完,一定要严肃对待,又为学生进行自我教育指明了方向;既为继续上课排除了障碍,又避免了正面批评容易造成的师生"顶牛"现象的出现。这位老师的教育方法和语言艺术令人钦佩。

总之,变通的要诀就是避其锋芒、欲扬先抑、欲进先退、变换角度、以智取胜。在处理突发事件的过程中,离小开激发学生进行自我教育。在启发自我教育时,就应以长善开路,反面文章正面做,等到创设了"通情"的心理氛围后再选准时机,借题发挥,使之在宽松的气氛中"达理",帮助其"救失"。

班主任如何提高自制力

善于在复杂的情况下控制自己的感情和行为,抑制无益的激情和冲动,这就是自制能力。特别是班主任教师必须具备的心理修养和教育劳动的技能。

沉稳——降火气

一个有自制力的班主任,即使在学生令人啼笑皆非的恶作剧面前,遇到粗野无礼的学生和家长,或遇到让人心烦意乱的复杂矛盾时,也能表现出冷静和沉着,使自己的感情永远处于清醒的理智控制之下。有位一向以管理严格而闻名的老师接手了一个乱班。学生们预感到今后的日子不好过了。第一次上课,有个同学在黑板上写了几个斗大的字:"×××,请回去!"

这是一个需要班主任当机立断迅速解决的局面。面对这种尴尬的场面,他控制住了自己的情绪,没有因为学生对自己的不恭而发火,而是用幽默的语言缓解了这种紧张的气氛,也为自己找了走出尴尬的台阶。他这样说道:"同学们,看来你们今天是在以一种不欢迎的方式来考验我。你们写的'请回去'这三个大字,几乎一下子把我打懵了,幸亏我发现你们是很懂礼貌的。你们知道吗? 这个'请'字叫我好感动啊,如果你们改成'滚出去',那我可真是无地自容了。因此,我在这里真诚地说一声'谢谢大家',特别要谢谢写这六个字的同学。同时,我请求你们收回成命,让我留下来,我会成为你们喜欢的好班主任。"这位班主任的做法真是令人佩服。表现出很强的自我控制能力。结果不仅平息了事端,教育了无理取闹的学生,也使广大同学增强了辨别是非的能力。事后这位老师说:"我当时未发雷霆之怒,是因为我有过教训,深知用粗暴的办法去平息事端是一种软弱的表现,是放弃了艰苦细致的思想工作的做法。"

平静——莫迁怒

教师作为普通人,当然也有自己的喜怒哀乐。但是,当你作为教师出现在学生面前的时候,你就不能不顾及自己的感情、行为对学生将产生怎样的影响,就不能不预见一下自己的教育措施会产生什么样的教育效果。因此,就不能不注意控制自己的感情和行为,做到既不因自己的不快迁怒于学生,也不因自己的愉快在学生面前忘乎所以。斯坦尼斯拉夫斯基说过:"当演员来到剧院的时候,也应当把个人的不快和痛苦留在剧院之外。"对于教师,特别是班主任来说,具有这种心理修养是何等的重要啊!

根本保证——讲师德

教师不能控制自己的感情和行为而导致失去心理平衡的原因起码有以下四点:①本身就不喜欢教师职业,没有搞好教育工作的兴趣和追求;②不热爱学生,不能摆脱对"后进生"的先人之见和惩治思想;③在师生矛盾中,过分强调学生的思想行为太令人不能容忍,不能严于律己而从自身寻找师生矛盾的原因;④缺乏教育学、心理学知识,自身修养较差。如果班主任不理解教育工作的意义,认识不到教师劳动的价值,不刻苦学习教育科学加强自身修养,就不能对自己提出高标准、严要求,"提高自我控制能力"也就成了一句空话。

节制——顾大体

学校教育不是一种封闭体,生产的发展、科学的进步、党的政策的变动和社会风气的变化,无不对学校教育产生直接的影响,从而对班主任的思想修养、智能结构提出新的要求。因此,教师必须摆脱一切束缚,使自己的行为举动表现得敏锐而有节制。另外,学生也受着各种因素的影响,心理不断地发生着变化,班主任还应当具有敏感地接受来自学生的反馈信息的能力,用以随时调节、控制自己的行为和预定的教育计划和程序,以便取得最优化的教育。

班主任如何解决被学生当众顶撞的问题

班主任和学生之间出现了误会、发生了矛盾,一般都能通过耐心的沟通妥善解决。但是,也有学生会不顾忌时间、场合,很不礼貌地当众顶撞老师,使在场的老师和同学目瞪口呆,这会使班主任很难堪。遇到这种情况怎么办呢?

平心静气,怒而不火

学生顶撞老师,会引起教师的反感和情绪上的激动,是可以理解的。但此时班主任必须头脑冷静,想到自己在孩子面前是一位长者、智者、教育者,应不失教师的自信、涵养和气度,并控制自己的情感,约束自己的言语,抑制无益的情绪冲动。顶撞老师,通常是在学生情绪激动、头脑发胀情况下的行为,此时如果教师硬要一味地批评、训斥,极易造成师生对立的僵局。相反,如果教师以教育者的胸襟,善于控制情感,善于运用教育机智,不但能使学生受到不同方面的教育,而且容易提高教师在学生心目中的威信。奥地利教育家布贝尔说:"教师绝不可忘记,种种冲突只要是在健康气氛中加以解决的,那么冲突也会具有教育价值。"

冷静分析，了解原因

世界上没有无因之果,学生顶撞老师也不会是无缘无故的,这就要求班主任注重调查了解。一般来说,学生顶撞班主任不外乎以下几种原因:

一是批评内容失误。即批评内容与批评对象的实际行为不符。

二是批评方式不当。如用尖刻的语言伤害了学生的人格和自尊心,这是导致学生顶撞老师常见的原因之一。

三是被批评对象对自己的缺点错误认识不足。即由于学生社会阅历、知识程度和生活环境的不同,难免对一些问题是非不清,甚至黑白颠倒,错误地认为班主任的批评是"多管闲事"、"小题大做",从而发生顶撞。

四是被批评对象对老师有积怨或成见,所以一触即发。这样的学生认为"什么事你总盯着我"、"为什么非要找我的碴儿……"、"别人说我还听,你说我偏要顶"。

尊重学生,以理服人

特级教师霍懋征恰当处理了这样一件事,她说:"女孩小新批评男孩小强为什么把半杯开水倒掉。小强说:'你管得着吗? 讨厌!'小新就打了他一拳,结果两人打起来了……我先批评了男孩的不对,又说小新不该先打人。这时男孩承认了错误,还向小新敬了个队礼表示道歉。我问小新:'你是否都对呢?'小新顶撞说:'我都对!''是否一点错也没有?''我有什么错?'我有些厉声了,问她:'你为什么打人?'她更强硬了,说:'他为什么骂我? 骂我,我就打!'女孩这样蛮横,我还第一次碰到,心里冒火,真想大声批评她一顿,但想起教师的责任,我冷静下来了……三天后,我问她:'路上如果有人不小心踩了你一脚。这个人很有礼貌,马上向你道了歉,你应该怎么办?'她不言语了,后来她终于认了错。"

善于自省,承认错误

出现学生顶撞班主任的情况,要根据不同的原因作出不同处理。确属学生过错的,要给他时间考虑,帮他下台阶;确属师生误会的,要加强调查了解,弄清事实,消除误解。如果属教师之责,就应当谦恭反思,虚心作自我批评。

有的班主任掌握的情况与事实不符,使学生受了委屈;有时因说张三,放了李四,学生误认为老师不公正;有时是因为班主任态度粗暴、语言过头,损伤了学生的自尊心……如果班主任放不下架子、反躬自省,那么矛盾就可能激化。

班主任工作是一项复杂劳动,繁忙之中难免有失误的时候。问题是,在这种情况下是反躬自省还是文过饰非,会给学生带来不同的教育影响。谦虚谨慎,严于律己,不但不会失去学生的信任,反而会把诚实谦逊的美德灌输到学生的心田。

班主任如何处理学生当众使自己出丑的状况

勇于作自我批评

作为一名教师不应由于学生当众揭了短、伤了面子就文过饰非甚至恼羞成怒,那样不仅会使自己被动,而且有损于教师的威信。

教师要有勇于作自我批评的勇气。因为,在任何时候,学生总是把班主任看成效仿的榜样、做人的楷模。在师生之间的交往中,班主任的一举一动都应该对学生产生良好的影响。正如教育家布贝尔所说:"具有教育效果的不是教育的意图,而是师生间相互的接触。"

知错即改

学生揭班主任的短,有不同的行为动机和心理状态。比如有些学生认为在知识上,在处事方法上,或在师德表现上,确认自己已经掌握了班主任的不足或错误,出于对班主任的负责,特别是出于对教师人格、威信的关心、爱护,迫不及待地当场指出。当然,这有孩子的幼稚、单纯的一面,也是青少年想急切显示发现的心理表现。对此,班主任理应热忱地肯定孩子的中肯、正确,并诚意表示接受和改正,才不失教育者的胸怀和气度。班主任做到知错就改,必将赢得学生的尊重和信任。

宽容待人

青少年学生正处在成长时期,精力旺盛,活泼好动,容易在外界刺激下引起冲动,做出一些意料之外的事。学生有意无意地丑化老师的行为,就是在这种特殊心境下产生的。

班主任遇到这种情况,心情不快是完全可以理解的。但是,一定要控制可能被激怒起来的情感,因为此时的暴怒恰恰会让学生发现班主任的无能。考虑到教育工作者的具体任务就是要教育学生,因此即使在师生之间发生了冲突时,班主任也绝不能失教育者的责任,应在宽容的前提下适时地、恰当地运用教育机智,巧妙地教育学生,激励学生向上。布贝尔说:"……与学生所发生的冲突,是对教师的最大考验。"

许多优秀班主任都有一条共同体会,即容忍和宽容会引起学生的自责。因为批评是一种教育手段,宽容、忍让也是一种教育手段,有时还是很有效的教育手段。众所周知,即使是伟大的人物,在学生时代也不可能不说一些错话,做一些错事。如果在特殊情况下,班主任也依然坚持尊重、热爱学生,那必然会引起犯了错误学生的内疚和自责,并将这种自责变成弥补个人过失的力量。这就需要教师具有高尚的修养、豁达的胸怀、非凡的气度和坚忍的毅力。古人说:"天下有大勇者,猝然临之而不惊,无故加之而不怒。"今天的班主任更应该具有这样的气魄。

班主任如何与异性学生接触

一名班主任,总会有异性学生在身边接受你的教育、培养。这就提出了一个如何接触和对待异性学生的问题,特别是对广大青年班主任来说,这更是一个迫切希望得到回答的问题。

明确角色分配

班主任与学生相处,总的原则是热情、诚恳、严谨、自尊。诚然,班主任对学生的思想品德、课堂学习和日常生活都得关心,但这种关心必须是面向全体学生,而不能有亲疏远近之分,对男女学生应一律平等对待,万万不能偏爱。在和异性学生接近时,更应注意自己的态度和言行。热情要有分寸,关心要有范围,绝不出格,应让异性学生感到既亲切又庄重,教师无论什么时候都不能丧失为人师表的尊严。

为此,班主任在与异性学生来往中,尤其是和那些学生干部,或学习好、有才华、性格活泼开朗的异性学生接触时,必须加强品德修养,自觉增强班主任的角色意识。

中学生,特别是高中生,随着性机能逐渐成熟,已经有了性意识。他们在同异性(包括异性教师)的交往中特别敏感,有的还愿意在异性面前显示自己的风度和才华,以博得异性的欢心。在这种情况下,广大的中小学教师,特别是班主任,应保持清醒的角色意识,以为人之师的公正之心,对每个学生都给予同样的热爱、同样的关怀和同样的帮助。应清楚地知道,对学生的深情爱护绝不是以个人名义出现的,而是代表祖国、民族、家长向新一代表达赤诚感情。许多班主任对自己的男女学生诚挚犹如长者,关切胜似父母。因此,学生对这样的班主任也无限信赖,他们愿把最高兴或最苦恼的事告诉班主任,包括无顾忌地谈出对父母也不说的秘密。一名班主任能得到全班男女学生的普遍信任和爱戴,难道不是一种幸福吗?

接触注意尺度

班主任在与异性学生接触时要注意分寸,但也不能不敢放手教育和培养,不敢严格管理和批评。只要班主任把握住自己的师德表现和人格尊严,具有对学生品德和学习高度负责的精神,坦诚无私,做事公正,就一定会对学生敢于严格要求,大胆表扬和批评,并和他们保持健康、良好的师生关系。

班主任在同异性学生接触中,要注意以下几点:

(1)在师生交往中,要注意男女有别,不失礼仪。如和异性学生谈话时应保持一定距离,不可过分亲昵;不在异性学生面前谈论只能在同性之间才能谈的问题;要加强修养,审视一下自己喜欢异性学生的内容,排除不正常的因素,自尊自重,永远以理智去控制自己的情感。

(2)要区分不同场合应遵循不同的行为准则。如在教室要将上衣和裤扣系好,不要在异性学生面前紧腰带;在异性学生的宿舍或家里,不适宜单独接触,最好叫上其他学生一起前往。

(3)出于对青少年学生的保护,《中学生守则》中明确规定了中学生不得谈恋爱。因此,提醒年轻教师注意,不应在社会赋予我们的神圣的师爱中掺杂异性之情爱。这虽然与混在教师队伍中的品质败坏者不同,但如不警惕,也会妨碍成长中的学生的身心健康,给学校声誉带来极坏影响。

班主任如何处理与家长的矛盾

班主任与学生家长的密切配合是学生健康成长的重要保证之一。但是,家长与班主任也常有出现矛盾的时候。遇到这种情况,应该怎么办呢? 实现家长和班主任的密切配合,当然是双方共同的责任,可是班主任较之家长更熟悉各种教育知识,懂得教育规律。所以,班主任应意识到自己对这种合作负有更多的责任。为此,班主任要努力做到以下两点:

冷静分析,寻找解决办法

在家长与班主任的矛盾中,有的是因为家长与老师在对学生的评价上意见不一致,因而对班主任产生了意见;有的是由于家长不甚了解情况,产生了误解;也有一些确实属于我们的工作过失或处理不当造成的。班主任应根据不同情况,做耐心细致的工作,以达到消除隔阂、密切合作的目的。比如由于环境因素或心理因素的不同,一些学生在家、在校的表现不尽相同,造成家长与班主任在对学生的评价上不一致。这就需要班主任和家长密切联系,互通情况,统一思想,及时发现家、校教育的薄弱环节,使家、校教育协调一致。

由于学生年龄小,认识问题不全面,他们向家长说的事有时与实际有出入,而家长却因听了孩子片面的申诉,对班主任产生了误会。在这种情况下,只要说明事实真相,消除误解,矛盾就自然会迎刃而解。

有时,确实由于教师本人对问题处理不当,工作有误。在这种情况下,班主任应坦率、诚实,勇于承担教育责任,采取措施及时弥补损失。要相信,只要态度诚恳,家长一定会和教师站在一起,求得问题的圆满解决。

遇到个别家长真不讲理,班主任一定要冷静、克制,不使矛盾激化。同时,应紧密依靠学校领导和家长所在单位领导,求得支持,促使问题得以妥善处理。

了解各种类型家长,有效防止矛盾发生

在正常情况下,所有家长都希望自己的孩子好。家长的这种心理,是班主任能够与各种类型家长成功交往的心理基础。只要掌握恰当的方法,双方是能够达到心理相容而形成教育合力的。

在与一般学生家长交往时,要注意他们中的多数是从事非教育性职业的,在教育方法上难免和我们有分歧。因此,班主任和家长有必要共同学习《教育学》、《心理学》,研究教育规律,用教育理论把我们和家长的思想、行动统一起来。在这方面班主任更要热情地帮助家长,指导家庭教育。

在与"护短型"家长交往时,要特别尊重他们的自尊心。比如在指出他们的子女存在的某些缺点错误时,要选择不使他们难堪的场合和环境;在和他们谈话时,宜用协商口吻,以使他们的防御心理得到缓解。同时,班主任还应适时地、机智地帮助这类学生家长提高教育素养,了解当今学生的特点和国家对人才标准的要求,以利于对其子女的正确、全面的认识。

在与单亲家庭学生家长的交往中有两种情况:一是与丧父或丧母学生的家长接触时,班主任应出以同情、体贴之心,多主动家访,认真体察其家庭的不幸及困难,促其从悲伤中振奋起来,同时应多方热情地帮助其子女解决生活中的实际困难;另一种是与因离异造成的单亲学生家长的交往,班主任宜紧紧围绕家长的希望心理开展工作,可与其主动联系,制订培养计划。孩子一旦发生了什么事,教师应本着高度的责任心,加倍倾注自己的心血。

在与继父(母)家庭的家长交往时,由于孩子不是他们的亲生骨肉,往往会对班主任采取消极配合的态度。在这种情况下,班主任应积极地把这部分学生家长纳入教育轨道,如家长会、联欢会一定要邀请他们参加;多向他们报告学生表现,特别要介绍孩子的优点、长处,以增进感情,唤起他们教育子女的责任感。

在与隔代学生家长交往时,由于祖父母、外祖父母对孙辈的感情胜似自己的儿女,他们常以单纯的爱代替教育,所以在和他们交谈教育方法时往往出现障碍,这就需要以更大的耐心和尊敬,选取老人易接受的方式谈话,必要时可与学生父母取得联系。

总之,班主任只要平时和家长能保持密切联系,及时沟通情况,就一定会使感情融洽,进而产生亲近感。这样,矛盾自然就很少发生了。

班主任如何解决"被告状"的问题

一般来说,学生是比较听班主任的话的,家长也是愿意支持班主任工作的。但是,当学生受到班主任批评,或因某种个人愿望、要求得不到满足时,学生或家长也容易对班主任产生意见,甚至向学校领导告班主任的状。遇到这种情况怎么办呢?

学生越级提意见,家长找领导反映自己的工作问题,这是好事而不是坏事,这有利于班主任改进工作作风,提高工作水平。班主任不应该认为他们是有意拆自己的台,以致跟学生或家长过不去,甚至找机会报复。否则,不但解决不了任何问题,反而会愈演愈烈,以致出现不可收拾的局面。我们应从上述两个事例中得到以下启示:

注意方法,了解原因

学生告状,当然是由于他和教师产生了矛盾;而形成矛盾的原因,很多是由于教师不甚了解学生所致。为此,教师平时要深入了解学生不同的性格、气质、品德和习惯;要不拘形式地召开学生座谈会,征求他们的意见;也可倡导学生以通信的方式谈出自己的心声。此外,班主任在处理学生问题时要多想一想:找准了产生学生问题的主客观原因了吗?所采取的教育方法能产生良好效果吗?这个学生要是自己的子女,是这样处理吗……这样可以免出或少出差错。

家、校勤于联系,协调配合各方关系

产生家长告状的原因,多是由于班主任与家长在评价学生、教育方法等方面出现了分歧,这是班主任与家长之间缺乏相互了解和协调配合所致。为此,班主任要和家长经常保持联系,并尊重他们合理的意见、要求。班主任还要注意在学生评价上和家长不断交换意见。不可否认,由于种种原因,不少学生在校与在家表现不尽一致。教师往往是依据在校表现来评价学生,而家长则习惯于从孩子在家的表现来评价孩子。由于血亲关系,孩子的成绩或错误都会使父母动情,这是引起他们感到自豪或羞辱的原因。为此,他们总是希望老师格外关心和正确评价自己的子女。班主任要充分理解家长的这种心情,做到客观准确地分析、评价学生,并帮助家长全面、正确认识自己子女的优缺点,力争与学校教育和谐一致。

正确对待,冷静接受

出现"告状"情况后,班主任应诚恳、认真地听取并采纳领导处理此

问题的意见。在误解面前,要严于律己,善于从自身找原因,并以真挚情感解决矛盾,争取取得互相谅解,达到密切配合的目的。如果确属我们工作失误,要虚心接受批评,勇于承担责任,采取措施,挽回工作损失。

当然,在告而不实、经多方工作仍无济于事,甚至依然影响正常工作时,或在遇到某种情况特殊、矛盾复杂的问题时,一方面应该有"以德报怨"的胸怀,坚持用自己的行动感化、教育学生及其家长,另一方面,必要时可向上级如实反映,听取指示,求得领导的帮助、支持。

班主任如何面对有人送礼的局面

有的学生或家长,为了表达感谢买礼物送给班主任。这种现象的确使许多班主任感到棘手和为难。如何对待学生或家长送礼的问题,是个很值得探讨的严肃课题。

为人清廉,道德高尚

当今,由于群众生活水平的日益提高,人与人之间的交往观念产生了变化,有些家长出于一定的愿望和需求,总希望通过各种方式作出表示,表达家长对教师辛勤劳动的尊重和慰问,或企望班主任能对自己的子女多予照顾、教育和培养。这种心情是可以理解的。可是,作为班主任,理应多做说服解释工作,使家长理解、相信老师对每一个学生都是热爱的、负责的,劝说家长不要采取送礼这种方式。我们广大中小学教师,特别是班主任,在遇到这种情况的时候,一般都是这样说的,也是这样做的。毋庸讳言,也有个别教师经常吃"请",对学生或家长的礼物来者不拒,有的在钱财上还与家长拉拉扯扯,甚至出现向学生索要或变相索要财物、让家长为自己干私活等现象。

这种情况虽然发生在个别教师或班主任身上,却严重影响了整个教师队伍在社会上的声誉。

人民教师是"人师"。在社会主义精神文明建设中有着特殊的重要作用。我们应有较高的道德修养,理应保持高尚的情操和良好的品行。唯有这样,才能赢得学生的爱戴和家长的尊敬。据有关部门统计,在"你认为社会上哪种职业能遵守职业道德,能获得社会信誉"的民意调查中,教师这一职业名列前茅,这说明良好的师德已经得到社会公认。

如果教师,特别是班主任经常接受学生、家长的礼物,不但会影响个人的形象,还会妨碍我们对学生进行正常的、应有的教育。夸美纽斯说:"只要教师稍不检点,就会失去教育人的权利。"所以,教师在任何情况下都应保持两袖清风,把人生的目标和追求寄托在百年树人的大业之中,甘做红烛,甘当人梯,兢兢业业,廉洁从教,以高尚师德维护人民教师的尊严。

几种较好的处理手段

正确对待和解决学生、家长为自己送礼的问题,可考虑这样几种做法:

(1)平时班主任应多对学生及家长做工作,说明师生之间、教师与学生家长之间的纯真感情应建立在相互激励、共同培育新人的基础上;在召开家长会时,要郑重说明"送礼"对孩子的影响有害无益,也容易使班主任的工作陷入被动,恳请家长理解、支持。

(2)有时某学生取得了进步,有了转化,其中班主任确实花了一番心血,家长想通过送礼,诚恳表示敬意,这怎么办呢?此时,班主任可抓住教育时机,借此向学生提出新的努力目标和严格要求,并热忱指出"希望你取得更大的成绩向老师汇报,那将是老师最为高兴的"。对家长,可请他们更好地配合老师培养学生,并积极支持学校的工作。

(3)关于学生向老师送微薄的、精神上的礼物,如教师节、元旦佳节时,同学们为老师自制了明信片、贺年卡等。这些礼品表达了学生的一片心意,当然要收下,并表示感谢。

(4)有时家长送礼异常热情,班主任多次婉言拒收都无效,他们执意把礼物留下;或是由于班主任本人未在家,而家人把礼物留下了。遇到这种情况,建议事后按价付钱,并再次说服家长以后不要再这样做。

(5)遇到个别家长完全出于个人目的而送礼,并企图让老师失去教育原则时,班主任要以对学生高度负责的精神,向家长严肃指出利害关系,让家长相信老师一定会公正、合理地处理好学生问题。然后,恭敬地请家长把礼物带回。如家长执意留下,隔日老师可予以送回或至少要做到按价付款。

诚如一位班主任拒礼后所说:"……育人是我们分内的工作,收礼是吃学生、吃家长。它把美好、纯洁的师生关系庸俗化了,污染了学生的心灵,降低了我的威信,使我无法教育和严格要求我的学生……"

可见,教师应正确处理学生或家长给自己送礼的问题。

班主任如何解决学生不讲道理的问题

近年来,常听到学生对教师,特别是对家长说:"少讲大道理,我不听!"事实也是如此,有的学生一听教师和家长讲道理,就皱眉头,起反感,甚至对所讲道德观点产生怀疑。教师讲"全心全意为人民服务",他会说出许多干部以权谋私的情况;教师宣传"舍己为人"的精神,他们会说"商品社会,没有钱谁也不干",似乎这些道理已经过时。这种情况除了某些社会原因之外,问题不在于这些道理的本身,而在于我们如何把道理讲好,讲得入情入理,深入浅出,使得学生乐意听,易接受。当代学生思想敏锐,喜欢独立思考,也有些独立见解,因此我们应当研究学生的特点,把道理讲好。

避免虚化,结合实际

我们不希望学生在前人后面亦步亦趋,更不愿意他们成为口是心非的人。要让学生听、信、服我们所讲的道理,其关键是力戒假大空。我们不能把思想政治教育局限于严肃的政治报告,或热衷于耳提面命式的生硬灌输,更不能做表面文章、搞形式主义或冷脸训人。我们应当以平等待人的态度,深入浅出的理喻,灵活多样的形式,启发学生自己教育自己,要从动机到方法,从理论到行动,帮助学生辨是非。这样才能从根本上防止把大道理变成不受学生欢迎的干巴巴的教条和口号,变成不能解决实际问题的假话、大话、空话。

如在宣传社会主义精神文明时,如果只讲正面典型,回避社会上的不正之风,学生就不会信服。如果我们在大力宣传正面典型的基础上,引导学生在正确理论的指导下,从调查正反两方面的材料中独立思考,自我分析判断,就能使他们从纷繁的社会现象中寻找积极向上的因素,看到社会的主流,从而提高认识和觉悟。

要清楚学生的思想特点

现在的一些学生初步具有爱思考、不盲从、厌说教、重实际的特点,我们要采用灵活多样、生动活泼、符合学生思想特点的形式给学生讲道理。思想是不能由别人代替的，要转变学生的思想，就要唤起学生的自觉，变教师的"满堂灌"为启发学生多发言。我们要善于从学生的讲话中发现其正确性，引导他们克服片面性，还可以从学生年龄和心理特点出发，寓教育于活动中。

理论与实际相结合

道理是从实际生活中抽象出来的，当反过来用它指导学生的生活时，就应当具体化、形象化、个性化。记得唐太宗李世民在自述其如何教子时，有这样一段话："朕自立太子，遇物则诲之。见其饭，则曰：'汝知稼穑之艰难，则常有斯饭矣。'见其乘马，则曰：'汝知其劳逸，不竭其力，则常得乘之矣。'见其乘舟，则曰：'水所以载舟，也所以覆舟，民犹水也，君犹舟也。'见其息于木下，则曰：'木从绳则正，后（君主）从谏则圣。'"（见《资治通鉴》）唐太宗抓住身边琐事，通过形象的比喻引出深刻的道理，形象逼真，生动具体，寓理于事，深入浅出，便于接受，给了我们有益的启示。我们在给学生讲道理时，也要联系学生的生活和思想实际，"遇物则诲之"。我们要用真理、真情、真言、真态，深入浅出地疏导学生的思想，引导他们去思考，去辨析。

如讲要树立"艰苦朴素"、"艰苦奋斗"的精神时，不能只讲"苦不苦想想红军两万五，累不累想想革命老前辈"，也不能片面强调艰苦的生活能磨炼人的意志，似乎越苦越好。要讲清革命前辈如何在艰苦的条件下以顽强的意志战胜困难的精神，从而鼓励学生发扬艰苦奋斗的优良传统，还要联系学生中不怕困难，具有顽强毅力的好人好事进行教育，这样更具有说服力。

动之以情晓之以理

道理是讲给人听的，目的是提高人的认识，把人的积极性调动起来。人都是有感情的，因此思想政治教育一定要融情于理，恰当地处理情与理的关系。情感是道理能够发挥作用的基础和前提。师生关系融洽了，讲道理即便尖锐些，学生也能接受。相反，道理再透彻，学生也可能听不进去。因此，教育人，要先尊重人、关心人，使学生先感到教师的一片诚心。这样才能达到"情"通"理"达、"理"直"情"正的境界。

134

如徐特立同志在长沙稻田师范当校长时，有一天晚上，几个学生打碎了厨房的一篮碗，工友很生气，要求徐校长挂牌开除这几个学生。第二天，校长挂了牌，但写的不是开除学生的公告，而是一首"我愿诸生青胜蓝，人力物力莫摧残。昨夜到底何缘故，打碎厨房碗一篮"的诗。由于诗中饱含着徐校长对学生的热情和期望之情，恰当地处理了"理"制约"情"、"情"眼从"理"的辩证关系，所以学生深受教育。他们不仅主动地作了检讨，而且进步很快，走上了革命的道路。

班主任如何解决学生给教师起外号的问题

中小学生给教师起外号的现象屡见不鲜，外号名目也不胜枚举。有的教师认为这是"道德败坏"的严重问题，并采取了严加训斥、惩罚的办法。这样做，叫外号的现象不仅没能制止，教师的外号反而有增无减。压服不行，究竟该怎么办呢？

根据实际耐心疏导

中小学生的知识在日益增长，形象思维和抽象思维的能力在逐步提高，自我意识在不断加强。他们在与教师的交往中不肯唯命是从，有了一些独立见解，并开始尝试评价周围的事物。但是，由于受年龄小、阅历浅、认识水平和评价能力不高的局限，他们对自己评价的对象（包括老师）一般喜欢在一定概括的基础上，借助小说或影视中的正、反面人物的形象加以说明。这就是学生给老师起外号的心理基础。因此，他们对教师的评价难免有些偏颇。我们做班主任的应当针对其心理特点进行耐心的疏导。

指引学生正确看待教师

"金无足赤，人无完人"，教师因工作偏差给学生造成压力的现象时有发生。然而，教师的缺点和失误绝非主流，而且是可以改正的。班主任的责任是引导教育学生充分认识教师工作的艰巨性，帮助学生掌握正确评价教师的标准和方法；要引导学生多看教师的优点和长处，对教师的缺点要正面提出；要引导学生对小说、影视中反面人物的本质进行剖析，从而教育他们不能用反面人物来比喻心地好、脾气不好或好心办了错事的

135

教师,使他们懂得给老师起外号是不文明不礼貌的,尽管有些外号是对教师表示肯定、希望和赞赏的。如称一位学识渊博的教师为"博士",称另一位了解学生心理、"料事如神"的教师为"诸葛亮",这也是不好的。这样的教育会逐步提高他们的是非观念和评价能力。

开展活动,使师生关系和谐

尊师爱生,爱生是关键。诚如苏霍姆林斯基所说:"教师技巧的全部奥秘就在于如何爱护儿童。"我们有许多教师之所以深受学生爱戴,恰是因为他们把握了关心体贴学生的奥秘。学生偶患感冒,教师送上几片药;学生考试不及格,教师立即帮其分析原因,进行规劝和帮助;学生缺席,教师主动上门看望……这些细微的举动最能打动学生的心,赢得学生的尊敬。当然,要使学生尊师,还要在学生中开展尊师活动,或通过组织学生访师、开展尊师主题班会等活动,加深对教师劳动特点的理解,尊重教师的劳动。师生心理相融了,哪里还会出现给教师起外号的现象。在融洽师生关系方面,班主任应是善于协调的艺术家。

有技巧地自我批评

学生给教师起外号总是事出有因的。班主任要恰当地分析给教师起外号的不良倾向和其中的不合理因素,做好他们的思想工作。当教师发现学生给自己起外号时,千万不要急躁,一定要冷静下来,检查自己的工作是否有失误,或在什么问题上引起学生不满或挫伤了学生的自尊心。对自己的缺点或失误要敢于公开作自我批评,并认真改正,这样才会取得学生的谅解。如一位年轻班主任被学生称为"眼镜蛇",开始他火冒三丈,企图用停课、请家长对学生进行压服,结果压而不服,他苦恼极了。在一位老教师的帮助下,他冷静下来,认识到自己对学生缺乏关怀体贴,而且要求过于苛刻,于是他召开了一次"从学生给班主任起外号谈起"的班会。会上他没有批评学生,而是从主观上分析了学生疏远自己的原因,及外号中对自己工作的不满和期望,诚恳地作了自我批评。没想到,凡是叫过他外号的学生纷纷站起来,承认自己不尊敬教师的错误。师生的心一下子沟通了。从此,这位班主任不仅严于律己,对学生也严而有格、充满挚爱了。因而,学生们也更加尊敬这位年轻的班主任了。

班主任如何解决学生遭遇的"七大问题"

我们所谓的"人的品质"到底指的是什么？班主任是否有时间将自己置于烦琐的行政工作之外对其进行充分思考并言传身教？班主任又是否能对一个人的方方面面做到全面的了解？

我们都意识到了"隐形课程"（学生在学习环境中所学习到的非预期或非计划性的知识、价值观念、规范和态度、校园环境、礼仪文化、机构制度、师生的精神风貌等都是隐性课程）中包含着轻视的意味，但是我们尚不清楚我们为什么采取反对的态度，我们的其他选择又是什么。我们反对的理由，是不应当存在任何隐形的课程，因为只有采取公开态度才能使课程通过（例如家长和管理者的）争论达成一致，从而清楚地写入教学计划中。因此，很多学校推出了所谓的"行为模式"（behavior codes），这些模式实际上是对课程的一种陈述。

一些学校理所当然地忽视对这些品质的培养，很多重要的品质甚至留待学生自己去猜测性地领悟。少数学校受到公众的猛烈抨击，但还是有很多学校在这方面形成了系统性的规定。

在拟定学生发展规划以适应辅导方案的过程中，我们有必要对"个人"的概念给出一个分析框架。我们到底对"人"的哪些方面更加关注？

理查德·普林（Richand Pring，英国著名课程论专家，埃克塞特大学教育学教授）运用一些普通的术语将人的品质分成七个类别，这种分类对于我们在新的时期分析问题极为有效。

（1）智力（指人们用来进行细致观察、思考、假设、逻辑推理和命题的能力）。

（2）道德（指诸如谦逊、仁慈、耐心、慷慨等性情特征，凌驾于情感特征之上）。

（3）性格特征（指诸如毅力或勇气等意志品质，区别于上述第二条，但如果缺少智力和道德的支持将会适得其反）。

（4）社交能力（指诸如口才、体格、着装、随机应变的能力和组织协调的能力，要求首先具备前三条所规定的品质。即便如此，一个智力发达、品行良好和慷慨大方的人也很难运用这些品质有所作为）。

（5）实践知识（同样也是运作第四条所必需的）。

（6）理论知识（通过理论学习获得的概念、原理、概括能力和洞察力）。

（7）个人品格（这并不是第二条和第三条的重复：两个人可能同样温和体贴，但他们对和平主义的观点可能大相径庭）。

以上所列举的人所必备的各项品质和技能理应成为辅导工作计划的基础。精神辅导应该涉及全部的七个方面，辅导团队也应该努力协助每个学生结合自身去理解上述的每一条。

上述七个方面的相互作用促成了学生的进步和发展。学校会从整体上寻求途径发展上述的品质，但是班主任应首先让学生对这些品质有个清楚的认识，并且能够加以评估，最终在社会中进一步进行自我培养。在很多学校，涉及这些方面的课程通常划归到个人、社会和健康教育课程计划中。尽管如此，班主任仍然承担着中心工作，将学校整体教学课程的重要部分同学生们的实际生活进行有机的结合。

因此，个人发展并非只是独自的发展，而是发展一个人——这是精神辅导工作的核心，班主任的每一项具体工作都要围绕它来展开。罗德·普特内姆（Lord Puttnam，英国课外教育先锋，勋爵）强调指出要在更高层次、更广范围内展开辅导工作。他说："愉快、惊讶、神秘感、同情、审美和痛苦是我所能够想到的对我们理解人生的最为重要的方面。"

班主任如何了解和研究学生

卢梭在《爱弥儿》一书中说道："你必须好好地了解你的学生之后，才能对他说第一句话……"一位成功的班主任必须首先走近学生，了解学生。在班集体建设中，对于班主任来说，了解学生、研究学生是首要问题；因为只有了解学生，才能认识学生，班主任教育工作才能有的放矢。若想取得良好的效果，就要讲究艺术方法。了解和研究学生的艺术方法主要有：

资料分析法

1. 基本概念

资料分析法，是指通过对有关书面资料的查阅分析，以达到对学生个体以及班集体基本状况的了解和把握的一种方法。它也是班主任初步了解和认识班级群体和学生个体的最简易的一种方法。这里的有关资料包括:学生的入学登记表、体检表、成绩单、学生的日记、周记、班级日志、奖惩记录、学生的作业、答卷以及班级相关情况的统计记载等各种资料。

2. 运用方法

班主任通过对这些资料的查阅,可以获得对学生个体及班集体的历史状况的基本了解。它要求班主任在查阅运用资料时把握好以下的方法和技巧:

(1)要以发展的观点分析运用有关资料。资料记录的主要是学生和班集体的历史状况,是对学生个体和班集体过去状况的反映。它是班主任了解和研究学生及班级状况的基础;但是学生和班集体是在不断发展变化的,不能把资料所反映的情况作为认识把握学生、班集体状况的唯一依据,班主任更不能受资料中鉴定和评价的影响,以"定向思维"和"先入为主"的形而上学的思维定式来看待和评价学生及其班集体。特别是对犯过错误的学生,班主任更不能用"老眼光"看死他们,而要以发展的观点来看待他们。

(2)要以全面的观点来分析有关资料。书面资料记录的有关情况是局部的、有限的,不可能完全反映学生的全貌。同时,由于受主客观条件的影响,资料具有他人经验、思想、观点的烙印,所反映的情况并不一定完全正确和准确,甚至会有片面性。班主任分析运用资料时,要有全面的观点,切忌以偏概全。要充分重视对这些资料的分析和研究,但是又不能拘泥于这些资料;更要着眼于在现实条件下,对学生具体表现的全面情况进行了解和把握。班主任要随时注重现实资料的搜集、积累和分析,如学生的周记、班级日记。班主任可以通过学生的日记、周记、作文来了解学生的内心世界,能从里面获得不少平时无法发现的信息,以获得对学生和集体的全面情况的了解和掌握。

(3)要善于借助其他的方法,使资料分析法发挥更好的作用。能借助于书面有记载的资料作为了解、研究、分析学生的重要依据,这是资料分析法的长处。但是它没有观察法获得的信息来得细致和直接,也没有谈话法获得的信息来得及时和全面,更没有调查法获得的信息资料来得深入。因此,资料分析法要与观察法、谈话法、调查法以及其他方法结合起来运用,这样能够把对学生的历史了解和现时了解研究结合起来,把静态的了解和动态的了解研究结合起来,使班主任对学生和班集体情况的了解和把握更加细致、更加深刻、更加全面,有利于增强班主任工作的针对性和实效性。

(4)为了充分发挥资料的作用,在查阅资料的过程中,要做好基本情况和特殊情况的资料摘录,便于使用时查阅。

观察法

1. 基本概念

观察法,是指从一定的目的和任务出发,用自己的感观去"视其所以、观其所由、察其所安",直接了解学生和班集体现实表现情况的方法。观察法可以直接了解班集体以及学生的言论和行为,是了解和研究学生所采用的基本方法之一。苏联教育家赞可夫说过:"对于一个有观察力的教师来说,学生的欢乐、兴奋、惊奇、疑惑、恐惧、受窘和其他内心活动的最细致的表现,都逃不过他的眼睛。"因此,班主任在工作的实践中要不断努力锻炼自己的观察力,不断增强自己的观察本领,这也是班主任的基本功之一。

2. 基本要求

对学生的观察不仅是有目的、有计划地进行的,而且要求反复、随时进行。同时,观察法又称自然观察法,即在观的过程中不加任何控制条件。因此,班主任运用观察法时,要把握以下基本要求:

(1)通过自己的教学活动对学生进行观察。这是对学生进行观察的重要渠道。班主任可以通过自己所任课程的教学,对学生进行学习的目的、兴趣,学习的主动性情况,学习能力水平,遵守纪律的状况,与班集体和同学的关系等方面的观察。

(2)通过班集体组织开展各种类型的活动来进行观察。在开学之初组建新的班集体时,可以通过学生的自我介绍,对学生的爱好、特长、能力及其过去的个人经历等有基本的了解。通过组织班集体的校园劳动,观察学生劳动的态度、表现,劳动的技能、组织能力和与同学的合作态度等。通过班集体的各类活动,如时事讲评、主题辩论、文娱体育和社会实践等,能够进一步了解和研究学生的道德品行、兴趣特长、技巧能力等,有利于全面了解和把握学生的情况。

(3)在日常的学习生活和工作实践中加以观察。在日常的学习生活中,个人的自由度要大些,学生的个性会比较张扬,班主任要在与学生的共同活动中,善于与学生"打成一片",在互相频繁交流的过程中察言观色,洞悉学生的行为举止,透视学生的心理变化。这种在常态下的观察,一般能够获得对学生比较真实的、内在的了解和把握。观察后,班主任要做好观察的记录,以利于对观察的积累材料进行综合研究分析。

3. 运用方法

(1)有意观察和无意观察。有意观察,是班主任要利用一切机会、一切场合,有意识地捕捉学生的各种表现,如要观察学生到校时间的早晚、作业完成和上交的情况、值日完成的情况等。班主任特别要细心观察学生情绪的变化,注意哪些学生情绪有反常:过去好动,今天总发呆;过去文静,今天好激动;过去乐观,今天郁闷,等等。这些都是班主任有意观察的重点。无意观察,是不期而遇之中得到的观察,这样观察到的情况往往更为真实。如在下课放学时,班主任无意中看到某个平时表现较好的学生干部把糖果放到嘴里的同时,把糖果纸随手掷到地上。班主任便进一步观察,发现这个学生在不同的场合均有这样的习惯。于是班主任进行了针对性的教育,收到了较好的效果。也是在一次无意间,班主任发现一个在平时表现一般的学生喜欢"管闲事",在班主任相机诱导下,以后这位学生成了班级的"管闲事"大王,对班集体的创建起到了很好的积极作用。

(2)普遍观察和重点观察。普遍观察是指对班集体生活中的一切领域都要观察,对班级中的每个成员在一切领域的表现都要观察。因为班主任的时间和精力是有限的,这种观察只能是粗略的和大致的,因此还需要在此基础上进行重点观察。这种重点观察,一是指对班集体生活的重点观察,如课堂学习、班集体的团队精神、集体活动开展的能力和水平等;二是指对班集体成员的重点观察,如班干部、特长生、后进生等。

(3)远距离观察和近距离观察。有些学生的自控能力比较差,班主任老师在教室里时,他们往往表现较好,而老师一旦离开教室,他们便会露出"庐山真面目"。同时,有些学生,特别是一些女生,在老师面前比较收敛,在老师背后,就会显得比较放松或者放纵。因此,班主任如果能远距离地观察学生的表现,就会发现每个学生真实的自我,以便掌握可靠的第一手资料。有一个女同学,学习成绩在班里中等,在班主任老师的印象里,这是一个很普通的学生,学习比较认真,在老师面前还有点内向。但是后来,班主任老师通过远距离的观察,发现这个同学在老师背后的表现

141

完全是另外一个人,很活跃,也很聪明,有较强的组织能力和号召力。于是,班主任老师安排她担任班干部,还经常让她组织一些活动。这个同学不但把班级的各项工作搞得很出色,渐渐地,她的学习成绩在班里也冒尖了,而且在老师面前也变得活泼起来了。近距离观察主要指观察学生的直观特点,如外貌、衣着、言谈、举止等,对班主任来说并不困难。但那些隐藏在学生外表下面的内心世界,需要教师进行潜心深入地观察,才能了解。这里尤其需要班主任通过读解学生的身体语言,对学生进行深入的观察。心理学认为人的心理活动一般会直接影响人的动作、姿势、表情、目光等,因此人的动作、姿势、表情、目光在很大程度上代表着人的心理活动。比如目光可以传递最细腻的感情。在与学生的谈话过程中,如果学生能正视教师,说明他在认真听取教师的话;如果学生不敢正视教师,说明他对教师有畏惧感;如果他目光飘忽不定,东张西望,说明他心不在焉,或对谈话不感兴趣。班主任通过对学生身体语言的观察分析,了解学生的个性特点,才能更好地研究更有效的教育方法,使学生更健康、更快乐地成长。

(4)专题问题纵横结合的观察。班集体及其学生处于小学、初中和高中不同的学习阶段和年级段,他们的生理、心理、关注的焦点及其需要解决的重点和难点是各不相同的。班主任为了提高教育和管理的针对性,需要结合学生实际,确定专题观察班集体和学生的表现,可以采用纵横结合的方法进行观察。纵向观察,根据专题的要求,在同一个班级内选择几个人或若干小组,观察他们在不同阶段的不同表现,进行比较。横向观察,根据专题的内容要求,在一个确定的时段,在同一年级中,选择几个学生或几个小组,对他们的表现进行观察,进行横向的比较。专题观察内容集中,且具有较强的针对性。

(5)定性观察和定量观察。常用的定性观察一般用于观察单个学生或者学生团体的性质和特点,以及断定事件和现象之间是否有关系的观察。一般描述单个学生和学生团体活动的范围、程度、规模等数量方面的观察称为定量观察。定性观察一般是对学生个体的性质、特征等方面的区别与比较,如先进、中间、落后等。定量观察大多用于对学生个体和班集体的各种数量指标的记录和描述,一般需要借助统计和记载,其中包括学业状况、参加劳动等为集体服务的情况、遵守纪律状况等的统计和记载。定量观察的原始素材,要进行整理分析后才能得出确切的结论。

谈话法

1. 基本概念

谈话法,是指通过谈话的方式,获取对学生和班集体情况的了解的基本方法。谈话是一种双向活动,无论是交流还是座谈,都是一种思想、观念、情感的交流。它不仅需要真诚和信赖,而且更需要机智和艺术技巧,只有这样才能达到谈话的预期效果。

2. 主要形式

谈话法是班主任了解和研究学生的主要方法,运用得当可弥补观察法的不足。班主任了解和研究学生,普遍运用谈话的方式,而形式是多样的,主要有以下几种:

(1)个别谈话。这种谈话是班主任与学生一对一的谈话。谈话的内容不宜在公开场合公布,或者必须通过个别谈话才能了解情况时,一般采用个别谈话。

(2)小范围谈话。如需要了解某一问题的来龙去脉,或者需要了解和征求相关的意见和建议,一般采用小范围内谈话或者座谈会形式。如班级发生了某一纠纷事件,班主任需要同时找一些了解事实真相的学生进行谈话,以了解真相,处理解决。如班主任需要征求学生对班级工作的意见等,可采用让一些具有代表性的学生参加座谈会的形式。

(3)书面谈话。这种谈话是采用书面形式与学生进行谈话。如寒暑假中,与学生采用通信的方式(包括电子邮件)联系,或者班主任感到某些问题与学生当面直说不很方便时,也可以采用书面留条、通信的方式交谈。

(4)家访谈话。通过家访谈话,了解学生的家庭情况、学生在家的表现等等。这种谈话,最好是学生、家长、教师共同参与。

(5)电话谈话。城市或经济发达的农村地区的大多数学生家庭都有电话,电话不失为一种快速的现代化的谈话手段。用电话与学生或者家长谈话,一般以安排在晚上或双休日为宜。电话谈话要事先准备好谈话要点,语言要简洁、明了,时间要短。

3. 运用方法

(1)把握谈话的时机。在新学期开学之初,学生有新目标、新打算,希望班主任能够给予指导性的帮助,在这时,班主任主动找学生谈话能够取得较好的效果;在学习、思想及其他方面取得成绩和进步时,学生希望得到班主任的肯定和鼓励,这时,班主任主动找学生谈话,双方的心情都比较愉悦、比较放松,谈话能够取得良好的效果;在学习、工作、生活中遇到困难、挫折和不顺时,学生希望得到班主任的理解和帮助,这也是谈话的好时机。特别是学生中出现了比较大的问题后,班主任更要把握好时机。有的需要一出问题"及时"地谈;有的则需要在问题发生后"冷一冷",让学生"想一想"后,再"理性"地谈话,效果则更好。

(2)选择谈话的场合。在找学生谈话时,不少班主任喜欢把谈话地点放在办公室,很少考虑学生的心理感受。事实上,从学生的内心感受出发,办公室并不是谈话的最佳地点,这是因为:其一,老师的办公室会给学生一种威慑力、压抑感,使得学生不能轻松自如地、真实地表达自己的想法。其二,在办公室里往往还有其他老师的存在,这会使学生在谈话时心理上不能很放开,从而影响学生真实思想的流露,影响学生与老师的感情交流。其三,到老师办公室去,往往会被同学误认为是"犯错误了"或者"打小报告"等,无形中降低了学生在同伴中的威望,给学生造成一种心理压抑或心理逆反。因此,班主任与学生的谈话,要根据谈话的内容和要求,认真考虑和选择谈话的合适地点。有的谈话应该选择在僻静处与学生单独谈;有的可以利用课余、课外,在公共场合与学生漫谈;有的要使学生感到问题的严重性,应找一个安静且严肃的地点谈话,有利于学生的思考等。班主任要尽可能地创造条件,使学生能够畅所欲言,从而提高谈话的效率。

(3)要根据谈话对象的不同特点,选择不同的谈话方式。与自尊心和逆反心理比较强的学生谈话宜选择商讨式的谈话方式。班主任要以平等、尊重和亲切的态度,采用与学生商讨问题的方式进行谈话,也要允许和鼓励学生进行辩解,这有利于问题的澄清和解决。商讨式的谈话法有利于师生之间消除成见,排除双方传递信息的障碍,为深入的谈话创造条件。与善于独立思考、自我意识强、同时又心理敏感、疑虑性比较强的学生谈话宜选择点拨式的谈话方式。这种学生自我意识强,独立感受能力强,用暗示手段或者借他人之事,或用成语、谚语等简明的语言方式进行谈话,能够取得较好的效果。与自我防范性比较强的学生谈话宜采用突击式的谈话方式。这类学生犯了错误一般不肯轻易认错,事后会矢口否认,或把错误转嫁他人,班主任要充分利用刚发生的冲突性事件,进行突击性的谈话,能够起到冲破心理防线的作用,获得较好的谈话成效。与性格比较内向、孤僻且自卑的学生谈话宜采用渐进式的谈话方式。与这类学生谈话,班主任若过于直截了当,语言冲击力比较强,学生往往会沉默不语。因此谈话要缓缓推进,选择有共同语言的话题,分步进行,渐渐地将谈话引入主题。与依赖性和惰性比较强的学生谈话宜采用触动式的谈话方式。这类学生惰性比较强,自我独立思考的能力比较弱,班主任和其谈话时,可以采用语言尖锐深刻、态度严肃的谈话方式,有利于使其产生思想上的震动。班主任要根据谈话学生的不同发展阶段和发展水平,选择不同的谈话内容和谈话方式。一般对年龄小的低年级学生的谈话,宜采用形象、具体、生动的语言;对年龄大一些的高年级学生的谈话,宜采用理性分析的谈话方式。班主任与学生谈话时,要针对谈话对象的不同发展水平,选择不同的谈话内容,谈话所采取的方式也要有所不同。对于学生干部和素质比较好的学生,谈话内容主要是关心他们全面的进步与发展,谈话可以采用开门见山、进行研讨的方式;对于有较大缺点的后进学生,谈话的主要内容重在关心他们前进中的困难和分析后进的原因,发现和揭示他们尚未开发的潜能。谈话可以是共同分析和研究克服困难、走出困境的途径。谈话对象的心态,直接影响到谈话的效果。一个班级五十名左右的学生,人人有思想,人人有个性,如不了解他们的特点,谈话就很难收到良好的效果。

(4)讲究谈话的语言艺术。班主任的谈话艺术,还表现在他们谈话的语言艺术上。有言道:"一人之辩,重于九鼎之宝;三寸之舌,强于百万之师。"这说明高超的语言艺术具有非凡的魅力。班主任要通过语言与学生进行谈话,传达情感,交流信息,增进了解。因此,班主任需要不断提高自己谈话的语言艺术,借助具有情感性的语言交流,达到对学生了解、研究、教育的目的。谈话语言包括口头语言和肢体语言。班主任和学生谈话的口头语言艺术主要表现在:其一,主题要明确。主题是语言所要表达的中心思想,主题不明确,会使学生在谈话时难以把握谈话的中心,会使学生不知所措,班主任也难以获得需要了解和研究的相关信息。其二,语言要准确。语言的表达不要似是而非,不要使用不恰当的比喻、不准确的概念。语言的表达要准确到位,使学生能够很快明白谈话的要求,领悟谈话的意义,这样谈话的效率会比较高。其三,语言要生动真切。语言的表达要以情晓理,理寓于情之中。语言生动真切,才能真正激发人的情感,打动对方,感动对方,使双方能够进行情感的交流,能够较快进入谈话的境界。其四,语言要幽默。幽默指用诙谐、含蓄、发人深省的语言说出严肃的道理,比直截了当的表达更能使人接受。班主任谈话时,运用幽默的语言,能够起到开怀释然的作用,能化解学生紧张的心情,能拉近师生之间的距离,弥补两者在年龄、地位、认知、阅历等方面的鸿沟。在与学生的谈话当中,有时候一句幽默的语言,往往能收到意想不到的效果。有声语言是谈话的主要工具,班主任在谈话时,还要善于借助副语言的功能,即语言声音的高低、长短、快慢、间隔、轻重、起伏等来提高语言的感染力和影响力。

(5)善于运用肢体语言。班主任还应该充分运用肢体语言,即用面部的表情、眼睛的神情、嘴角的牵动、脑袋的偏向、举手投足、上肢的倾斜方向等来表达自己的态度和情感。这样能够对有声语言起到很好的辅助作用,有时肢体语言还能起到有声语言所难以起到的作用。

班主任找学生谈话,从学生的角度来说,哪怕是学生干部,总有点严肃,有点紧张。若是后进学生,甚至会产生害怕、逆反的心理。若是处于这种心态,学生心灵的大门往往是关闭的,谈话往往是应付式的,那么就很难了解学生的真实情况。班主任要充分运用自己的肢体语言,以尽快缩小与学生谈话的心理距离。当学生感到班主任是可以信赖的朋友时,他便会敞开心扉,倾诉心里话。班主任就可以因势利导,使谈话能够达到预期的目的。

班主任与学生谈话时,要善于运用自己的肢体语言。慈母慈父般的真诚拥抱、大哥哥大姐姐式的拍肩握手、朋友般真诚的鼓掌拍手、竖起大拇指的赞扬,都能够为师生的谈话创造良好的氛围。如班主任要注重与学生谈话的距离和姿势。有实验研究表明,班主任与学生谈话时,身体应向学生方向微微倾斜,且两个人谈话的距离一般不要超过3.5英尺(大约1.1米),与小学生谈话可以"蹲下来"。这样有利于缩小师生之间的心理距离,也有利于班主任近距离观察学生谈话时所流露出来的表情和内心细微的变化。但有不少班主任在谈话时,不注重把握距离的艺术。教师坐在讲台上,学生站在讲台下,好似学生在受审。这种做法,使学生难以感受到教师的爱生之情,甚至会造成学生的自卑感和抵触情绪,无疑拉大了师生之间的心理距离,双方就难以深入交谈。因此,谈话时,要促膝交谈,坐得近一点,这样自觉不自觉地缩短了彼此之间的心理距离,使学生感到班主任可亲可近,为全面深入了解学生创造了很好的心理氛围。

　　班主任与学生谈话时,一个热情洋溢的微笑、一个真心期待的目光、一个微微赞许的点头,都是友好的肢体语言,都表达了对学生爱心的情感,会给学生一种信任感和亲切感。班主任在与学生的谈话中,要充分运用表情语言,为师生的沟通提供良好的心理基础条件。实践证明,在两个人的接触中,如果相互目光正视,则意味着彼此有深谈的兴趣。但是,有些班主任在与学生谈话时,或边抽烟边谈话,或边看书边写字边听学生讲话,谈话时表示出一副漫不经心的样子。这种肢体语言会极大地挫伤学生的自尊心,他们觉得老师看不起自己、不重视自己,容易产生心理闭锁,会不愿意把谈话继续进行下去。因此,班主任在与学生谈话时要举止得体、姿势正确、动作协调,要面对学生而坐,目光专注,以平等的身份与学生交谈,认真倾听学生的谈话,表现出对学生谈话的兴趣和关注。这样,会使学生觉得老师善良、关爱和平易近人,就会解除他对教师的戒备心理,双方会形成"不设防"的和谐谈话关系,谈话就能取得满意的效果。尤其与小学和初中的低年级学生谈话时,班主任更要以鼓励、赞许的目光,予以暗示,不要让他们感到害怕,而要让他们感到老师是朋友,愿意说出自己的真心话、知心话。只有这样,班主任才能获得学生真实全面的信息。如在谈话过程中,面对学生的一些错误态度,班主任可用温和的微笑表示否定,表现出教师的宽容与气度,可消除学生的疑惧心理,有助于情感的交流,缓和谈话的气氛。面对学生的积极配合,以微笑表示肯定,可增强学生的自信心和与班主任之间的情感因素。面对学生提出一些不宜回答的问题时,可以微笑作为回答,能取得"此时无声胜有声"之效。科学家高士其就说过:"笑是美的姐妹,笑是善的良友,笑是爱的伴侣……笑有笑的教育学。"笑可以缓解人与人之间的关系,笑能增强师生之间的友谊,达到相互信任、相互理解,笑同样也为师生之间的谈话开启了一扇心理不设防的大门。

调查法

1. 基本概念

它是指为了获取对被调查者情况的了解,有目的、有意识地采取一定的科学方法和手段,搜集有关信息资料,然后进行整理、分析、加工,以得出结论的一种方法。它是获得对研究对象情况的深入了解和把握的一种基本方法,也是班主任深入了解和研究班级及其学生个体情况的重要方法之一。我们常说:"只有调查,才有发言权。"同样,在了解和研究中小学生的过程中,班主任切忌只听一面之词,或只凭自己所看到的表面现象妄下结论,更不能以成见或主观想象进行臆断。应从多方面了解情况,广泛听取意见,开展深入的调查研究,才能全面真实地了解和把握学生的情况,才能有针对性地开展班主任的教育工作。

2. 调查对象

调查的对象一般包括学生(同伴)、学生的家长(亲友)、教师(任课教师、原学校的教师和班主任)以及与调查内容相关的其他对象等。调查的对象要具有代表性,使获取的调查材料具有全面性。要注意调查对象与被调查对象的人际关系状况,使调查的材料具有客观公正性。调查的内容要根据调查的主题来加以确定,调查所获得的资料,要及时准确地记录。

3. 基本类型

根据调查的需要,调查法可以分为普查法、抽样调查法、典型调查法、个案调查法等。

(1)普查法。普查法也称全面调查法,这种调查法主要是对所要了解和研究的对象进行无一遗漏的全面调查。班主任要获得对班级每个学生情况的了解,就需要采用这种全面调查法。如班主任接手一个新的班级时,可以通过向全体班级成员发放《学生基本情况调查的问卷》来获得对全部学生的基本情况的了解和把握;班主任需要获得班级所有学生的兴趣爱好的情况,就可以通过向全体学生发放《学生兴趣调查表》的方法进行调查;当班主任需要获得全体学生对于团的知识了解的情况,对于班级工作意见、班主任工作意见和任课教师教学情况的反馈意见等时,都可以通过这种形式来进行调查。

(2)抽样调查。它是根据概率论的原理,按照随机原则,从调查对象中抽取部分对象进行调查,用以推断总体的调查方法。如班主任为了获得对学生某方面情况的了解,可以采取向部分学生发放调查问卷、表格的方法来进行调查,也可以召集一些学生进行调查访谈。《班级工作评价调查》《任课教师教学情况评价调查》《班主任工作情况评价调查》也同样可以采用这种方法。这种调查方法调查的对象虽然是部分学生,但同样可以由此推断,得到对全体学生情况的了解。这种调查方法便于对情况的整理和统计。

(3)典型调查法。这是为了进一步深入获得对某一典型问题情况的了解,从调查对象中选择一些具有代表性的个人或者团体,进行深入全面地调查,借以获得全体对该问题的深入了解和把握情况的一种调查方法。针对班级学生中存在的比较具有典型意义的问题,班主任必须开展一些典型的主题进行调查,才能比较深入地了解学生的状况,以便采取有针对性的教育措施。如有一位班主任老师发现班级里有小部分同学不爱参加集体活动,不与他人主动交往,行为举止显得很不合群,则这种行为在班级中具有一定的典型性。为了优化这些孩子的个性特点,增强他们的社会适应能力,培养他们健康良好的个性品质,这位老师运用了典型调查法,了解了这些学生产生孤独感的原因,并采取对症下药的教育措施,让这些孩子走出孤独。

(4)个案调查。它又称个别调查,是指为了解决班级学生的某个突出的问题,对其个人和相关的对象进行全面深入的调查方法。如班主任发现某一学生父母亲的离异严重影响了该生正常的学习、生活。为了了解该学生的有关情况,可以采用个案调查方法,以获得对这一学生情况深入和全面的了解,有针对性地提出解决问题的途径和方法。

4. 运用方法

班主任了解和研究学生所运用的调查法,其采用的主要方式和手段是访谈调查和问卷调查。

(1)访谈调查艺术。访谈调查是把一些调查对象召集起来,一起进行面谈,也可以采用个别走访的方式进行调查。班主任了解和研究学生的访谈对象主要是进行"三访":其一,访问同学、同伴。乐意与同学、同伴交往是孩子们的天性,因为年龄差不多的孩子往往有相同的兴趣和爱好,有相似的生活经验与经历,他们之间更容易沟通和理解。在与同学、同伴的交往中,他们容易展现出真实的自我,同学、同伴互相之间的了解,就更真实、更深入一些。班主任要善于向学生的同学、同伴了解情况,但要注意调查策略,以免让被了解的学生的同伴反感。不然,不但达不到了解的目的,反而还会起反作用。其二,访问家长。家庭是孩子们成长的天然温床,在家里,孩子们自在、活泼、轻松、毫无顾忌地展示自己。班主任老师要多与家长交流、沟通,尽可能多地从家长那里了解到学生的不易被外人所知晓的真实状况。其三,访问任课教师。学生身心发展具有的阶段性、不成熟性,使得小学生的表现往往具有不一致性和不稳定性的特点。在这件事情上,表现出这样的特性,而在另外的一件事情上,可能表现为那样的特性。在这位老师面前是这种表现,而在另一位老师面前又是另一种表现。因此班主任要经常向任课教师了解学生在课堂教学中的表现,以更全面、准确地了解和把握学生的情况。

（2）问卷调查艺术。把调查的内容编制成问题或者表格形式,让调查对象进行笔答,限时填写回收,进行汇总分析,以获得相关的信息资料。问卷调查的方法比较简便,问卷发放的调查对象范围可以比较广泛,也比较容易统计整理,容易获得有价值的材料。首先,关键是要设计好调查问卷,问卷的每个问题要紧紧围绕调查的主题进行设计,语言要通俗、明白、扼要、准确,不会产生歧义,也不宜太烦琐。其次,要做好动员工作,尤其要写好问卷前的指导语,说明目的、意义、要求,使调查对象能够准确填写问卷,同时,指导语要使人感到亲切实在,让调查对象愿意积极地配合,填写好问卷。再次,问卷的署名,要根据具体情况而定,一般调查后意见需要个别反馈解答的,可以要求署名,其他的调查问卷,一般不要求署名。这样可以使调查者少些顾虑,能够反映真实的思想,使调查的结果更能够反映真实的情况;如果因调查的特殊需要,调查问卷也可以让调查对象写清楚其基本情况（姓名、性别、年龄、职业、文化程度、所在单位等）。

班主任如何协调各方面关系

班主任要对班级学生的德、智、体、美、劳等方面的全面发展承担重要的责任。班主任的工作非常复杂而又烦琐,而且涉及大量的方方面面的相互关系。因此,班主任需要努力提高自己的协调能力和协调水平,主要是要协调好与学校领导、与任课教师、与学生家长的关系,以便更好地提高班主任工作的效能。

与学校领导的关系

学校领导是学校管理系统中的最高层次,处于统揽学校全局的重要地位,担负着整个学校教育工作的重要任务。班级是学校工作的有机组成部分,班主任是学校领导进行各项教育工作的得力助手。因此,班主任协调好与学校领导的关系,不仅有利于学校教育工作的顺利开展,更有利于班级的工作得到领导的支持和关心。如果班主任工作能够得到领导的支持、理解和鼓励，就会使班主任更全身心地投入，从而促进班级教育管理工作的顺利进行；反之，如果班主任与学校领导之间关系处理得不好或发生矛盾冲突，往往会影响班主任的情绪，使之陷入烦恼，降低其工作热情，直接影响他们的工作。所以，班主任应该重视与学校领导协调好关系。那么，班主任应该掌握哪些协调与学校领导关系的艺术呢？

1. 尊重和服从

建立和发展与领导的良好关系，是班主任协调关系的重要内容。学校的领导一般不止一位，而是一个班子，有负责全面工作的，有负责某个方面工作的，要协调好与领导的关系，就要协调好与学校各级领导部门和班子的关系。首先，要端正动机，不要从个人的目的或者私利出发去搞关系，要一视同仁地对待所有领导和各级领导部门，不要根据权力的大小，看人下菜；更不能为了讨好某位领导或者某些部门，随意议论或贬低其他领导或其他部门。其次，要有尊重和服从意识。下级服从上级是基本的组织原则，班主任要认真理解和执行领导的意图，若领导的意见是正确的，要结合班级实际认真执行；若对领导下达的意见有不同看法，可以与领导及时交换意见，以达成共识，切忌散布不负责任的言论。领导有困难或者工作有失误时，不拆台，不看笑话，要主动排忧解难，帮助化解矛盾。再次，班主任工作要按照领导分管系统向分管领导请示汇报，一般不要越级请示或者汇报工作，以避免造成不必要的误会和麻烦。

2. 相互理解

班主任和学校领导都在各自不同的岗位上承担不同的社会角色，由于角色地位的不同，角色任务、角色责任也不尽相同。学校领导更多的是站在学校全局的角度来筹划、部署工作，而涉及某个班级的具体的教育管理就不可能面面俱到；而班主任面对的是一个班级，考虑问题总是从本班工作的实际需要出发，而往往对学校全局的情况缺乏了解和掌握。因此，两种角色考虑问题的角度就会有所不同，由此容易产生矛盾或者冲突。比如：差异学生的分班搭配、各任课教师的安排、学校卫生包干区的划分、学校各种集体活动的评比等，均会涉及班级的局部利益，可能会出现某些不合理性，也有可能要让有的班级在某些方面发扬风格，做些必要的让步。这对班级来说，可能是"吃亏"或"不合理"的，但是，如果站在领导的角度来看，这样做是"合理的"、"必须的"，何况，合理本身就是相对的。

151

这就需要班主任要有全局意识,要能够设身处地、将心比心,以"角色换位"来考虑问题,这样就不会产生心理的不平衡、抱怨乃至情绪低落而影响工作。相反,要以热情的态度、宽广的胸怀理解和支持领导做出的决定,并想方设法把班级的工作做好。

3. 相互沟通

根据心理学理论的人际交往"频率效应"和"距离效应"原理的要求,班主任要协调好与领导的关系,必须自觉、主动与学校领导进行交往,及时沟通信息。"频率效应",是指人们之间交往频率越高,越容易形成密切的关系。"距离效应",是指人们的地理位置越近,就越易于建立友谊关系,越易于互相了解。所以,班主任要利用人际交往的心理效应,通过经常、及时、主动地向领导征求有关班级建设的计划、教育活动设计以及实际工作等方面的意见,争取他们的指导和支持,使班主任工作少走弯路,使班级工作与学校整体工作保持一致。这样也有利于将班级工作纳入领导的视线,使学校领导及时掌握第一手资料,比较全面地了解和掌握

班主任工作的情况,进而更加理解和支持班主任工作。这种频繁的交往,密切的联系,能收到思想沟通和情感交流的效果,缩短了班主任与学校领导之间的心理距离,促进了相互之间的心理相容性和工作的互动性。在与学校领导的交往中,要注意克服两种心理状态:一种心理是,怕与领导频繁交往,被误解成"跑上层、拍马屁";另一种心理是,被动等待,消极应付。前者是观念上的束缚,后者是思想行动上的消极态度。

4. 有所作为

协调好与学校领导的关系,重要的一点是强化责任意识。立足班级这一基层岗位,认认真真、踏踏实实地履行好班主任工作的职能,包括教育、管理、协调和活动职能,并且要结合班集体实际,创造性地开展班级工作。学校的一切工作都是要通过各部门,尤其是学校的基层组织班级的通力协作来完成的。班主任是学校的基层工作者,班主任的工作责任心、工作态度、是否能够创造性地开展班级工作,直接影响到学校各项工作的完成,影响到学生的成长,影响到班主任与学校领导的关系。因此班主任要服从学校领导的统一部署,接受统一安排,勇于挑重担,尽心尽责地完成各项教育工作。班主任不仅要积极主动、创造性地做好工作,同时也应该虚心地接受学校领导的指导。一般说来,班主任工作越干得好,业绩越突出,领导就越满意、放心,就越能得到领导的重视和支持,上下的协调沟

通渠道就会更多、更畅通和更有效。

与任课教师的关系

学生的教育,不仅仅是班主任的责任,而且也是包括学校领导在内的全体教师的共同责任。任课教师是对学生进行教育的重要力量,任课教师通过日常的教学活动和与学生直接交往的形式,无时无刻不在对学生的政治思想、学习态度、学习爱好、行为品质产生重要的影响。因此,班主任要充分利用任课教师这股重要的教育力量,协调好与任课教师的关系,将各任课教师对学生的分科教育汇聚成有机统一的整体教育。教育工作需要整体的配合,形成教育合力对于做好班主任工作同样具有重要的作用。班主任要做好班级工作,管理好一个班集体,使全班学生德、智、体、美、劳全面发展,涉及的问题很多。但其中,作为班级工作的核心人物——班主任能否与班上所有任课老师处理好关系,能否形成和睦共处、齐心协力的工作环境,对班级工作起着至关重要的作用。

班主任与任课教师之间的关系协调,需要注重以下几个方面的工作艺术:

1. 主动沟通

为了使任课教师之间保持思想政治教育方向的一致性、教育要求的同样性、教育活动的协调性,班主任要主动向任课教师介绍本班学生的情况和班集体建设的目标和活动安排,包括全班的学生人数、男女学生比例、班委的组建、班干部的配备、学生的品行、学生的学习态度、学习成绩以及家庭概况等,还包括班级围绕学校教育的培养目标而开展的思想道德教育、组织的班级活动、学习目标和文体活动等。同时,要认真听取任课教师对学生情况的反映和对班级工作的看法、建议,相互沟通信息,取得对学生教育的共识,统一对学生的要求和教育的步调,形成互相支持、密切配合的教师集体,使各任课教师的影响和教育力量统一起来,使课堂教学成为目标一致的教育环境,形成一种有力的教育力量,共同搞好班级工作。尊重任课教师对班级工作的建议与意见。在现实工作中,希望得到别人的尊重是每个人的正常心理,任课教师也不例外。一个班级的教学人员组成后,作为班主任老师,在拟订班级工作计划、班规,选配班干部与课代表等工作中,如果能尊重、采纳任课教师提出的建议和意见,并付诸实施,不仅能促进工作、激发他们关心班级工作的热情,同时还能消除

原有的种种顾虑,互相配合,同舟共济;若认为任课教师的意见和建议无足轻重,消极对待,不仅会挫伤他们的积极性,还会出现相互埋怨的现象,以致影响教育合力的形成。

2. 尊重并树立任课教师的威信

要教育学生尊重任课教师,首先,对所有的任课教师都应该有礼貌,认真听课,按时完成作业。教育学生以同样的态度对待学校设置的每一门课,不能只重视主课,忽视副课。虽然各课程的要求、周课时数是不同的,但是所有知识的地位是平等的,都是促进学生健康成长的重要组成部分。要求学生要同样重视每一门课程。尊重每一位教师。班主任要利用任课教师到本班第一次上课、参加学生活动、学生自修等机会,主动热情地向学生介绍每一位任课教师的优势和特长,缩短师生之间的心理距离,树立任课教师的威信。班主任要指导班级学生主动邀请任课教师参加班级的有关活动,如春游、野营、游览、新年联欢会、文娱体育比赛、诗歌朗诵、主题班会等,既能增强任课教师之间的感情,又能密切师生之间的情感。其次,要严禁学生中不尊重任课教师的言行。这是尊重任课教师的另一个重要方面。作为班主任,如果只重视自身对任课教师的态度,而忽视了学生对任课教师的不礼貌言行,那结果只能是前功尽弃。所以,班主任老师要充分利用各种机会,经常对学生进行热爱、尊重任课教师的教育,尤其是当学生提出任课教师在教学中的不足或存在一些问题时,更要在维护任课教师应有地位的前提下,正确引导学生一分为二地评价任课教师,多做学生的思想工作,正确对待任课教师在教学工作中的不足与失误。作为班主任老师,切忌在学生中间或与学生的谈话中抬高自己而贬低任课教师;更不要道听途说,轻率对任课教师下结论,长不正之风的"志气",灭任课教师的"威风"。再次,要主动协助任课教师处理教育教学中出现的问题。作为任课教师,教育教学中,也会经常遇到有待解决的许多问题。作为班主任老师,不能把任课教师在教育教学中遇到或发生的问题简单而又片面地归结为那是他们自己的事,应由他们自己去解决,与己无关,或袖手旁观,或有意回避。要理解和明白协助任课教师解决教育教学中出现和遇到的困难,与解决班级工作中存在的问题是密切相关的。从某种意义上讲,任课教师要解决的问题,就是班级工作中要解决的问题之一。

3. 创造教学环境

良好的教学环境,有利于学生智力的开发、学风的养成和品德的培养,也有利于教师保持健康的情绪、良好的教育教学状态,有利于实现师生教与学的双向良性互动。要创造良好的教育教学环境,首先,班主任应要求学生遵守课堂纪律,情绪饱满,精神振奋,上课专心听讲,善于思考,积极发言,保持良好的精神状态。其次,班主任要通过良好的人际关系,要求任课教师尊重学生,保持积极健康的精神状态,注意以身作则、为人师表。其三,要求班级的教室卫生整洁,布置美观、舒适,文化氛围浓,使教师在和谐的人际环境和洁净、舒畅的教室环境中进行教学和教育。

4. 形成"群体效应"

班主任不仅要协调好与任课教师之间的关系,还要协调好学生与任课教师之间的关系、任课教师们之间的关系、平行班班主任之间的关系。通过各种关系的协调,发挥"群体效应",出色地完成教育教学的任务。

(1)班主任在协调学生与任课教师之间的关系中,要坚持公平、公正,客观合理。当学生与任课教师之间发生矛盾时,班主任一定要坚持实事求是、客观公正的原则,既维护任课教师的威信,又要让学生心悦诚服。切忌草率简单行事,既不能压制学生,也不能偏袒学生,否则,只能是激化矛盾,使教师与学生关系陷入紧张的状态。对任课教师对学生的合理要求,班主任要态度明朗,予以支持;同时,对学生对任课教师的意见也要具体分析,并要善于与任课教师沟通,恰当反映、慎重转达学生对任课教师的意见。金无足赤,人无完人,每位任课教师的教育教学工作有长也有短。这一点,学生的感觉很灵敏,他们会及时而又毫无保留地反映到班主任老师处。作为中枢站站长的班主任老师,如果不及时转达学生的意见,不仅存在的问题得不到迅速解决,也不利于任课教师改进教学方法,提高教学水平。但如果转达时的场合不恰当,言语不委婉,不仅达不到预期的目的,还会影响任课教师的工作情绪,影响师生关系。班主任对于学生偏激的情绪甚至错误的要求要理直气壮地予以指出,进行教育引导,真正发挥班主任在学生与任课教师之间的"桥梁"作用。

(2)班主任要善于协调与各任课教师之间的关系,维护教师集体的团结。由于各任课教师多从各自的学科需要出发来要求学生,就容易在布置作业、课外辅导、开展课外活动、占自习课等方面产生矛盾。班主任应从学校教育的培养目标和学生的全面发展出发,以对教育事业极端负责和对学生健康成长负责的精神,协调好各任课教师之间的关系,妥善安排好各学科所需要的活动,包括作业、自习辅导、课外活动和考试测验等。班主任要了解各学科的作业量,统筹安排,合理控制,避免出现争时间、争教室、争活动的现象,促进学生的全面和谐发展。

(3)要协调好与其他班主任之间的关系,尤其要协调好与平行班的班主任之间的关系。在与平行班的交往过程中,会不可避免地进入一种相互竞争的状态。班与班之间的竞争,从某种意义上说是平行班的班主任之间的竞争,有竞争就会有胜负,胜负本身就是一对矛盾。班主任如何对待竞争、对待矛盾、处理竞争与合作的关系,是班主任协调好与平行班班主任之间的关系的重要课题,也是班主任工作艺术的重要体现。首先,科学辩证地对待竞争与合作、失败与胜利等关系。特别要求班主任要锻炼培养自己健康的心理状态,处理好班级之间的矛盾,要用自己的真诚来换取真诚,用沟通来消除误会,携手前进。其次,班主任要教育学生树立正确的竞争观,正确对待竞争,在竞争中保持健康的心态,懂得有竞争就有成功与失败,做到胜不骄败不馁。只有正确地评价自己与对方,看到对方的长处和优点,找自己的差距和不足,才能奋发努力。

与学生家长的关系

家庭是学生的第一学校,家长是孩子的第一任教师。学生除了在学校接受教师和集体的教育外,大部分时间是在家庭和社会中度过的。因此,家庭和社会对学生的教育和影响是很大的。班主任要做好班级工作,必须重视与学生家庭的联系,家庭是个人生活的基础,是社会的一个细胞。家庭环境是人生受教育的起点,是影响学生思想情趣、行为习惯、身心健康、学业成绩的重要因素,家庭教育是学校不可替代的教育力量,家长是教育孩子的直接实施者、影响者。俗话说:"家长是孩子的样子,孩子是家长的影子。"班主任要争取家长的密切配合,注意开发和利用对学生的思想、行为具有直接影响的家长这一特殊教育资源,用以形成对学生教育的合力。

1. 了解学生家庭

由于来自不同的家庭,家长对自己子女的态度、教育方式也会不同。因此班主任只有认真了解和掌握学生家庭的情况,充分把握家庭对学生的影响,才能有针对性地做好家长的工作,争取家长的配合。根据家庭对

子女的教育态度分析,一般有以下几种类型,不同的家庭类型呈现出不同的教育特点:

(1)有教养型家庭。一般能配合老师对自己孩子的教育,家长对孩子的评价实事求是,为人通情达理,懂得教育孩子的科学方法。

(2)溺爱型家庭。由于家长对孩子过分溺爱和放纵,一般出现对孩子畸形的爱,虽然能听取对孩子不足的评价,但不能协助班主任教育孩子,而且比较缺乏教育孩子的正确方法。

(3)护短型家庭。这类家庭对孩子的评价往往存在片面性,认为自己的孩子什么都好,什么都强,什么都是最优秀的,他们不愿意听别人讲他孩子的不足。有的家长认为孩子不好,是老师教育不当或认为老师对孩子有偏见。这类家庭的家长基本上不能与老师进行有效的合作,对孩子的教育缺乏理智,不能用正确的方法教育孩子。

(4)放任型家庭。一般来说有两种情况:一是单亲家庭,这类家庭由于离异或丧偶,抚养的一方无暇顾及对子女的教育或者不能正确管教孩子;二是继父母家庭,由于不是亲生骨肉,感情上没有教育孩子的强烈责任感和期望感,因而对孩子的情况缺少责任感,甚至采取自由放任、不管不问的态度。

(5)特殊型家庭。由于各种原因,这些家庭的孩子与祖父母或外祖父母居住在一起,老人对孙辈隔代人的感情便胜似对自己儿女的感情,容易出现对孩子的溺爱与护短的双重弱点。

班主任对上述各种不同类型的家庭要深入了解并认真研究其特点,实施不同的交往、协调方式,针对性地做好家长的工作,使之成为积极的良好合作者,化消极因素为积极因素,发挥家长教育子女的得天独厚的优势。

2. 开发家长资源

班主任积极有效地开发学生家长这个十分重要的宝贵的教育资源,是班主任工作取得成功的有效途径,也是教育能够真正形成合力的关键。为此,班主任要重视以下几点:

(1)转变观念,实行联系家长经常化。班主任在教育学生的过程中,应自觉地意识到没有家长的配合和真诚合作,是不可能实现学校教育的培养目标的。因此,班主任要把家庭教育作为学校教育的一部分,把家长作为学生的"编外教师",联系家长不是"可有可无",而是教育过程的关键性环节,也是班主任的主要工作职责。班主任要强化自己的责任意识,有目的、有计划地加强与学生家长的联系,要改变"只要学生不出'问题',或者不出'大问题',就没有必要与家长联系"的思想方法。因为这种工作方式会造成有些学生家长误以为班主任来与家庭联系,总是孩子有问题了,学生也害怕班主任与家长联系。要改变这种认识不一致、教育不协调的现象,需要班主任转变观念,把与家长联系列为班主任的日常工作计划,做到联系学生家长普遍化、经常化和制度化。

(2)建立和谐关系,尊重理解家长要人性化。和谐是中华民族的传统美德,与家长建立和谐的人际关系,这是取得家长教育工作的配合、做好班主任工作的重要基础。为此,班主任需要把握以下几点:其一,要尊重不同类型学生家长的人格。由于学生个体在思想、情趣、学习、品德、智商、情商等方面的情况存在着差异,因此学生之间会形成优、良、中、差等不同类型,从而学生家长也具有了不同类型的差别,如优生家长、差生家长等。但作为学生和学生的家长,人格应该是平等的,理所当然应受到同样的尊重,尤其是一些后进生的家长,班主任不能对其感情用事、乱发脾气,甚至挫伤他们的感情。其二,对不同地位的学生家长要一视同仁。学生家长在社会经济地位、职业、文化层次等方面各不相同,但我们应看到所有家长在培养教育孩子,希望孩子有出息,成为一个社会需要的有用人才这一点上是一致的,有着共同的愿望和共同的责任。作为一位有职业良知的班主任,对具有不同地位的学生家长都应同等对待,不能"以貌取人",更不能"因材施教"。其三,切忌向学生家长告状。有的班主任对个别学生觉得"教育无方",就求助于家长,把家长请到学校,把孩子的"劣迹"诉说一通,或者亲自跑到学生家里去,向家长告状,造成的结果不过是家长打骂孩子。这样容易造成学生、家长与班主任的严重对立,达不到教育的效果。要创设和谐关系,班主任就要尊重和理解家长,需要将心比心,设身处地,角色换位考虑问题,掌握科学的、富有人性化的工作方法,才能达到事半功倍的效果。

(3)平等沟通,实现教育学生的合作化。为了最大限度地开发家长的教育资源,形成教育的合力,班主任应该通过协调关系,与家长建立一种相互尊重、平等沟通、以诚相待基础上的亲密合作关系。具体表现在:其一,班主任与家长双方要强化自己的角色责任,摆正自己的位置,在学生面前要帮助对方树立威信,不要在孩子面前议论对方,甚至贬低对方,不能相互拆台,而是要相互补台。其二,班主任要与家长共同探讨孩子教育和成长的客观规律和科学方法,把教育孩子纳入科学的轨道。班主任与家长可以建立定期和不定期的联系,互相及时交流信息,共同商量、分析孩子的行为习惯、学习成绩、智力因素和非智力因素等方面的情况,共同研究教育孩子的方法。其三,班主任在学生面前要注意自身的形象,要表里如一、为人师表;家长在孩子面前也要作出表率,家长是孩子的第一任教师,家长对孩子的影响是全方位的,家长的思想行为、价值取向、言谈举止都会对孩子产生潜移默化的影响。开发家长资源,就必须充分重视家长无形的、具有特殊价值教育功能的作用。班主任要与家长建立一种平等的合作伙伴关系,形成教育的合力。

3. 协调与家长关系的方法

班主任为了积极有效地开发家长的教育资源,协调与家长的关系,需要认真探索其途径、方法和技巧。

(1)家访。

为了有效地对学生进行教育,班主任要主动与学生家长建立经常性的联系,而家访是联系家长、了解学生在家表现的基本途径。家访可以与家长互通情报,增强对学生教育的针对性;可以了解学生家庭教育的经验和缺陷,帮助家长扬长避短,提高家庭教育的实效性;可以让家长明确学校对学生教育的要求,配合学校做好教育工作,形成教育学生的合力。成功的家访是教育学生、形成良好班集体的催化剂。

家访是一种与家长直接交往的形式。如何做好家访工作呢?

第一,要有目的、有计划地进行家访。每次家访都必须有充分的准备,有明确的目的。在家访前,要明确自己为什么去家访,在家访中要解决什么问题,怎样同家长密切配合以共同教育学生,尤其是如何共同帮助有问题的学生改正不良习惯,纠正错误等。要根据家长的职业、文化素养、家庭结构、经济状况、家庭气氛、家长对子女的教育方式和期望、学生对家庭成员的态度和信赖程度,以及学生的性格、兴趣等情况,制订家访计划,确定采取的形式和方法。这样的家访容易取得良好的效果。

第二,家访要全面性和经常化。全面性主要指:其一,家访要注意面向全体学生,包括平时表现较好的学生和较差的学生,以及表现中等的学生。其二,家访中要善于向家长通报学生在学校的全面表现情况,既要讲学生的不足,也要讲学生的优点和长处;既要针对性地提出问题,又要与家长共同探求解决问题的方法和途径。经常性是指家访要做到经常化，不要等到学生出了问题才去家访，不要使家长感到老师来家访"不是好事"，总以为"孩子又淘气，犯事了"，"告状来了"，家访是"无事不登三宝殿"，如此家长往往会感到不悦。因此，家访难以达到预期的效果。经常性的家访，是双方之间经常互通信息、交流看法和意见、商讨教育的良方。它有助于消除学生和家长对家访的抵触心理，也有助于班主任与家长建立和谐的合作关系。

第三，要讲究家访的技巧，切忌告状式家访。首先，家访时，班主任的语言要有礼貌，言辞不能过激，尤其在学生出了问题后，进行家访的时候，班主任不能面对家长怒气冲天，把对学生的怨气发泄到家长的身上，更不能以训斥的口吻与家长谈话，要耐心地向家长叙述事情的原委，要仔细倾听家长的讲话，不要轻易打断对方。其次，要考虑学生家长的不同特点，采用不同的谈话策略，要注意根据不同的家庭类型采取不同的交谈方式：对于一些有见识、文化思想素质比较高、能正确教育子女的家长，家访时，尽可能将学生的表现如实向家长反映，分析孩子的不足，主动请他们提出教育的措施，认真倾听他们的意见，充分肯定和采纳他们的合理化建议，并适时提出自己的看法，和学生家长一起，同心协力，共同做好对学生的教育工作。对一些思想比较狭隘、喜欢对自己的孩子护短的家长，家访时，要努力表现出自己对家长的尊重、真诚，但要表现得不卑不亢。交谈时，一般应先肯定其孩子的成绩和进步，对学生的良好表现予以真挚的赞赏和表扬，然后再适时指出学生的不足。要充分尊重学生家长的感情，肯定家长热爱子女的合理性，使对方在心理上能接纳你的意见。同时，也要用恳切的语言指出溺爱对孩子成长的危害，耐心热情地帮助和说服家长采取正确的方式来教育子女，启发家长要实事求是地反映学生的情况，不要袒护自己的子女，或因溺爱而隐瞒子女的过失。对于放任型的家长，班主任在家访时要多报喜、少报忧，使学生家长认识到孩子的发展前途，激发家长对孩子的爱心与期望心理，改变对子女放任不管的态度，吸引他们主动参与对孩子的教育活动。同时，还要委婉地向家长指出放任不管对孩子的影响，使家长明白孩子生长在一个缺乏爱心的家庭中是很痛苦的，从而增强家长对子女的关心程度，加强家长与子女间的感情，为学生的良好发展创造一个合适的环境。其三，班主任还要选择好家访的时间。家访一般应选择家长休息在家的时候，如节假日、家长的双休日或晚间。若晚上家访,时间不宜太久,以免影响第二天家长的工作或学生的学习。如果方便的话,事先应预约一下。其四,班主任对后进生进行家访时,可以让学生在场,让他谈谈自己的看法,使学生增强对班主任老师的信任感。班主任要善意、诚恳地对学生进行批评、帮助,而不宜采用背着学生向其父母亲"告状"的方式。家访中要营造一种和谐的氛围,使班主任与学生、家长建立起相互信任、相互理解的关系,使家访发挥其积极的教育作用。

第四,根据不同的教育需要,选择不同的家访形式。班主任应根据教育的需要,结合学生的实际情况来选择恰当的家访形式。家访,一般有普访、细访、重访、特访等几种。普访,是班主任在接到一个新生班级时,对全班学生的家长必须进行的一种访问形式。通过普访,对学生的家庭构成、家长职业、家庭教育方式、家庭环境、爱好兴趣等方面有一个初步的了解,与家长建立融洽的关系。细访,一般是对班干部的家庭进行的访问。为了更好地发挥班干部的作用,建设良好的班集体,班主任更需要对他们的情况有全面深入的了解,以利于教育和培养。重访,是针对后进学生有目的地进行的家访,这是家访的重点。重访时一定要讲究艺术,切忌把家访变成找家长"告状"。对此,有的班主任归纳为"五要":一要把握时机;二要讲究方式;三要运用艺术;四要先讲"闪光点",然后讲缺点;五要创造和谐的气氛。特访,是根据特定的情况和任务而进行的家访,以争取家长的支持和配合。总之,无论哪一种形式的家访,都需要班主任精心设计,讲究家访艺术,才能取得最佳的效果。

(2)家长会。

家长会是在确定的时间内将班级全体或者部分家长召集起来以开会或者其他形式进行的教育活动。它是促进学生家长与学校和班主任之间相互了解、相互沟通的主要渠道之一,也是家长参与班级管理、协助班主任教育学生普遍采用的形式。家长会的形式是多样的,按规模大小,家长会可分为校级家长会、年级家长会和班级家长会;按其内容,家长会可分为主题教育家长会、学生学习情况家长会、指导性家长会;按学生不同类型,家长会可分为独生子女家长会、优秀学生家长会、中等学生家长会、后进学生家长会。要开好家长会,真正使家长会取得预期的效果,需要注意以下几点:

第一,要明确目的,事前做好充分准备。家长会要明确主题,并选择适当时间,争取应到会的家长都能参加。要求把家长会的主题、时间、地点提早通知每一位家长。

第二,要精心组织,提高实效。不管哪种形式的家长会,内容布置要具体明确,突出中心,简明扼要,切忌冗长、乏味。开会要准时,不拖拉。家长会要注重情感沟通,双向互动。班主任说话要谦虚和善,态度要平易近人,具有亲近感。班主任不能唱独角戏,要让家长发表意见和建议,以形成教育的共识与合力。

第三,尊重家长,热爱学生。班主任向家长介绍学生情况时,不宜将学生的成绩公之于众,也不宜给学生成绩排列名次,否则会挫伤学生及其家长的自尊心。尽量挖掘学生和家长的积极因素,即使对有问题的学生也应通过个别家访的形式来实现沟通。

(3)与家长建立多种形式的联系。

许多学生的家长都希望能够从学校、班主任老师那里及时了解到自己孩子在学校里的各方面表现,能够与班主任共同探讨教育的方法。这就需要班主任与家长建立多种形式的联系,并在实践中不断创造出新的联系形式。

①建立联系卡制度。通过联系卡可以使班主任与学生家长之间建立起定期的信息联系通道。联系卡能够使对方及时了解学生在学校或者在家里的有关情况,有利于学校与家庭教育的互相合作。班主任可以根据学生的不同情况和特点,设计不同的联系卡,联系卡一般在部分学生中使用。有些班主任还采用"书面联系"的方式,与学生家长保持经常的联系,这也是沟通学校与学生家长、了解和掌握学生情况的重要途径。书面联系一般有:书面通信联系、学生手册联系、班级通讯的寄阅、家庭联系簿以及电子邮件等形式。如,有的班主任与家长建立短函联系。班主任每天要寄给家长一封简短的信函。信上的内容是告诉家长有关其子女的一些良好表现,也可以是班主任表达对家长协助教育的感谢之意。这样做的目的有利于引发学生和家长的积极行为动机,学生希望得到班主任老师的称赞和表扬,家长也希望自己的积极行为得到学校老师的尊重和肯定。

②班主任与家长的约谈。这是指班主任根据教育的需要,主动邀请学生家长到学校进行交谈的一种形式。进行约谈,班主任每次需要做好充分的准备,包括约谈的主题是什么,采用哪些辅助的形式,班主任为其

孩子的教育有哪些打算,做了哪些工作,要求家长进行哪些教育的配合和帮助等。

③实行"开放日"或"教育周"制度。在"开放日"或者"教育周",学校班级的全部活动都向家长和社会开放,学校主动向家长反映学校教育教学工作情况,希望家长为学校和班级教育管理献计献策。邀请家长在"开放日"和"教育周"观摩自己的孩子在学校一日的活动及其表现,让家长了解学生在校的学习生活状况,增加情感体验,并就学生的表现与班主任交流看法和意见。学校也组织家长交流家庭教育经验,帮助家长提高教育孩子的艺术,成为更加合格、更加称职的家长。

④建立家长接待日制度。现今家庭大多是独生子女,家长都十分关心孩子在学校的各方面表现。有些家长在教育自己的孩子问题上存在着一些困难和障碍,需要求教于班主任老师。家长接待日制度,即在每周或者每月的规定时间里,由班主任或者任课教师负责接待家长而建立起来的制度。在接待日里,班主任或者任课教师耐心听取家长的意见和要求,认真回答家长提出的问题,诚恳提出自己的意见和建议。因此,在家长接待日里,学生家长与班主任能够及时地交换看法和相关信息,有利于统一思想,并对学生进行合作教育。

(4)建立健全家长委员会,办好家长学校。

家长委员会是学校的参谋咨询机构。其作用是参与学校的教育管理,配合、支持并且督促学校的教育工作,帮助沟通、协调学校与家长、家长与家长、学生与家长之间的关系。家长委员会一般分为学校、年级和班级三级。班主任教育与家长进行合作的主要形式是建立"班级家长委员会"。班主任要充分利用各级家长委员会,特别是班级家长委员会,使之成为整合家庭教育力量的重要途径。首先,班主任要做好家长委员会的组建工作。班主任在深入了解学生家庭情况的基础上,广泛征求家长意见,以自荐与推选相结合的方式,由热心学校班级教育工作、重视家庭教育、教子有方、有较强组织能力和一定文化素养、作风正派、有一定社交能力的家长组成班级家长委员会。班级家长委员会由若干名委员组成,可设主任、副主任各一名。其次,班主任要充分发挥班级家长委员会对班级建设和家庭教育的促进作用。班主任要围绕班级学生的教育工作,和班级家长委员会共同协商,制订"家委会"的工作制度和活动计划,并且开展下列工作:征求家长对班级工作的意见和建议;安排学生、家长、教师一

163

起参加多种形式的班集体活动;邀请家长观看学生的学习活动成果展览,组织家长参加听课、评课、评学活动;组织家长共同教育学生,特别是参与对后进生的转化工作;利用学生家长的资源优势,为班级学生的教育、社会实践教育等活动创造一些有利条件,争取家长能自愿为班级学生提供无偿的服务。班主任应发挥家长委员会的优势,促进学生健康成长。

办好班级家长学校。苏联教育家苏霍姆林斯基说:"没有家长学校,我们就不可能有真正的家庭——学校教育。"家长学校,是为学生家长举办的以提高家长教育素质和家庭教育质量、优化家庭教育环境、实现学校教育和家庭教育的和谐发展,以达到最佳教育效果为宗旨的业余学校。家长学校利用学校的师资和教学条件,为家长开设有关生理学、心理学、教育学、社会学等学科知识讲座;组织家长学习研究家庭教育的有关问题,探索科学的家庭教育方法;邀请教育有方的学生家长介绍成功或者失败的教育经验和教训等。家长学校使家长通过学习相关的科学知识,了解和掌握青少年身心发展的规律和思想特点,有利于家长提高教育孩子的科学性和针对性,掌握教育孩子的方法和艺术;家长学校通过学生家长对教育孩子经验的介绍,从中获得教育孩子的感受和借鉴;家长学校也为家长如何加强自身修养、更新教育观念、提高自身素质、塑造良好形象创造了条件,使家长认识到自身的人格、品行本身也是一种重要的教育因素。

总之,家长学校是提高家长教育水平的好形式,不仅传授了教育理论,而且沟通了家长与学校的联系。通过把教学教育与家庭教育结合在一起,使教师和家长互相配合,家长学校使家长作为一种重要的有效教育力量产生了重要的作用。

在家长学校,尤其在班级家长学校中,班主任是重要的策划者、组织者和协调者,班主任要了解和掌握学生家庭教育的有关情况:家庭的基本情况;家长对家庭教育的态度;家庭教育的方式;家长对学生的期望值。班主任应制订班级家长学校工作计划,如家庭教育的专题讲座、专题研讨、经验交流等;组织家长参加班集体的活动,促进家长、学生、班主任之间的了解和感情交流;开展评比"优秀家长"活动等,组织有关专家开展家教咨询,指导家长的家庭教育。班主任通过自己良好的协调能力,可以更好地发挥家长学校的重要作用。

班主任如何开展班集体活动

班集体活动是对学生实施思想道德教育的重要载体,是坚持"德育为首,育人为本"的有效途径。因此,班主任尤其应该注重班集体活动的创新艺术,提高活动的实效性。

活动内容的选择与创新

1. 要选择与创新具有积极导向性和鲜明教育意义的活动

活动的导向性、教育性是班集体活动的灵魂,失去它,班集体活动就没有任何价值。党的教育方针要求受教育者在德、智、体三个最基本的人才素质方面得到全面发展。而素质教育应由德、智、体、美、劳等组成,五个方面相互联系、相互作用,统一于促进人的全面发展的教育之中。班主任要按照党的教育方针、素质教育的要求来选择和创新教育活动的内容。

《中共中央关于改革和加强中小学德育工作的通知》中指出,"中小学德育工作的基本任务是,培养学生成为热爱社会主义祖国的具有社会公德、文明行为习惯的遵纪守法的公民。在这个基础上,引导他们逐步确立科学的人生观、世界观,并不断提高社会主义思想觉悟,使他们中的优秀分子将来能够成长为坚定的共产主义者。"学校德育应包括政治思想教育、道德品质教育和行为教育。必须坚持以马列主义、毛泽东思想、邓小平理论和"三个代表"重要思想为指导,把坚定正确的政治方向放在第一位。坚持深入进行爱国主义、集体主义和社会主义思想教育、教育和引导学生树立正确的世界观、人生观和价值观。开展中华民族优良道德传统的教育、遵纪守法教育和社会公德教育,进行审美教育和心理卫生教育,培养学生高尚的情操和开拓进取、自强自立、艰苦创业的精神,全面提高学生的思想道德素质。班主任在对学生进行政治思想、道德品质教育时,要密切联系学生的思想、学习和生活中的矛盾和困惑,选择生动活泼、喜闻乐见的教育形式,不断创新教育活动内容,使活动焕发出鲜活的生命力。

当然,不能把班集体活动的导向性和教育意义仅仅理解为思想政治、道德品质教育,按照党的教育方针的要求,教育活动的内容应该是全面而丰富多彩的。引导学生完成学习任务,提高学习质量;组织学生积极参加体育锻炼;对学生进行美育和劳动教育都是党的教育方针的重要组成部分,是对青少年进行全面素质教育的重要内容。因此,活动内容应该有利于促进学生健康成长,它可以是提高学生的思想道德素质的,也可以是开发学生智力和非智力素质等的教育导向的活动。总之,应该有利于学生全面发展,对学生具有综合导向和教育作用。

  2. 要选择与创新针对性强的教育活动内容

  所谓针对性,就是要求围绕本年级的教育目标及其教育要求,从班集体和学生个体的现状和实际出发,有针对性地选择和组织活动的教育内容,进行有的放矢的教育。内容针对性强,才能使活动指向鲜明。

  班集体活动内容的针对性应该主要包括:其一,是指班集体的形成发展具有自身的规律和特点,要求班主任选择适合班集体不同发展阶段、发展层次特点的内容来组织教育活动。其二,是指小学生因处于不同的年龄阶段,他们的心理和生理具有自身的特点和差异性,思想状况、兴趣爱好也各不相同,要求班主任选择针对学生不同成长发展的身心特点和内在需要的教育活动内容。其三,是指当班集体及其学生中出现具有倾向性问题的时候,要求班主任选择有倾向性问题的教育内容开展活动。其四,是指班集体的学生虽然在一个共同的大环境下生活学习,接受大致相同的教育,但是由于每个学生的家庭条件不同、经历不同,由此每个学生个体具有了不同的教育文化背景、性格情趣等,这要求班主任选择针对学生个体不同特点的教育内容,实行因材施教。其五,是指在当今改革开放的时代,学生有许多迫切关注的社会政治经济文化等方面的热点问题,要求班主任选择针对学生所关注的热点问题有重点地组织教育内容,进行引导教育。这种针对性的教育,可以避免因简单说教让学生产生逆反情绪甚至对立情绪,而达到较好的教育效果。实践证明,活动内容的针对性越强,收效就越明显。譬如,班主任根据班集体形成发展的规律来选择适合不同发展阶段、发展层次特点的活动。一般来说,在班集体形成的初级阶段,通常适宜选择一些简单的、有趣的、有利于增进同学之间相互了解、同学之间互相帮助的活动形式,使同学之间缩短心理距离,融洽同学之间的关系;同时让大家感受到班集体的温暖和活力,形成对班集体初步的归属感,如"在新的起跑线上——自我介绍演讲会"、"自行车郊游"等活动。在班集体形成的完成阶段,通常采用互助小组、组际或者班级活动比赛等,把个人

的发展与班集体的活动结合起来,引导学生有组织、有计划地完成集体交给的任务和目标。培养学生的荣誉感、责任感和自豪感,如"时事知识竞赛"、"美之室——宿舍环境美化比赛"、"小组辩论赛"等活动。在班集体的成熟巩固阶段,通常采用系列主题活动的方式,带领学生为班集体和个体的近期目标、中期目标和远期目标的实现而奋斗;同时以自我教育和自我管理为主题选择一些活动,进一步培养学生班集体主人翁的意识和自主、自立、自理等能力,使班集体成为健康、团结、奋发的集体。在班集体形成发展的过程中,班主任要选择符合班集体形成发展规律的集体活动,这样的教育活动才能有的放矢,使班集体的建设顺利进行。又如,班主任以国内外发生的重大事件为契机,针对学生所关注的热点问题组织活动,对学生进行教育,能够收到事半功倍的效果。随着当代大众媒体的发展,国内外发生的重大事件通过各种现代媒体迅速地传播给每个人,其中有不少学生关心的热点问题。班主任抓住国内外发生的重大事件,充分利用这些独特的即时性的重大思想政治教育资源,通过设计主题系列活动,对学生进行"三观"和"三个主义"的教育,都收到了很好的教育效果。实践证明,这种活动因为时效性强,学生的关切度高、新鲜感强,有针对性地设置活动内容,因而能产生很好的教育效果。譬如,可以针对当前社会上和中小学生中出现的一些新情况和新问题,提出一些新的主题开展教育活动,如"活泼开朗,勇敢自强,克服困难"、"自尊自爱,克服困难和挫折"、"尊重外宾,维护国家尊严"、"消费合理"、"不赌博,远离毒品"、"文明上网"、"遵守网络道德和安全规定,利用现代化信息传播手段获取有益信息"、"主动把生活、学习、思想等情况告诉父母"、"学会与父母沟通感情、交流思想"、"对父母和长辈有意见,要有礼貌地提出,当自己的意见没有被父母和长辈采纳时,要耐心解释"等等。这些内容有强烈的针对性和现实教育意义,开展这些具有强烈针对性的活动会受到学生的欢迎。

  3. 要选择与创新反映时代要求、具有时代气息的教育活动内容

  我们处在一个开放的时代,班集体活动内容的选择和创新应该顺应时代的潮流。选择能够反映我国改革开放党的路线方针政策和伟大实践、当代世界政治和经济及国际关系的特点和发展趋势、知识经济与素质教育等的内容,它们所传递的世界观、人生观、价值观,所宣扬的道德准则,所输送的知识信息等都具有时代的色彩。以这些内容为主题的活动,

具有时代活力,使学生能够感受到时代脉搏的跳动,这是时代的需要,也是对学生进行素质教育的需要。如"迎接新世纪的召唤"的班集体活动,就是立足于21世纪知识经济时代对人才的要求而创设的主题班会。班会具有时代气息,在内容和形式上进行了创新,把知识性、思想性和趣味性融于全过程,通过活动增强了学生的社会责任感和使命感,学生达到了自我教育的目的。譬如,当今国际社会的一个重要共识是:基础教育就是要为学生走向生活打好身心健康的基础、终生学习的基础和走向社会的基础。基础教育应重在学生就业创业意识的培养,使学生正确认识自我、关注职业、关注生活,并初步形成人生规划能力。创业教育被视为未来的人应掌握的"第三本教育护照"。实施就业创业教育,要培养学生具有职业意识与向往、具有创业意识和准备,能自觉迎接未来的生存挑战、理性选择职业模式、积极参与社会变革、主动开创事业成就,进而享受成功人生。江泽民同志在1999年全国教育工作会议上明确指出:"要帮助受教育者培养创业意识和创业能力。"为使学生做好就业意识、技能和心理方面的充分准备,增强离校后的社会适应性,对学生实施就业创业教育,必须及早抓起。因此,班主任要顺应时代对基础教育的要求,创设相关教育活动内容,对学生进行创业教育。小学生可以通过教育活动全面了解"职业与生活"、"职业与社会"的一般常识和成人的实际工作活动状况,认识各职业生活的基本要求,养成初步的生存意识和职业向往。初、高中学生可以通过活动全面了解"职业与人生"、"职业与创业"基本知识和相关实践体验,形成走向社会、自强发展的信心与能力,树立服务社会的职业理想与创业意识。

4. 要选择与创新贴近实际、贴近学生生活的教育活动内容

学生的生活实践是丰富多彩的,只要我们以敏锐的感触对学生的生活实践进行仔细观察和认真思考,就能够从中提炼出富有生命活力和教育意义的活动内容。

(1)在缤纷多彩的学校生活中去发现和挖掘活动素材。在绚烂的校园生活里,有着许多新老故事;班集体的同窗好友、熟识的伙伴,每天都在获取新的知识,追求新的进步。班主任只要仔细观察和认真倾听学生所关注的热点问题,认真搜集、整理学校和班集体"存盘",就会发现许多出人意料的好题材。

(2)从学生的家庭生活中去寻找组织活动的素材。家庭是个小社会,对学生来说,家庭对他们的生活态度、社会能力的形成有着最直接和最密切的关系。根据家庭生活中存在的系列问题:如学生的自理能力差、父母教育不当、独生子女娇生惯养以及以自我为中心,单亲家庭给孩子造成的心理问题等,然后将这些问题通过不同的活动方式进行引导。如让学生在角色的扮演或者游戏活动中,体验父母对孩子的用心良苦和为人父母的艰辛,在游戏中把握规则,体验和增进亲情,培养学生的家庭责任感。如开展"今天我当家"、"我帮父母理财"、"模拟性的家庭角色互换"等活动的素材均来自学生的家庭生活。对此学生感到真切、亲近,有吸引力。学生的参与面广,积极性高,若指导得当,效果一定好。

(3)从学生个人的成长经历中去寻找组织活动的素材。每个学生都是一个大写的"人",拥有独一无二的"我"。在成长的经历中,学生会碰到许多开心事、烦心事、顺心事、伤心事,教师可以把这些事提炼成为活动的内容,通过精心的安排,让学生在活动中展示真实的自我,认识真实的自我,超越自我,实现完善自我和发展自我的目的。如开展"解决烦恼我能行"的活动,设计"遇到烦恼我来讲——解决烦恼出主意——走出烦恼困境的实践"等系列活动。

(4)从广阔的社会生活实践中发现、提炼活动素材。随着改革开放的深入,学生的社会生活实践空间变得十分宽广,从中提炼有价值的活动素材,能让学生在活动中认识社会、参与社会、适应社会,成为有爱心、责任心、良好行为习惯和个性品质的社会人。培养教育学生的根本目的是要让学生在接受基础教育后能够顺利地成为社会公民,融入现实的社会生活。因此,班集体活动的教育内容应该具有社会性,要善于到社会生活的实践中去汲取。这样的活动能使学生将学习生活与社会生活结合起来,在结合的过程中,学生在课堂上学到的认知得到进一步的理解和深化。学生的个人道德经验在社会要求中得到检验,这种检验是学生道德理念和行为得以矫正、确立和进步的重要动力。因此,班主任要在新的社会环境中选择具有社会性的教育内容,使活动紧密联系社会发展现实。我们正在向全面建设小康社会的目标前进,正面临着经济全球化和知识经济时代的到来,这是教育的社会条件和时代背景。班集体活动的内容也要面向学生的社会生活实践,要符合时代社会的发展和要求。学生的生活实践是多姿多彩的、生动活泼的,蕴涵着极其新鲜、丰富、宝贵的教育题材,关键在于班主任要做个有心人,要善于去寻找、发现、挖掘、提炼和组织。

5. 要选择与创新具有系列性、连贯性的教育活动内容

从班集体教育的内容来看,它包括德、智、体、美、劳五个方面;从班集体成长发展的阶段性特点来看,活动内容就应该体现小学、初中、高中各个年级段的系列教育要求;从班集体单项重点教育内容产生的影响力来看,活动内容的设计就应该具有连贯性特点;从人的认识规律来看,活动内容的设计就应该遵循"从浅入深,由低到高"的认识规律。因此,班集体活动内容的选择与创新,要根据班集体学生的实际情况,有统一的、连贯性的计划,通过围绕阶段目标的要求设计系列性的活动,以达到总的教育目标。系列性教育内容的活动,能使其教育功能产生连续、集中、深化、强化的作用。如主题为"家乡改革开放二十五年"的班集体系列活动设计有"家乡变化"摄影展、"家乡变化"赛诗会、"工业科技园奠基仪式"模拟新闻发布会、"家乡巨变"小记者采访等活动,就能够产生较好的教育效果。

形式的选择与创新

要提高班集体活动的实效性,就要选择和创造有效的活动形式。形式是内容的载体,没有丰富多彩、生动活泼、新颖多样的活动形式,再好的内容也难以得到表达,更难以达到教育的目的。班主任在工作实践中创造了许多可供选择的活动组织形式,可以分为十大类:

1. 会议类

包括专题报告会、演讲会、班会、座谈会、讨论会等,一般是以会议的形式进行的。如专题报告会,是经常被采用的一种活动形式,报告会内容的丰富性、广泛性,对学生扩大视野、了解社会产生的教育影响力,使它成为无法替代的一种活动形式。如请专家、学者、政府官员、劳动模范、解放军官兵、校长、教师等作时事政策、改革成就、道德伦理、纪律法制、新科技革命、革命传统、英雄事迹、历史地理人文等报告。组织报告会需要把握好以下关键问题:报告会一定要是学生有迫切需要的、有重大教育意义的内容;报告人要有较强的口头表达能力,能做到深入浅出、理论联系实际;报告会最好能留出一定的时间,让学生与报告人作一些对话和交流,报告会的教育效果会更好;报告会要事先有动员、有要求、有必要的舆论宣传,报告会后要以不同的形式总结收获。这些方面的要求是关系报告会是否能够取得预期成效的关键。

2. 辩论类

当代的学生在思维方式上由过去的求同思维转向求异思维,由过去习惯纵向比较转为横向比较,他们思维的独立性、批判性有明显的增强,他们敢于提出问题,敢于向既定的结论、传统的观念挑战。但是他们思考问题时表现出的主观性、片面性的弱点也是十分明显的。如何发挥他们的思维优势,克服其思维方法的不足,从而帮助他们树立科学的人生观,组织热点问题辩论会是有效的活动形式,如开展"玩电脑的利与弊"、"给同学补课该不该收费"、"拾到钱包交还失主该不该索取报酬"等问题的辩论会。这种辩论会带动了学生的思考,成为学生自我教育的好形式,是培养学生学会全面、辩证地思考问题的一种有效方法和途径。

3. 竞赛类

包括讲演赛、知识竞赛、技能比赛、体育竞赛等。组织各种竞赛活动,能够激发青少年学生的好胜心,使学生在竞赛中获得知识、增强体能、锻炼能力。在思想受到教育的同时,学生还能培养竞争意识和团队精神。如进行"共青团知识竞赛"、"普法知识竞赛"、"时事知识竞赛"、"家乡历史人文知识竞赛"等。如组织热点问题的辩论赛,也是培养学生辩证思维能力和团结合作精神的重要途径;如组织学生进行一些竞技类的活动,可以是登山、划船比赛等活动,具有竞技特点,符合青少年学生喜爱刺激性和挑战性的特性,活动中有利于培养学生的竞争意识及在竞争中善于与他人合作协调的品行和能力。

4. 才艺表演、创新作品展览类

前者有歌舞表演、话剧表演、诗歌朗诵表演、小品、相声表演等,后者有优秀作业展、优秀作文展、学生美术书法展、学生摄影展、小发明制作展等。文娱表演活动和"作品"、"成果"的展示和评比活动,不仅为学生的兴趣爱好、一技之长的充分施展创造了良好的氛围和平台,而且有利于学生个性特长和创新意识及创新能力的培养和发展。寓于深刻教育内容的文娱表演和展示"作品"都能够给予学生们教育诱导和启示。如为了培养学生的科技创新意识和能力,班级可以开展小考察、小实验、小发明、小建议、小革新的"五小"创新活动。根据学生的兴趣爱好,有的学生参加小实验活动,有的学生参加"奇思妙想"俱乐部,有的学生参加小发明制作活动。学生张开想象的翅膀,动手动脑,使得一个个小建议和小革新相继诞生,活动营造了创新的环境氛围,展现了学生的聪明才智,激发了学生的创造意识,培养了学生的创新能力。

5. 社会实践活动类

包括旅游、参观、访问、野营、社会调查等活动。这类活动是组织学生走出校门,去接触了解大自然,去接触了解社会,去接触了解民众的活动。这种活动具有较强的社会性和实践性。如让班级学生组成小组,带着一个问题进行社会实践调查,在此基础上,写出调查报告,然后组织调查成果的汇报。社会调查使学生有了接触和了解社会的机会,而在调查基础上的调查成果汇报则为班级学生提供了相互切磋、启发、释疑的机会,使学生深化了对社会的政治、经济和文化等问题的认识,在社会实践中得到了锻炼,增长了才干。如高年级学生组织的"我乡镇民营企业的成长和发展"、"我地区的专业市场形成发展调查"等活动,增强了学生对社会主义市场经济理论的认识和理解,也有利于增强学生在市场经济条件下的竞争意识。班主任要着力组织和引导学生从实践活动中去体验和感悟。尽管许多知识需要通过课堂和书本的方式传授给学生,但是许多认识只有通过亲身的实践才能得到深刻的理解和把握。"纸上得来终觉浅,绝知此事要躬行","纸上得来终觉浅,心中悟出始知深"。前者强调的是"实践活动",即躬行对于知识领会与掌握的意义;后者强调的是"悟",即学生个体经验的激活,使之理解、吸收和掌握其中的意义。没有一定丰富、深刻的实践活动来积淀,形成一定的经验背景,"悟"就不容易产生。实践活动为学生获得知识,用活知识提供了广阔的空间,学生通过实践活动,获得丰富且有深度的体验,才能将书本的认知真正转化为思想和知识的精神财富。

6. 情景类

是指以生动形象的场景或者通过创设学生容易接受的特定情景,如运用画面显示情景、语言描绘情景、音乐渲染情景、实物演示情景、角色扮演情景等手段,来创设具有可感性、移情性或者有冲突性的特定情景内容。通过情景中介,班集体可以形成一种有影响力的积极氛围,让学生身临其境,把握直观的形象,感受强烈的情绪氛围,使学生的同情心、友爱、责任感、爱国主义等基本情感得到激发,使学生获得心灵感受和陶冶的机会。如情景主题班会,根据德育的具体要求和班集体学生中存在的思想倾向,班主任选择并确定教育情境,可以是学生中发生的事情,也可以是设置的特定情景内容,或者是学生编排的小品或者故事,但都要求内容新颖,有一定的辩论性,能吸引大多数学生的参与。因为情景类活动形式上

172

的新异性、内容上的教育性、方式上的实践性和启发性,具有较强的自我教育的作用。

7. 娱乐类

这是以文娱、体育为主要形式的活动。这种形式具有趣味性、娱乐性,符合青少年学生的特点,也有利于学生心情自由地放飞,特长得到充分的展现,心理情绪得到积极有效的宣泄。采用寓教于乐的方式,此形式很受学生的喜爱。

8. 读书类

即指导班集体学生在古今中外卷帙浩繁的著作中选择适合自己身心发展特点的名著进行阅读,教给他们读书方法,要求学生在认真阅读过程中摘录好词好句,写好读书笔记、读后感。班主任指导班集体组织读书笔记展评,还可以进一步引导学生参加背诵名言警句、读书演讲比赛等系列活动。读书活动不仅充分调动了学生读书、背诵名言警句的积极性,而且有利于培养学生的阅读意识,使之养成良好的阅读习惯,提高阅读效率。通过活动学生体验到了读书的乐趣,这将使他们终生受益。更重要的是读书有利于学生丰富知识,开发智力,启迪智慧,滋润心灵。在读书后的演讲与写读后感中,学生陶冶了情操,思想道德得到了升华,可见读书活动发挥了潜移默化的育人功能。

9. 欣赏类

这是指以精美的艺术作品的欣赏为主要形式的活动。苏霍姆林斯基认为:"欣赏是情感的操练,可以增加情感的高度、深度。"通过让学生欣赏一首或者一组音乐、一首诗歌或者一组诗歌、一幅画或者一组画、一部电影或者一组电影等艺术作品,使学生在美的艺术享受中,得到感染、启迪,在美的艺术欣赏中得到人生的感悟和教育。如组织学生对优秀流行音乐的欣赏,既尊重了青少年对流行音乐的爱好,又可以引导学生对流行音乐的优劣加以评判,提高对流行音乐的鉴赏能力,从中获得美好的情感体验和高尚的审美价值观念,使心灵得到净化和提升。

10. 综合类

这是把两种或者两种以上活动形式进行综合运用的活动形式。如班集体的系列活动就是围绕一个教育主题,通过一个个有联系的、有各自重点的活动形成系列,具有指向集中、主题鲜明、内容丰富、活动形式多样的特点,能使学生得到深刻的教育。如有学校针对高年级设计的"迈向青春

173

第一步"的系列活动:"团的知识知多少"的活动是进行团的知识竞赛;
"在团旗下成长"的活动是请老共青团员作报告;"我心中的模范共青团
员"的活动是进行一场演讲赛;"加入共青团员的行列"的活动是到社区
进行义务帮困劳动;"青春之歌"的活动是进行一次歌咏比赛或者诗歌朗
诵比赛;"谱写青春乐章"的活动是搞一次烛光晚会。这些主题鲜明、内
容丰富、形式多样的活动,向学生展示了丰富多彩、生动活泼的系列教育
画卷。在重大的纪念日或者民族传统的节日,如国庆节、五四青年节、六
一儿童节、元旦都宜组织一些综合性活动。

以上多种活动形式是在班集体活动的实践中不断创造出来的,各类
活动都有自己独特的作用和方法。班主任选择与创新活动形式时应掌握
以下几点:

(1)要注意内容决定形式。不同的内容要选择不同的形式,只有有
效的、适当的形式才能达到有效表达内容的目的。

(2)要从班集体和学生的实际出发,来选择创新活动的形式。因为
班集体的实际情况和需求层次的不同,因学生活动能力水平的高低、学校
客观条件的差异等原因,选择或者创新的活动形式一定要符合班集体和
学生的客观实际,量力而行。班主任要根据班集体和学生的实际情况和
需求,不断创造出具有班集体特色的新的活动形式。

(3)要依据班主任自身的特长与优势来选择创新活动的形式。尤其
应该通过发挥班主任的特长优势,选择和创造适合班集体的活动形式。
如果班主任博学多才、才思敏捷、才艺出众、善于社交和组织、善于动脑动
手,就可以创造出许多具有班集体特色的活动形式。

(4)要根据开放性的要求,不断开拓新的形式。我们处在一个开放
的时代,班集体的活动必须顺应时代潮流,活动的形式也应具有开放性,
在开放的过程中不断开拓新的形式。开放性表现为校内班集体之间的开
放和向社会的开放。通过班集体之间的竞赛、联欢、交流、挂钩等形式,促
进班集体建设的发展;通过向社会开放即"请进来"、"走出去"的方法,不
但可以激发学生参与活动的兴趣,而且可以充分借重和利用社会教育力
量、教育资源增强教育的效果。

凸显学生的主体性

班集体活动要重视学生在活动中的主体作用和参与程度,这是衡量

班集体活动成效的重要标志。

1. 凸显学生的主体性

（1）活动凸显学生的主体性，是学生实现自我教育的内在要求。《自我教育论》中指出："教育，由社会教育、家庭教育和学校教育构成。学校教育在教育体系中起主导作用，而个体的自我教育，则是以上三种教育发挥作用的基础。在人的发展和教育的发展过程中，始终伴随着自我教育。没有自我教育的教育，是不完全的教育。"促进学生的自我教育不能只是停留在观念层次上，作为班主任，要通过外部的、实践性的活动实现对学生从教育到自我教育的转化，因此，发挥学生主体参与作用是学生实现自我教育的重要途径。勒温教育实验的理论证明，如果个人参加制订改变的决定，这种改变更容易被接受。同样道理，学生主动参与活动之中，就会乐于接受活动所赋予的积极教育内涵，有利于内化为自我意识，从而外化为自觉的言行；学生在主动参与活动的过程中，充分展示和发展了自己的才能、兴趣、特长和爱好，还将发现通过努力总能获得成功，总能得到老师和同学们的肯定和认可，有利于学生自信心的培养和树立。这是激励学生自我发展、实现自我教育的内在动力。

（2）活动凸显学生的主体性，也是"以人为本"教育理念的要求。再好的内容和形式的活动，没有以学生为主体的积极、主动、创造性的参与，学生主体不能在活动中最终受益，那么作为教育载体的班集体活动就失去了它存在的意义，活动也就成为了一种花架子、摆设品而已。

（3）活动凸显学生的主体性，符合现代教育观的内在要求。现代教育观认为，在教育过程中，学生具有双重角色地位：作为受教育者，他们处于接受教育的客体地位；作为学习者，他们又居于自我学习的主体地位。如果把教育过程视为一种特殊的人际交往，那么师生的关系互为主体，师生交往中教师与学生都处于平等地位。因此，学生在自我学习的活动中具有主体性地位，这就要求班主任教师贯彻主体性原则，让学生的"主体性"地位和权利真正得到回归，尊重并且发展学生的自主能动性和创造性。现代教育观要求尊重学生，就是要尊重学生在自我学习和教育活动中的主人翁地位和作用；要求平等地对待学生，就是要平等地对待每一个学生，把对学生的关爱推向每一个个体，让每个学生都具有同样获得自我教育活动中的主体性地位的需求和权利；要求民主地对待学生，就是要创造宽松和谐的教育活动环境，能够让学生展示真诚的自我主体，与教师进

175

行平等的思想对话和交流,获得思想情感的感悟和共鸣,能够让学生真正展示纯真活泼的天性,获得心情的愉悦,享受活动的快乐,使学生的个性得以张扬和发展,能够让学生的自主性、创造性得以充分发挥。这也是开展班集体活动的最终目的和归宿。在教育活动过程中,作为教育者,班主任教师的主体作用就是要引导、教育、促进学生在班集体活动中作为自我教育主体的作用得到充分的发展,使"双重主体"产生良性互动,这正是活动性教育追求的目标。

2. 提高班集体活动实效性的方法

为了提高活动的实效性,班主任要十分注重在活动中发挥学生的主体作用,即发挥学生参与活动的主观能动性。这就要求班主任要有效引导和激发学生作为活动主体参与者的积极需求和动机,同时又要千方百计创造条件让学生作为主体者的积极合理的需求动机在活动过程中得以满足。这是班主任指导班集体活动艺术能力的重要体现。

(1)要创设内容丰富的、形式多样的班集体活动,让更多的学生能够参与到活动之中,满足青少年学生发展自我、完善自我、实现自我的人生主体价值。

凭借活动的大舞台每个学生个体获得了对社会对人生的积极认知和感悟,激励自己不断奋发进取。在活动中,学生汲取了许多新鲜的知识营养,激发自己强烈求知的兴趣和欲望;在活动中,各人担任多种角色,体验角色的行为和责任,使自己的言行得到约束和规范,个人的特长和能力得到锻炼和发挥。学生个体在活动的参与中得到了锻炼,增长了才干,展现了自我的风采,得到了班集体同学和老师的肯定和赞誉,增强了自重、自尊、自信。受人尊重、肯定的心理需要获得了精神上的满足,有利于激发学生的主体意识,使学生参与活动的积极性主动性和创造性得到最大限度的发挥。

班主任对创设班集体的活动,要善于提出振奋人心的奋斗目标和设置诱人的活动过程,让学生们能够强烈感受到参与活动的快乐和内在价值意义,产生参与班集体活动的激情和理性的需求动机。此外,班主任要善于创设一些富有竞争性、探索性、模仿性、创造性、新鲜活泼、生动有趣等特点的班集体活动。这些活动符合学生求变、求异、求新的心理特点,有利于激发学生参与活动的兴趣和积极性。

班主任要善于创设一种平等、宽松、真诚、愉悦的气氛以进行思想交流和情感沟通的班集体活动,使它能够成为同学之间、师生之间、或者学生与自己的家长之间敞开心扉、交流真实思想情感、达成理解和共识的桥梁。美国著名心理学家和教育改革家罗杰斯以人本主义的教育心理为基础提出的教育心理学思想认为,人具有一种与生俱来的优秀素质和潜能。他认为"人的本性,当它自由运行时,是建设性和值得信赖的",但是这种"自由运行"绝不是一种势在必行的规定性,它的出现需要一定的条件,就是需要有一种和睦的气氛,有一种真诚、信任和理解的人际关系,使人在心理上产生一种安全感。同时,罗杰斯认为,人的心理活动是个有机的整体,其中的情感活动左右着人的情感世界的全部。情感活动是心理整体机能的基础和动力,愉快活泼、充满信任、友好的气氛能导致学生思维能力的改观。因此,创设一种学生乐意接受的、宽松愉悦的活动心理氛围,对学生的教育影响力十分显著,即通过情感的中介,使学生的有意识和无意识方面都能够活跃起来,使学生的直觉、灵感、想象、猜测、情感等非理性因素充分激活,产生一种强烈的欲望、动机,形成浓厚的兴趣,从而表现出强烈的参与积极性,投身到活动中去学习知识、培养能力、辨别是非,接受正确的思想道德观念,纠正自己的行为偏差,在自我教育中获得各方面的进步。这种活动具有一种情感的亲和力和吸引力,使学生在活动中获得情感体验,产生情感的共鸣,有利于活动的理性教育目标的达成和实现,也有利于学生的主体性作用得到最大限度的发挥。

(2)要创设条件使每个学生都能够平等参与活动,获得自我发展的平等权利和机会,使每个学生的主体性都能得到进一步的激发和增强。

活动主体性的凸显,不应该仅仅是少数优秀学生的主体性的凸显、少数学生干部的主体性的凸显,而应该是每个学生主体性的凸显,这才是开展班集体活动的意义所在。在教育实践中,我们不能无视这样的事实:班集体的几十个学生中,他们在思想品德、知识能力、人格智慧等方面总是存在不平衡和差异性,但是这种状况并不能成为教育者放弃教育责任的借口。这是因为每个学生都是有思想、有感情、有发展潜力的人,每个人作为"独一无二"的个体都有存在的价值,都具有一种对自尊、自重和来自他人的尊重的需要,都要求具有均等的机会发展自己的智慧和潜能,因此,在教育活动中不能容忍"优生优先,差生靠边"的做法。但是我们不难发现,在不少班集体的活动中,少数学生成为"精神贵族",而大多数学生、后进学生成为班集体活动的"陪衬品"。这使后进学生处于一种被忽视甚至被歧视的境地,以致造成他们心理的畸变,或不求上进,或自暴自弃,或甘心堕落,从而造成班级中少数与多数的隔阂、分化和对立,严重恶化了学生的发展环境。因此,班主任应在承认每个学生都有存在价值的前提下,平等地对待和尊重每个学生,尤其要关注后进学生的主体意识的唤醒和激发,要千方百计地创设条件,使每个学生都能够平等参与活动,获得自我发展的平等权利和机会,使每个学生都能在各自的起点上,潜能得到充分的激发,主体性得到进一步的增强。有特长,求自尊,是许多后进生的共同特点,班主任要出于爱心,勤于观察,不失时机地让他们在班集体的活动中"亮相",给他们创造"显山露水"的机会,鼓励他们参与集体活动,显示他们的才能和特长,让他们体验成功的快乐,增强他们的自尊心和自信心。班主任要善于引导和帮助后进学生在参与活动的过程中,克服困难、战胜困难,去争取成功,使他们渴求尊重、理解和成功的心得到滋润,促进他们自强奋进;班主任要善于发现后进学生的闪光点,给他们以充分的信任和引导,让他们在活动中承担相应角色,体验角色责任,增强义务感、责任感。对于他们在活动中的良好表现,班主任要及时予以恰如其分的肯定、表扬,使他们感到班集体的功劳上也有他们的一份汗水和辛劳,有利于唤醒、激发、强化他们的主体意识,充分发挥主人翁的作用。

(3)要创设条件,让学生参与班集体活动的全过程,体验主体意识、主体地位,发挥主体作用。

首先,班主任要使学生成为制订班集体活动计划和设计活动方案的主体,使广大学生感到这是他们自己创设的活动。根据班集体的目标要求和班级实际,班主任要最大限度地调动班集体全体学生的主观能动性,让他们参与班集体活动计划的酝酿制订和活动方案的设计。围绕班集体的奋斗、教育活动内容的重点、组织哪些活动、采取什么形式、在什么时间地点进行等主要内容组织学生进行广泛的讨论。班主任要有总体考虑和指导,更要重视学生的自主的参与,鼓励学生提出有创见的想法和方案,在大家畅所欲言和群策群力的基础上,形成班集体活动的计划和方案。班主任要善于进行归纳总结,要尽可能广泛地吸收学生的意见和想法,要善于对学生提出的意见和方案从积极方面进行肯定和评价,这样有利于激发学生的自主性。实践表明,在学生自主性充分发挥的基础上,出的主意、设计的方案会更贴近学生的实际,更符合学生的兴趣爱好;计划会更切合实际,活动的方案及活动的形式也会更具有创意和特色。一旦学生的自主能动性得到充分的发挥,学生表现出来的创造力常常会超出班主任的想象,体现学生的聪明才干和巨大的潜能。学生自己直接参与活动计划的制订和活动方案的设计,感到这是他们自己创设的活动,就会把它看成是自己的活动;于是以一种主人翁的态度对待班集体的各项活动,对活动也会倍加关注和支持,同时也为活动取得预期的成效奠定了良好的群众思想基础。

其次,班主任要使学生成为班集体活动的实施主体和评价主体,使学生真正感到"我们需要活动,我们热爱活动"。班集体活动的实施过程,就是使学生受到教育、得到锻炼、激活创造潜能、增长才干、获得全面发展的过程。因此,为了让学生真正成为活动实施的主体,班主任要创造条件,让学生能够积极主动地参与到活动之中去,使大家能够真正享有平等地获得全面发展的机会和权利。同时,学生也应该是活动结果评价的主体。班集体的活动评价工作,不仅班主任要做,而且更需要班级学生共同参与。对于班集体活动的内容安排、形式创设是否合适得当,活动的教育效果是否达到预期目的,活动的效果采用什么形式展示,活动的评价采用什么方式进行等问题,学生作为活动的直接参与者,最有发言权、评价权。班主任要创设条件和氛围,让广大学生能够参与对活动效果的讨论和评价。可以采用多种形式,如"民意调查问卷"、主题班会、活动成果展示总结等形式,让活动评价过程同样成为学生展示自我风采、锻炼和提高各种能力的过程,如:组织活动能力、协调人际关系能力、分析综合能力、文字表达能力和口头表达能力等。这也是学生主体得到自我教育和自我展示的过程。因此,学生们会自觉地把这种教育性活动作为展现自我、实现自我的重要舞台,从而使学生在活动中的主体积极性得到最大限度的发挥。

班集体活动凸显主体性的特点,就是要避免让大多数学生成为班集体活动的"局外的看客和听众",而应该使他们成为班集体活动计划、方案设计、组织实施及活动评价的主体,真正成为班集体活动的受益者。这也是活动取得实效性的目标所在。

班主任如何处理班级事件

突发性事件

班主任在组织和领导班集体,在对全班学生的教育工作中,如何运用教育机智,正确处理多种多样的突发事件,是一值得研究、探讨的课题。

班主任对学生实施的教育过程是一个动态的活动过程,对象是具有主动性的学生,他们个性不同,气质多异,身心都处于不断变化之中。一个班级四五十名学生,随时都可能引发出一桩又一桩的突发事件。所谓突发事件,是指在教育过程中突然遇到的事先难以预料的特殊的遭遇、特殊的事件,比如个别学生上课突然捣乱、学生之间突然打架、班级或学生的东西突然丢失、干部突然闹情绪撂挑子、学生由于某种原因突然离家出走,等等。要正确处理这些突发事件,班主任必须充分运用教育机智和教育艺术,让学生感受到老师炽热的心肠,闪光的智慧和高尚的品格,从而接受,使突发事件得到妥善的解决。

教育机智,就是教师在教育学生的实践中,能够透过纷繁的表面现象,抓住关键环节,当机立断,灵活机敏,随机应变地处理各种教育问题的能力。它是智慧、理智、胆识和意志四者的独特结合和巧妙运用,它在处理班级突发事件上有其不可忽视的作用。班主任在处理突发性事件时应在以下几方面着手:

1. 捕捉教育的时机

突发事件一旦发生,就会在班级集体、突发事件的当事者和其他学生心中造成震荡性效应,引起思想上的尖锐矛盾,情感上的强烈体验,学生往往会产生一种强烈的需求,而形成思想品德发展的一个"燃点"。"燃点"即是学生内在因素的矛盾斗争"起火点",抓准了"燃点",也就抓住了教育的良好时机。

那么,如何把握"燃点"呢? 请看下面的事例:

一次,学生小杨的父母吵架闹离婚,他面对即将崩溃的家庭,一气之下离家出走。老师、同学、家长找遍了市区多个角落都不见他的身影。一个星期日,起风降温,班主任担心小杨受冻挨饿,费尽周折,找到小杨一位外校的好友,不出所料,他知道小杨的下落。班主任便拿出衣服和钱,请他尽快交给小杨,并转告小杨:大家到处找他已经好几天了,听今天天气预报说,晚上有大风,会降温,还是回来吧! 另外,从今晚起,老师家不上锁,小杨可以随时来老师家住宿……

奇迹出现了,第二天,小杨自己回到了学校,全班同学热烈鼓掌欢迎他的归来。

学校教育与社会、家庭有着密切的联系，社会上的不良现象，学生家庭中发生的变故等都会不断对学校、学生产生影响。上例"小杨出走"就说明了这一点。它能得到妥善解决，关键在于班主任熟谙教育机智，抓准"燃点"，及时捕捉教育时机，采取了以情感人的"策略"，才收到了理想的教育效果。

俗话说，机不可失，时不再来，教育学生，同样有个时机问题。班主任捕捉刮大风、降气温这种时机，设法给小杨送衣服、送钱，这是真正关怀心疼学生的表现；寒冬的夜晚，老师家不锁门等待学生来投宿，这是异常信任、尊重学生的举动。苏霍姆林斯基说过："儿童对教师的关怀很敏感，能感觉得出来，并以好心还好心。"在这样的情况下，即使铁石心肠的大人也会为之动心，何况一个未成年的孩子。对此，小杨的内心必然会引起激烈的斗争，必然会为自己的所作所为感到内疚，从而出现矛盾斗争的"起火点"，在此基础上，就必然会对老师的亲切召唤产生反应。事实证明，班主任运用抓准"燃点"这种教育机智，能有效地处理突发事件，并使突发事件成为教育集体和个人的契机。

2. 创造事态转机的氛围

当突发事件产生的矛盾是在任课老师与学生之间时，设置"台阶"，让当事学生心领神会班主任的良苦用心，顺着"台阶"下来，有利于缓解矛盾，以形成事态转机的氛围，最终使突发事件得到正确的处理。

一天，物理课刚上了几分钟，物理老师就来告状："你们班学生这样恶作剧，我无法上课！"班主任即刻来到教室，一眼瞥见讲台上放着一只痰盂，不由得一愣：教室角落的痰盂怎么会跑到讲台上呢？教育实践经验告诉他：现在只有先把痰盂拿下来，继续上课，才是最紧要的事。可是，谁来拿下痰盂？最佳的方案是谁放上去的由谁拿下来。班主任经过仔细地观察和耐心地启发，发现小吕可能是当事者，可他是个爱与老师顶撞又倔又拧的学生，自尊心特强，恐怕在这种场合不会主动向老师承认错误。这时，班主任巧妙地设置了一个"台阶"，说："我不打算处理谁，但把痰盂拿下来，让老师继续课是改正错误的第一步。我到教室外等一分钟，希望这位同学能从班级集体利益出发，处理好这件事。"他看看表，走出教室，关上门。教室里立刻声音嘈杂，班主任真切地听到"小吕，快拿下来，好上课。""别把事闹大了。""老师说了,拿下来不处理。"他心里一阵高兴:群众有了舆论,事态转机有望了。

一分钟过去,班主任轻轻推开教室门,讲台上痰盂果然不见了,于是,他表扬了大家,也不点名地表扬了拿走痰盂的同学。班长请来了物理老师,继续上课。

突发事件是一种特殊的矛盾,往往不能依靠常规的方法解决问题。这位班主任处理"痰盂事件"可谓别具心裁:它设置"台阶",给当事者留下了面子,使事态出现了转机。

学生的脸皮就像一个气球一样,越大越薄,老师只能保护它,不能碰破它,否则一旦破了,老师就难以解决了。班主任如在课堂上硬逼着小吕上讲台拿痰盂,那小吕肯定会产生逆反心理,与班主任严重对立,事态发展将不可收拾。上例中,班主任根据学生爱面子的心理特点,随机应变巧设"台阶",引发集体舆论,使学生能较体面地拿下痰盂,师生矛盾得到缓解,为恢复正常的教学秩序创造了条件。同时,它既保护了犯错误学生的自尊和面子,又形成了进步的集体舆论,一石三鸟,表现了班主任高度的教育机智。

3. 控制无益的情绪冲动

人是有感情的,喜怒哀乐,七情六欲,人皆有之,班主任更是感情丰富的人。班里出现不该出现的坏事,不激动,不发怒,那是不可思议的。但是,当你作为老师出现在学生面前时,就不能不顾及到自己的感情、行为对学生所产生的影响,就不能不预见一下自己的教育措施所产生的效果。在突发事件出现时,很重要的一点是班主任要控制自己的情绪,以理智战胜感情,以理智指挥行动,对突发事件进行"冷处理"。现举例说明:

第二节课后,小红伤心地告诉班主任和同学,她爸爸给她买的一支崭新的金笔第一节课间时不见了。同学们听到班里出现这种不光彩的事,都纷纷提出:"搜书包,准能查出是谁偷了金笔!"

班主任此时的心情比学生更不平静:一个先进班,竟发生这种令人不能容忍的事!要揭露偷笔的人确实不难,只要一个"搜"字出口,估计就可水落石出,可是,那将会出现什么后果呢?班主任心乱了。

就在这时,班主任让全班同学唱了两支歌。在学生唱歌的时间里,他抑制了无益的情绪冲动,使自己的心情平静下来,认真思考着对策,并注意观察班里同学的表情和内心反应,不久,他心里有了谱,便对学生说:"可能是哪位同学太喜欢那支金笔,拿来看后没有及时送还,老师相信这位同学会很快将笔送回原处的。"接着,老师又讲本班同学拾金不昧的事迹,然后指出:犯错误不要紧,改了就是好学生。下午上课前,物归原主。一位男生悄悄向班主任讲清了事情的经过,并作了深刻的检讨,保证今后不再犯。"金笔失窃"的事端也就被巧妙地平息了。

班级里不同类型的突发事件总会发生,班主任总会有发怒的时刻。在情绪激动时处理问题,往往会失去分寸,难以约束自己的言语,对处理突发事件不利。而这位班主任面对"失窃事件",在那种场合,带领全班同学先唱了两支歌,使自己翻江倒海的情绪得以平静,能在非常清醒的心境下"冷处理"这个突发事件,这不能不说是个很明智的选择和合情理的处置,它最大限度地保护了犯错误的孩子,使他今后仍然可以同全班同学一样学习、活动。事实上,该生从此再也没有出现类似的错误,毕业后考取了重点中学。反之,如果班主任一怒之下,在全班同学要求搜书包时真的那么做了,最终虽查出了那个男生偷了金笔,但结果会怎样呢?那个一时糊涂,偶尔犯了错误的孩子,将如何在集体里继续学习下去?师生之间又怎样相处?后果不言而喻。

对突发事件进行"冷处理",无疑是一种值得称道的教育机智。

4. 另辟解决矛盾冲突的蹊径

所谓"迂回战术",就是当教育时机还不成熟时,另辟解决矛盾冲突的蹊径的一种教育手段。它避开突然事件产生的直接原因,调整学生的心理状态,激发学生的情感,并从现有矛盾的消极因素中找出积极的因素,使学生的情绪发生变化,以形成解决矛盾的有利契机,然后另辟蹊径,在新情境中解决纠纷。下面的事例,就是班主任运用这种教育机智去处理突发事件的。

小王、小林两位学生课间打篮球时发生争吵,互不相让,结果扭打起来。上课进教室时,小林恶狠狠地说:"你等着,放了学咱俩再算账。"看来,"仇恨"还挺深的。

正好是班主任上语文课,他看在眼里,记在心上,但没有表态,只让他们先好好上课。下课后，班主任在布置下午大扫除时，故意回避他们的纠纷，笑着对他们说："你们两人都喜欢体育，热爱集体，要求进步，下午大扫除，我想让你俩共同完成刷围墙的任务，怎么样？"不等他们回答，老师又鼓励说："我相信你们一定能出色完成任务。"这时，两位学生的对立情绪已有缓解，各自默默回家了。

下午劳动时，他们配合默契，很快把围墙刷得干干净净。班主任看见，及时地表扬了他们，并且当着许多同学的面，要他们谈谈干得这么好的感受。小王说："这是小林的功劳，是他从家里带来洗衣粉和刷子。"小林抢着说："小王还从学校附近的亲戚家借来了小桶。"这时班主任欣慰地插上一句："是你俩齐心协力团结得好。"他俩高兴得脸上像开了花，一场风波烟消云散。

这里，班主任用的就是"迁回战术"。他对这两位学生打架，先不简单地就事论事去评价是非，而是从打架这消极因素中寻找到积极因素，肯定他们积极参加体育锻炼，热爱集体、要求进步的优点，使学生把在打架中形成的激愤的兴奋感转化为发现自己有进步的愉悦感，并为自己仍有缺点而觉得惭愧。同时，老师布置他们共同完成一项大扫除的任务，把他们的注意力转移到为集体做事上来，在他们合作成功时又给予表扬，结果使矛盾消除，纠纷得到解决。

班主任这一"迁回"犹如增添了能够圆满解决矛盾的催化剂，体现了他高超的教育机智和干练的教育技巧。

偶发事件

班级中时常发生一些难以预料的突如其来的事件，这类事件便是偶发事件。偶发事件一般有三个特点：一是突发性。这类事件发生在什么时间、什么场合、谁的身上、什么性质、严重程度等等，都是教师始料不及的，它给人以刺激，造成班级的紧张或混乱。二是紧迫性。这类事件发生与班级工作密切相关，教师必须及时、妥善地解决处理，若是错过时机，往往会造成意想不到的严重后果。三是两面性。如果对偶发事件处理不当就会产生不良后果，或者导致师生之间、学生之间的对立，影响集体的凝聚力；或者引起学生的紧张情绪，影响他们的身心健康；或者造成学生思想混乱，影响学校、班级正确舆论的形成。如果对偶发事件处理得当，就可成为教育学生的契机,收到平时难以得到的良好教育效果。那么,如何妥善处理班级中的偶发事件呢?我认为要视不同类型的偶发事件,采用不同的步骤和方法。

1. 处理一般性偶发事件

一般性偶发事件是指学生间或师生间发生的情节轻微、矛盾冲突不大、性质一般的事件。例如,班级中的钱物失窃,学生间、师生间的纠纷或学生个体的小伤小痛等。处理这类事件班主任可把握如下几点:

(1)认真对待。

班级中发生偶发事件,多少会引起学生思想情绪的波动,班主任必须认真对待,特别是涉及学生名誉、隐私问题的事件,班主任更应慎之又慎。即使是一件不起眼的小事,班主任也不能因为习以为常而不把它放在心上,听之任之,结果酿成不可收拾的后果。须知一件性质严重的事件往往起源于一件没有处理好的偶发小事。譬如,学生时代的小偷小摸可能发展成为将来的犯罪行为;学生间的小摩擦可能引起日后的势不两立;孩童时代心灵创伤可能导致终身记恨。一次,一位孩子受辱后告诉了班主任,这位班主任认为小事一桩,没有引起重视,只是武断地扔下一句:"一定是你错了,要不他怎么会半路打你呢?"班主任一句话伤透了这位学生的自尊心,直到几十年后这位受辱学生也没有原谅他的老师和那位同学。这个事例说明了班主任的不负责行为往往成了偶发事件中矛盾激化的"催化剂"。

(2)调查分析。

当班主任发现班里发生具有矛盾冲突的偶发事件时,切忌凭主观印象下结论,断定谁是谁非或者是各打五十大板。这样既伤害了学生的自尊心,也有损班主任在学生心目中的形象,更不利于问题的解决。须设法了解事件发生的全过程,然后分析矛盾的症结所在。对当事人询问调查时,特别要注意一些细枝末节以及当事人在事件发生前后的微妙变化。在重点做好对当事人调查的同时,还要向周围的学生了解情况,以求弄清事件的真相,抓住事物的本质。

(3)寻求对策。

摸清偶发事件发生的原因后,班主任就应及时寻找良好的对策,以解决处理这一偶发事件。有些偶发事件表面上是突发事件,实质上有长期形成的潜伏原因。比如,课堂上师生发生纠纷,表面上是学生不守纪律,不服从教育引起的,实质上可能是老师的教育方法长期刻板僵化,学生没有兴趣所致。若找不到原因,一般来说,也就找不到解决问题的良策。

(4)相机处理。

处理偶发事件时必须慎重,一般采用个别谈心较好,有时也需利用集体的力量,让每位学生都参与讨论分析,这样既教育了本人又帮助了全体学生提高认识。有些一般性的偶发事件,光靠说理难以奏效,班主任应善于捕捉教育契机或有意创设教育情境,寓处理偶发事件于活动中。如某学生因经常逃避值日工作而跟卫生委员发生口角,班主任多次谈话不见效,这时就可利用集体的力量,召开一次《我是集体一分子》主题队会,让学生从班队活动中明白自己是集体一员,集体的事人人都应当动手去做的道理,使他与卫生委员间的矛盾不解而消。这样一来,效果往往比班主任苦口婆心的说教来得好。

2. 处理特殊偶发事件

特殊偶发事件是指学生中或师生间发生的矛盾冲突激烈、情节严重、性质恶劣的特殊事件。例如结伙斗殴、严重伤亡事故、急病等,这是一种特殊矛盾,解决时不同于一般处理方法。

(1)保持情绪稳定。

当班主任得知学生中发生特殊偶发事件时,须立即赶到现场调动有关人员控制局面,但班主任本人 定要保持清醒头脑和从容的态度,认真对待。如果事件严重,如危及学生生命安全,班主任千万不能惊惶失措,这样不但不能解决好问题,反而会导致更大的伤害。有些偶发事件由于矛盾冲突激烈,学生必定情绪激昂,班主任更应保持自身情绪的平静,这样才能稳定学生的情绪,处理好偶发事件。

(2)遏制事态扩大。

当班主任来到现场了解到该偶发事件后果严重,性质恶劣,属于特殊偶发事件时,必须迅速果断地采取应急措施,遏制事态的扩大。假如学生间发生打架事件,个别班主任认为非自己班级学生,只是轻描淡写地劝说几句就离开,这样,双方的矛盾冲突未能有效遏制、事件得不到解决,反而发展激化,酿成更大的事端。

(3)追查事故责任。

偶然性和事物发展过程本质往往没有直接联系,但它后面常常隐藏着必然性,对任何一个偶发事件班主任都要以科学的态度,透过复杂的偶然现象来揭露事物发生的客观规律。如果一个学生要寻短见,外界给他的刺激只是一根导火索,根本原因可能还是该生本身的思想认识问题和心理素质问题。所以要杜绝悲剧的发生,教育应从解开学生的心结着手。因此,在偶发事件发生以后,班主任必须分析事件的原因,既要治标又要治本,必要时还得追查事故的责任。如果事故的肇事者是学生本人,应该责任自负,这时要取得家长的理解,加强对孩子的教育;如果责任者属于他人,班主任应同有关部门及有关人员商讨解决问题的办法,对事故的责任者予以批评教育乃至惩罚,必要时还得在经济上作适当的赔偿。值得一提的是,班主任在处理偶发事件的整个过程中,应当要求各有关人员注意减少感情用事,多点理智介入,求得事故妥善处理。

(4)做好善后工作。

有的偶发事件虽然已经处理完毕,但矛盾往往依然潜伏,这时,班主任不能认为问题已经解决,而要做好化解矛盾的善后工作。特别要注意缓解紧张的气氛,相互之间达成谅解和理解,创设一个舒心的局面,以求矛盾的彻底解决。

只要有人群的地方,偶发事件是不可能避免的。因此,我们只有学会善于发现产生事故的必然性,未雨绸缪,才能把偶发事件发生控制到最低限度,即使发生了,也一定会得到及时妥善的处理。

3. 学生自寻短见的处理

轻生自杀,对家庭、对社会都是一种不负责的行为表现。日常生活中,不幸有人自杀,周围的人们总是惋惜不已。事后,从种种追忆中,人们往往发现死者并不是非死不可,在自杀之前,本有许多迹象可察,只是没有引起人们注意而已。能不能及时察觉一些反常迹象,防自杀行为于未然?回答是肯定的。

有一女生早晨言行异常,班主任发觉后交代几位学生陪伴她。不料放学以后,该生一脚跨出三楼决定一跳了之,幸而被一男生发现,揪住才幸免于难。班主任赶到现场了解得知,该生跳楼的原因是早晨与母亲发生了一场争吵,妈妈叫她去死(经常这样骂)。到了学校后又觉得同学们都在说她的坏话,她受不了,于是产生了跳楼自杀的念头。当弄清事情的来龙去脉之后,班主任做了以下三方面的善后工作:

1. 交心谈心,用爱心去感化她

　　谈心交心,能排除师生间的感情障碍,开启学生的心扉。爱心能点燃学生对生活的爱恋,用爱心能换取学生对教师的爱,从而使学生"亲其师而信其道",赢得学生的信任,成为学生的知心人,使学生愿意在班主任的面前袒露胸襟,将自己心中的酸甜苦辣向教师倾诉。

　　此事发生的下午,班主任约了这位学生到家谈话。她边说边哭,还说不死是为了班主任,并把事先写好的"遗书"交给班主任。班主任看着"遗书",禁不住抱住她的头哭了起来。然后。两人进行了交谈,谈到人生价值,谈到理想抱负,从个人谈到社会,从现在谈到精神追求……谈到最后两人会心地笑了。

　　2. 家访,努力改变家长的教育方法

　　通过家访,与家长互通信息,交换意见,了解学生家庭的特点。班主任到了这位学生家里,说明来意,交给该生母亲一份"遗书"。这位家长看后不禁号啕大哭道:"女儿,你怎会想到轻生? 难道我供你吃穿,供你上学,还不满足吗?"班主任向家长做了一番解释,从学校教育到家庭教育,到当今社会存在的不良现象,帮助家长全面地了解自己的女儿,去关心她,爱护她。

　　3. 用集体的力量、同学的宽容去感化她

　　事情发生后,教师专门召开了一个小公务员会议,通过讨论,大家认识到:一个优秀班集体的形成,靠的是全体队员发挥作用。个人与集体的关系犹如砖块与大厦的关系,砖块风化了,就会影响大厦的坚固。集体中的个人出了事,就会直接影响整个班集体。于是大家制订了帮助她度过"困难"时期的计划:平时关心她,要求学生不讽刺、不歧视;当她有困难时及时给予帮助;当她发脾气时,同学们尽量忍让,等她气消了,再作开导。班主任更是如此,时时处处照顾她、关心她,使她认识到同学的宽容、集体的温暖和老师的爱护。

　　要教育好一个学生,班主任不仅要有一套好的方法,还要讲究教育的艺术。这样就会收到事半功倍的教育效果。

班主任如何引导学生正确接触网络

　　网络已经渗透到我们生活的方方面面,正在改变着人们特别是青少年的生活和习惯。对于小学生来说,网络世界就像一块神奇的土地,深深地吸引着他们,极大地改变着他们的生活、学习、工作和思维方式。同时,网络世界也对教育产生了深刻的影响,既带来了教育发展的无限生机和活力,也为思想品德教育工作开辟了新的天地。如何有效地利用网络开展思想品德教育,大力开展网络品德是提高思想品德教育水平的必由之路,充分利用网络的平等性、开放性、互动性和学生们对现代信息技术的浓厚兴趣。开展了生动活泼的思想教育工作,提高品德教育的实效性。

建立班级网页

利用网络提供的免费资源,建立班级的主页,通过网络活动培养学生的网络道德意识和道德素养。另外,还可以为高年级的班级创建自己的班级网站。通过网站展示班级的风采和学生的才艺,倾听大家的建议,反馈家长的心声。班级网站中可设有"学习天地"、"悄悄话"、"爱心留言板"、"家长园地"、"班级风采"、"精彩的我们"等小栏目。这些栏目还可以发布在国际互联网上,供学生和家长浏览。

对于低年级的学生来说,结合学生的实际情况和网络特殊的环境,以儿歌形式拟订具有本班特色的班规,及时发布在班级网站上。如:学习用品摆放好,看书写字离不了;做作业要审题,独立完成要仔细;电脑是我们的好朋友,它的作用真不小,帮我学习查资料,保护好它很重要等。

低年级的学生小,正处于习惯养成的关键期。根据《小学生守则》和《小学生日常行为规范》设计班级"一日常规评比表",在网上开展日评比、周总结、月表彰的活动。每一个学生的优点、缺点,都能一目了然。把评出的"纪律标兵"和"学习标兵"公布在班级网站的"荣誉栏"里,连家长都能看到,使班级的养成教育更直观、更具体。

以入队为契机,争取光荣地加入中国少年先锋队。结合低年级学生思想品德的年龄特点,选择实实在在的内容。如:为同学做一件好事、读一本少先队知识的书、参加一次公益劳动、改正一个缺点、帮助一名同学。这样,会充分调动了学生们的积极性,入队愿望会更高。但是,他们对少先队是一个什么性质的组织,红领巾为什么是红的,怎样系红领巾,怎样敬队礼等,了解的还很少。可以在班级网站上适时地开设"入队知识角"等小栏目,学生们只要有时间就会了解更多的有关少先队的知识。

在网站为学生施展才华、发展特长创设了"精彩的我们"栏目。里面有学生的绘画作品、手工作品、电子软件作品、自制的主题知识小报等,丰富了学生的业余生活,发展学生的兴趣。

做孩子的知心网友

学生们可以通过网络获取大量知识,还可以通过班级留言板畅所欲言,与老师交流、谈心。

1. 利用班级网站中的"学习园地"开展班级教学管理

在班级网站上,开设"学习园地"的栏目,在那里可以分别建立语文、数学、英语、计算机、科技等小板块。专门设计"网上课堂",布置作业,提供学习资料,开展学习质疑、学习指导等活动,使同学们可以不受时间、空间的限制,在自己的家中方便地学习。

2. 利用班级网站中的"悄悄话"与学生交流谈心

设计"悄悄话"和"班主任信箱",运用网络和邮件与学生进行交流,开展心理健康教育,拉近班主任与学生的距离,更有针对性地帮助学生排解心理上的问题,增强学生对班主任的信任。网络成为了师生跨越时空进行交流的最好工具。

3. 利用班级网站中的"留言板"增进师生、生生间的情感联系

在利用"留言板"与学生进行交流时,学生可以不说出自己的姓名,直接与班主任交流。这样既减轻了学生的心理压力,又能帮助班主任及时发现问题和解决问题。

同学们在网上查找、搜集和整理各种资料的同时,他们丰富了知识,提高了现代信息技术水平和思想道德素质。同时,班级也更加团结和有凝聚力了。

4. 利用班级网络中的"交流信箱"进行师生互动

学生小文是个小电脑迷,对打字、绘画、演示文稿、网页制作样样精通。他的父母工作很繁忙,所以经常只有他一人在家。他经常诉苦:"一个人在家真没意思,我想妈妈。"在班级设立"交流信箱"后,当天班主任就收到小文的第一封邮件。信中说:"我一定按照老师的要求去做。注意身体,讲究卫生,认真完成作业。老师,您也一定要注意身体,祝您一切都好,天天快乐! 我正试着做网页,等我学会了做网页,就能帮您建我们班的网站了。"学生以网络为载体进行思想交流,带动全班同学实现网络交流。全班同学的心紧紧地连在了一起。在网络中架起了互助互爱的桥梁。通过邮件更多地了解了学生的生活和学习,看到了学生的进步与收获。

利用网络的便捷条件,与家长的沟通

网络使班级工作公开化、透明化,更民主、更有效。利用网络便捷、迅速、不受时间和空间限制的特点,及时发布各种信息,使家长及时了解自己孩子在学校的情况,从而使家庭教育更有的放矢,效果也更显著。

网络的吸引力是极强的。如何引导学生吸收网络中有用的资源,屏蔽不适宜学生浏览的信息,是一个重点问题。小学生最初上网时往往是盲目的,所以要向家长和学生推荐优秀的少年儿童网站就显得尤为重要了。如学府网、雏鹰网、童网、红泥巴村、中青网、少儿信息港等都是一些专门为孩子设计的、适合儿童浏览的网站。正如一位家长指出的:"如果我们有更多优秀的少年儿童网站,孩子们就没有闲暇时间去浏览成人网站,他看自己喜欢的内容还看不过来呢!"为了掌握学生在家的上网情况,班主任可以在网站中设立"家长园地",以便及时了解孩子们的动态,同时也为家长们准备了一些有关家教指导方面的阅读材料。

当然,网络只是班级思想品德教育工作的一种辅助手段,绝不能替代全部的品德教育工作方式。但是,互联网作为开放式的信息传播和交流的工具,能为班主任的班级教育工作服务,能够增强班级品德教育工作的效果。

班主任如何进行青春期教育

处于青春期的学生,生理上迅速发展,心理上急剧变化。性的萌芽和成熟、性意识的发展,是青春期身心发展的最突出的标志。青春期教育就是针对这一特点,对学生进行以性教育为主的生理、心理、伦理道德知识的教育和行为规范的指导。青春期是人的一生中生理、心理迅速发展,并走向成熟的关键时期。青少年学生在这个时期,最容易出现心理和行为上的各种问题,班主任应充分认识对青少年学生进行青春期教育的必要性,掌握青春期教育的技巧,加强青少年青春期教育,引导他们科学地认识世界,正确地认识自己和他人,促进他们身心的健康发展,有效地保证他们顺利地度过这个"危险期"。

迫切性

青春期,又称青春发育期或青少年期。青春期一般包括三个时期:即

青春期初期(10～11 周岁),一般比较幼稚,独立性差,男女之间没有界限。青春期前期或青春期危险期(11～15 周岁),青少年性意识开始萌芽,对异性感到爱慕,产生眷恋和向往。这种朦胧的性意识随着年龄的增长会明显增强。他们对"性"有许多疑惑,产生强烈的好奇心,而引起对性的注意和好感。这个时期生理、心理的变化,肤浅的思想认识和半成熟的行为互相交织,形成了充满矛盾和复杂多变的心理世界。青春期中、晚期(15～20 周岁),青少年的性意识处于相对稳定的成熟期。青少年意识到自己正向成熟阶段过渡,不仅在生理上趋向成熟,而且在心理上对友谊的追求和情感的需要也十分迫切和强烈,并产生了解异性、追求异性的欲望和要求,还会更多地考虑自己的前途和职业理想。当然,在这个阶段,学生的人格还没有完全定型,具有很大的可变性和可塑性。有少数学生无心学习,想入非非,如不加引导,常常容易走向极端,甚至做出偏激的行为。青春期是青少年身体发育的第二个时期,也是从儿童进入成人的过渡期。人的青春只有一次,青少年只有掌握好青春期发展的规律,才能把握人生的关键时期。班主任也只有认真观察和把握学生生理变化的特点和规律,才能对学生进行针对性的青春期教育。

目前,学校对学生的青春期教育,不是可抓可不抓,而是非抓不可,道理不言而喻。因为:

1. 生理成熟年龄提前

据有关调查资料显示:我国的学生调查中,男学生首次遗精平均年龄为 14.4 岁,女学生月经初潮平均年龄为 13.04 岁,比 50 年前提前了一年半左右。青少年早熟是一种世界现象。现在物质生活水平的提高,医疗卫生技术的进步,文化传播事业的发展,电子网络的普及,各种信息的无孔不入,尤其是广播、电视、报刊、杂志、文学作品等大众媒介关于男女之间爱情的渲染,都容易导致学生生理上的早熟。在 6092 例中学生的调查中发现,与异性有交往欲望的男生占 64.4%,女生占 52.6%,平均年龄只有 13.89 岁。他们中出现性冲动,即想通过性行为来实现性满足和性释放要求和愿望的男生占 42.6%,女生占 12.1%,平均年龄只有 14.63 岁。因而许多中学生过早进入异性交往期和恋爱期,据调查,已有异性朋友的男生占 41.6%,女生占 36.1%,平均年龄只有 14.2 岁。

青少年由于生理成熟年龄的提前,出现与异性交往的欲望和行为是正常的,并不要为此而大惊小怪。谁也没有力量去阻止青少年的性成熟,谁也没有力量去阻止青少年对异性产生兴趣。在学校、家庭教育中禁止或限制他们与异性的交往,显然是行不通的。如果班主任、学生父母禁止或限制他们与异性的交往,其结果必然越是禁止或限制,越会适得其反,甚至会出现不堪设想的后果。因此,班主任以及父母就要负起对学生进行青春期教育的责任。

2. 由生理变化引起的心理变化

青少年学生生理发育年龄普遍提前,而性的生理成熟则会导致心理及行为的变化。例如:随着自身生理的发育变化,他们对性产生神秘感和猎奇心理。性的发育以及外部性信息的刺激,容易引发他们产生性体验的欲望,并有一种不自觉地带任意性的快感。由于对性的神秘感,成人越是反对他们男女交往,他们越产生较强的逆反心理等。由于他们出现的心理、行为的变化缺乏及时的教育引导,也由于他们自身思想认识的幼稚,自我保护能力、自制能力和应变处事能力的缺乏,青少年学生容易出现复杂的情感矛盾,以及成人感与稚气、渴望理解与闭锁性、情感与意志、性欲望与性道德、动机与效果等失调的现象。有的学生内心矛盾、空虚,学习缺乏动力,生活缺乏目标,于是从两性关系中寻找刺激,便容易出问题。因此,青少年的青春期教育不可忽视。

3. 性知识缺乏

我国由于受传统观念的影响,青少年性知识的教育比较滞后,缺乏正规的渠道进行传授,甚至是个空白,致使广大青少年既缺乏性知识,又渴望了解性知识的现象比较普遍。根据中国健康教育研究所1987年调查的资料:在学生中有70%以上的学生对有关性的知识一无所知,有82%的学生希望获得科学的性知识。在问到学生获知有关性知识是通过什么途径时,他们的回答中父母占9.1%,教师占0.6%,兄弟姐妹占3.8%,同学、朋友占80.7%。这种情况令人震惊,同学、朋友是他们获得性知识的主要渠道,而同学、朋友相互传播的有关性知识,有的也许是科学的,有的也许就是错误的,甚至是黄色教唆、犯罪。而通过"正规"渠道(如学校的教师、家长、父母等)对学生进行性知识传授的比例那么小,尤其是教师只占0.6%,这不能不说是教育的最大失误。所以,学校加强青春期教育非常重要、非常迫切,是当务之急。不仅要将之列入整体教育的日程,而且要探索教育方法,讲究教育艺术。

4. 社会信息的影响

随着改革开放的深入，我国某些长期把性视为禁区的观念被冲破，有关两性和爱情的种种信息通过多种现代化媒介和渠道得以传播，其中有些垃圾信息也乘虚而入，有如大气一样包围着当代的学生，冲击着他们。许多青少年通过影视作品，被性爱的描述深深吸引，深受男女之间过于"亲昵"的镜头刺激。不少言情小说，使得不少男女青少年想入非非；更有不少的黄色录像、淫秽书刊，坏人的引诱、教唆，都是危害青少年的精神鸦片。据天津一所工读学校统计，工读学生 820 人中，男生犯性罪错的有 250 人，女生犯性罪错的有 129 人，其中最小的 10 岁，13 ～ 14 岁的最多，共 159人。据另一所工读学校对 107 名学生进行的调查，结果发现有半数以上学生犯有性罪错。"性是生命的根，情是生活的源。"社会迫切需要学校关注青少年的情感生活，重视他们的青春期教育。而到目前为止，有关学生的情感生活、性教育方面的资料少得可怜，这不能不说是我们在学生情感生活、青春期教育上的失误。"性"是一股活水，它对生活的影响要比人的偏见有力量得多，如果我们忽视了它，就要为此付出沉重的代价。

原则

1. 适时、适度、适当

适时，就是使青春期教育不失时机，因为过早学生不理解，反而可能成为不良行为的诱发因素，过晚，则失去应有的作用；适度，就是在实施青春期教育过程中要掌握分寸，根据青少年的年龄特点和心理承受能力，进行基本的性科学知识教育；适当，就是指在教育中要讲究方法，坚持普遍与个别、直接与间接、帮助与自助相结合，态度要亲切而又严肃，对学生进行适当的生理知识、伦理知识和性心理知识等的传授及指导。

2. 理解尊重、关心爱护

对于青少年学生生理、心理上出现的变化，以及他们对情感的需求及对异性的渴望，班主任要表示理解和尊重，不能横加指责，更不能视学生的男女交往或所谓早恋为"大逆不道"。理解是沟通的桥梁，尊重是教育的前提。只有理解并尊重学生，才能取得学生的信任。只有关心爱护学生，才会从学生的特点出发，以平等的态度与学生沟通，以朋友的身份去关心、帮助他们实现情感的升华。

3. 个别施教、严守秘密

随着身心的发展成熟,青少年对性的问题特别敏感。因此,班主任对有关性的教育,尤其是对早恋者的教育帮助,不宜在班集体中公开进行,也不宜公开点名批评。公开的批评教育会伤害学生的自尊心,容易引起其他同学不必要的猜测或议论,给他们造成思想上的压力。因此,班主任对学生中的早恋问题要针对学生个体的特点,精心设计帮助方案,回避众人,个别施教,注意尊重学生的隐私权,严格保守秘密;不能私拆信件,不偷看学生日记,不轻易向家长告状,真正保护青少年的隐私权。

4. 正面疏导、自我约束

青春期的学生渴望获得有关性方面的知识是一种正常的合理需要。班主任要积极主动地向学生有计划地传授性的知识,不仅要帮助他们认识和掌握自身生理和心理出现的变化规律,打破对"性"的神秘感和恐惧感,而且要引导他们掌握在两性交往中应该遵守的道德规范,用道德原则和规范来约束自己的行为,培养与异性正常交往的能力,实现自我保护、自我控制、自我约束、自我监督。

主要内容

(1)帮助学生全面了解青春期生理特点,加强生理保健工作;

(2)引导学生认识自己心理的特点,健全完整的人格;

(3)指导学生学习掌握性知识,树立科学的性意识;

(4)加强对学生进行道德和法制教育,尤其是性道德教育;

(5)正确认识和处理青春期学生"早恋"的问题,引导学生建立正常的友谊;

(6)进行青春期生理卫生知识教育,促进学生的身心健康。

青春期教育的方法

面对独立意识日渐增强、自我意识不断发展的青春期学生,班主任应怎样帮助、引导他们顺利地度过这"多事之秋"呢?

1. 主动应战

"性"是人身上最难控制也是最需要控制的一种本能,性道德的完美直接体现着人格的完美。人既是自然人,同时又是社会人。人的属性是人的自然属性与人的社会属性的统一。人的自然属性是人的社会属性的基础和前提,但是,需要指出的是人的自然属性不是动物那种纯粹的自然属性,而是已经人化了的自然属性;而人的社会属性指导制约着人的自然属性,人的社会属性是指人的相互依存性、社会交往性、道德性以及劳动中的合作性等,人的本质是一切社会关系的总和。我们从人的属性可以看出人的需要的多样性:既有生理的需要,也有心理的需要;既有物质的需要,也有精神的需要;既有低层次的需要,也有高层次的需要。因此,班主任应该树立以人为本的观念,尊重学生生理与心理发展的需要,引导学生正确处理男女交往关系,转变传统观念(视"两性"为禁区),主动把性教育纳入班主任教育工作的范围,使之成为思想道德教育、心理健康教育的重要内容。班主任应主动教育,主动应对,坚持提前教育、预防为主;性问题的教育指导更应强调防患于未然,而不是发生了问题,再跟在后面去解决。

2. 师生互动

班主任在对学生进行青春期教育时,应该是一个什么样的角色,是尊者、长者、说教者,还是知音、朋友、亲人?这关系到青春期教育的成功与否,关系到学生能否顺利度过青春期。一般来说,班主任应成为学生的知心朋友、"平等中的首席",不应该以尊者、长者、说教者的身份面对学生;班主任不能居高临下,要敢于放下架子、蹲下身子,以学生的眼光看待学生的问题、对待学生的过失。只有这样,我们的教育才能真正走近学生的心田,并在学生的心灵深处留下烙印。苏霍姆林斯基指出:"教育学生怎样对待爱情。这是教育工作者最细腻的一面。它要求教师有真知灼见,把教育技巧与教育艺术结合起来。"只有对学生有更多的理解和关怀,才能实现师生心灵的沟通、情感的互动,达到事半功倍的教育效果。青春期教育是关注学生青春期的生理、心理变化并给予指导和帮助的过程,这种教育比一般意义上的教育更具有复杂性和特殊性。因此,班主任应以朋友与"参谋"的角色,对学生晓以利害,喻以事理,真正使学生动之情、受之理、悦之心、导之行。

3. 尊重学生

美国教育家爱默生有句名言:"教育成功的秘密,在于尊重学生。"尊重学生,就是尊重学生的人格,尊重学生的感情,保护学生的自尊心,尽量不使他们在公开场合丢面子、难堪;尊重学生,就是尊重学生的需要,想学生所想,思学生所思,为学生所为,尽量让学生按照自己的意愿学习、生活;尊重学生,就是尊重学生的选择,允许学生自己作决定,不过分干涉学生的活动和自由;尊重学生,就是要尊重学生的隐私权,反对公开指责、扣压信件、强迫交代、限期断交等非人道行为。当然,尊重学生并不是放任自流,而是要将青少年萌发的性和爱的意识赋予更多的社会的、文明的、高尚的内容,帮助青少年在更广泛的社会生活领域学会发现、理解、创造爱;引导学生学会适当地表达自己的情感,正确处理个人情感需求与社会规范要求的关系;指导学生理解社会、学校、家庭对自己的角色期待,并逐渐学习适应这种角色要求;帮助学生将爱的情感转化为学习的动力,升华为对未来美好生活的向往和追求。

4. 早恋教育

处在青春发育期的学生,由于性发育和性成熟带来了性意识的萌芽和发展,容易对异性发生兴趣和好感。少数学生产生了初恋的情感和行为,如果缺乏及时的教育和引导,就容易产生"早恋"。近年来学生早恋现象有增长趋势,早恋人数增加、年龄减小,严重影响正常的教育和教学活动,损害学生的身心健康。据对全国八大城市 8000 名学生"你早恋过吗"的调查显示:有 55.5% 的学生承认自己有心中特别喜欢的异性同学;有 25.5% 的学生承认自己早恋或正在早恋。从年龄上看,13 ~ 15 岁占早恋学生的 19.4%;16 ~ 17 岁占 47.5%;17 ~ 18 岁占 33.2%。再看看对早恋的态度:

类别	赞成	理解、同情	不过问	反对或压抑
中学生	27.9%	50.7%	0	21.4%
家长	0	30.9%	4.4%	64.7%
教师	0	25.7%	26%	48.3%

上述调查显示,学生对早恋表示认同,家长、教师基本持反对态度。学生认为恋爱对学习影响不大,甚至会相互促进的占 44.5%。调查还发现,绝大多数教师、家长采取极端的方式对待学生早恋,结果收效不大,反而给孩子留下永远的创伤。西方对学生早恋采取宽容的态度、教育的态度,尤其是情感教育。尊重他们的情感,及时发现他们的心理倾向,破坏他们的性别神秘感,告诉学生什么是真正的爱情,这样的教育效果比较好。我国学生早恋的问题已经是学校教育不可回避的现实问题,班主任

必须十分重视,要采用科学的教育方法,解决学生早恋的问题,正确处理男女生交往,帮助学生顺利度过"疾风暴雨式"的青春期。班主任对待早恋学生,应注意以下几方面:

(1)加强性知识、性道德教育。全面普及学生的性教育,在青春期教育中引导青少年学习生理卫生知识,了解性生理方面的科学知识,消除对异性的神秘感,明白自己性生理和心理的发展,正确处理性生理和性道德的关系,学会与异性友好交往,增强性道德和性适应能力。

(2)引导学生正确对待异性交往。教育和引导男女学生进行正常的人际交往,组织学生开展丰富多彩的课余活动、文娱体育活动和社会活动,以增进学生的充实感、成就感和满足感。课余活动对于培养学生的道德情操,丰富学生的生活,增进学生的身心健康,和谐男女学生之间的关系都具有重要的作用。当然,要注意活动的思想性、情趣性和新颖性,使学生在活动中释放和转移自己的情感,并让这种情感在彼此尊重、关心、互助中得到升华。

(3)正确对待"早恋"的学生。正确对待和处理青春期学生的"早恋",引导男女学生建立正常的友谊,是班主任工作不容回避的现实问题。首先,要防止学生"早恋"的产生,这需要班主任深入细致地了解和掌握学生的思想动态和交往状况,发现苗头,及时教育,防患于未然。其次,对于已经发生的"早恋"问题,也不要大惊小怪,惊慌失措,简单粗暴地横加指责和制止,更不能听之任之,放任自流;而应在保护学生的自尊心,尊重学生的人格和感情的基础上,进行积极的教育引导。教育学生既要珍重纯洁的友谊和爱的种子,更要珍惜学习的大好时光。班主任要从关心、爱护学生出发,引导学生把精力集中到学习上来,使自己融入整个集体之中。

(4)处理学生"早恋",要讲究技巧。学生"早恋",对班主任来说是件比较棘手的事情,因此,班主任一定要讲究技巧。在这方面,许多优秀班主任积累了许多丰富的教育经验。如优秀班主任任小艾对学生"早恋"采取"三个不能",即一是不能告诉家长;二是不能在全班宣布;三是不能改变对他的看法。任小艾高超的教育艺术,取得了比较好的效果。班主任在处理学生"早恋"时,应注意尊重、理解学生,不能指责、讽刺挖苦;要信任、爱护学生,不能随便向家长"告状";要尊重学生的隐私权,为学生保密,不能公开点名批评,也不能公之于众;要找学生个别谈心,真正做到"以爱动其心,以严导其行"。